人手不足なのになぜ賃金が上がらないのか

玄田有史《Yuji Genda》編

慶應義塾大学出版会

基本データ　人手不足と賃金停滞

図 1　実質賃金指数（きまって支給する給与・5 人以上）と有効求人倍率（× 100）

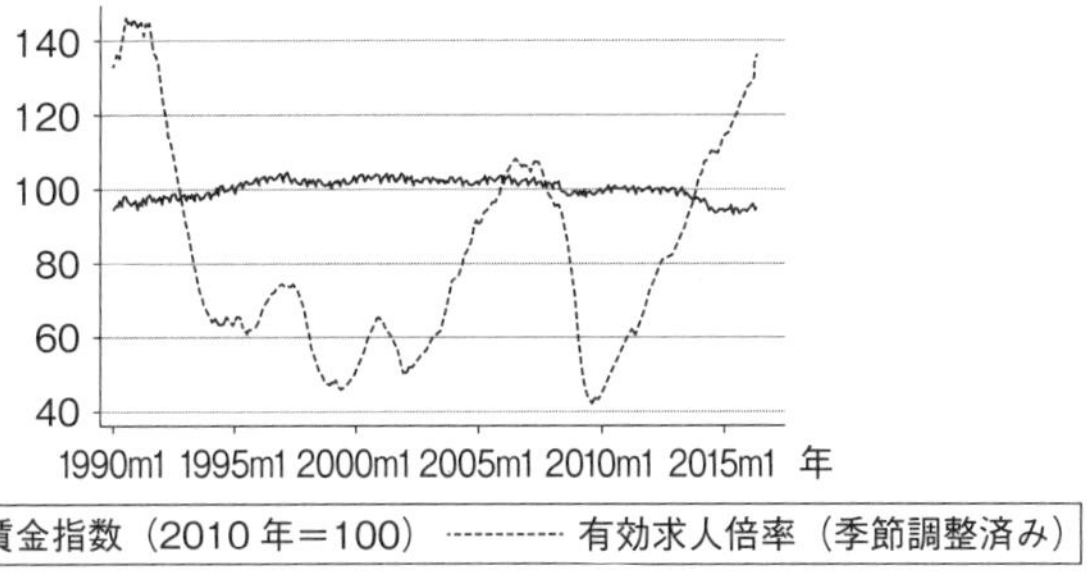

平成 22 年基準消費者物価指数（持ち家の帰属家賃を除く総合）を用いて実質化。m1 は 1 月を指す。
有効求人倍率＝（月間有効求人数）／（月間有効求職者数）。数値は季節調整値。
実質賃金指数＝（各月の「きまって支給する給与」＊100）／（2010 年平均の「きまって支給する給与」＊CPI）
期間：1990 年 1 月～ 2016 年 5 月。
出所：厚生労働省「職業安定業務統計」（有効求人倍率）、厚生労働省「毎月勤労統計調査」（実質賃金指数）

1990年代以降、実質賃金は横ばい状態が続いている。2000年代半ばと2010年以降、労働需給は逼迫したが、実質賃金は上昇せず、むしろ緩やかな減少傾向すらみられる。

図 2　有効求人倍率上昇の要因分解

有効求人倍率		変化差	求人増加要因	求職減少要因
2010 年	2015 年			
0.519	1.200	0.680	0.490	0.190
			(72%)	(28%)
	内訳（寄与度）	パートを除く	58%	92%
		パート	42%	8%

有効求職者数、有効求人数はいずれも実数値（月間平均）を使用。内訳（寄与度）は求人・求職の増減分に占めるパート、パート以外の各変化分として計算。
出所：厚生労働省「職業安定業務統計」

分解方法）

$$\left(\frac{O_{2015}}{A_{2015}}\right)-\left(\frac{O_{2010}}{A_{2010}}\right)=\underbrace{\left(\frac{O_{2015}-O_{2010}}{A_{2015}}\right)}_{\text{求人増加要因}}+\underbrace{\left(\frac{O_{2010}}{A_{2015}}-\frac{O_{2010}}{A_{2010}}\right)}_{\text{求職減少要因}}$$

O: 有効求人数、A: 有効求職者数

2010年以降の有効求人倍率の約7割は、求人の増加によってもたらされた。さらに求人増加の約6割が、パートタイム以外の求人によるものであり、人手不足は正社員についても深刻である。加えて求職者減少の大部分は、パート以外の仕事を求める人々の減少によって引き起こされている。

図3　雇用者の種類別にみた欠員率の推移

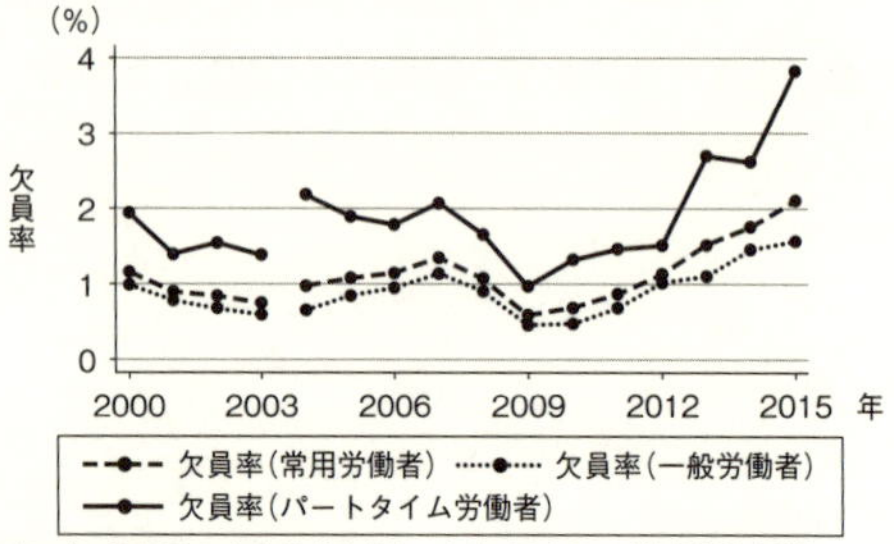

欠員率＝(6月末日の未充足求人数) ／ (6月末日の常用労働者数)
2004年から調査産業の範囲が拡大しているため2003年以前とは接続しない。
出所：厚生労働省「雇用動向調査」

雇用動向調査における雇用者の種類：
「常用労働者」：次のうちいずれかに該当する労働者。
1）期間を定めずに雇われている者、 2）1カ月を超える期間を定めて雇われている者、
3）1カ月以内の期間を定めて雇われている者または日々雇われている者で、前2カ月にそれぞれ18日以上雇われている者。
「一般労働者」：「常用労働者」のうち、「パートタイム労働者」を除いた労働者を「一般労働者」とする。

欠員率によって人手不足の状況を把握すると、パートタイム労働者の欠員増加が顕著である。同時に、常用労働者や一般労働者についても、欠員率の増加傾向がみられる。

図4　事業所規模別にみた欠員率の推移

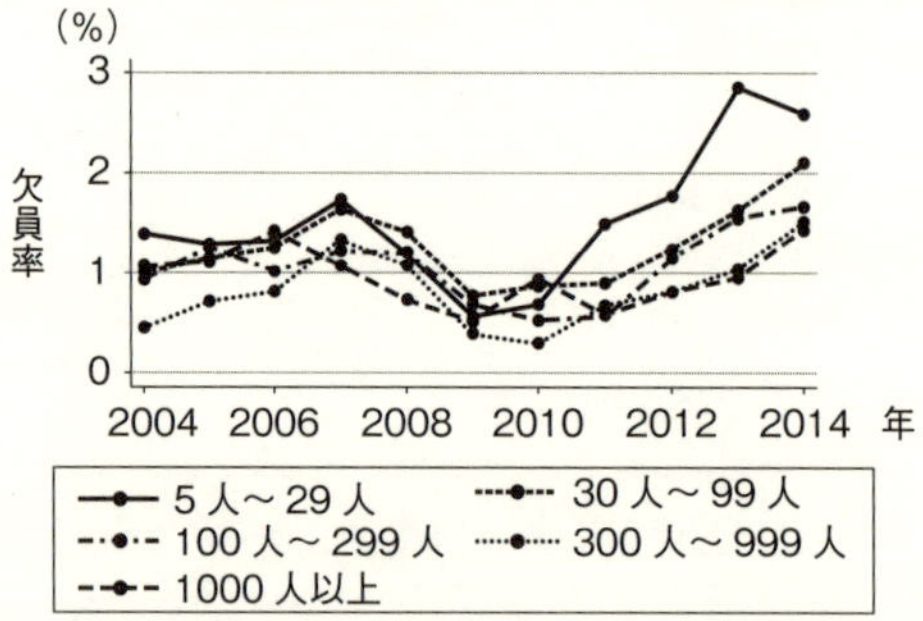

欠員率＝(6月末日の未充足求人数)／(6月末日の常用労働者数)
出所：厚生労働省「雇用動向調査」

2010年以降の欠員率の上昇は、小規模事業所で特に顕著である。同時に、中規模ならびに大規模な事業所においても、欠員率の上昇が続いている。

図 5　春季賃上げ率と有効求人倍率

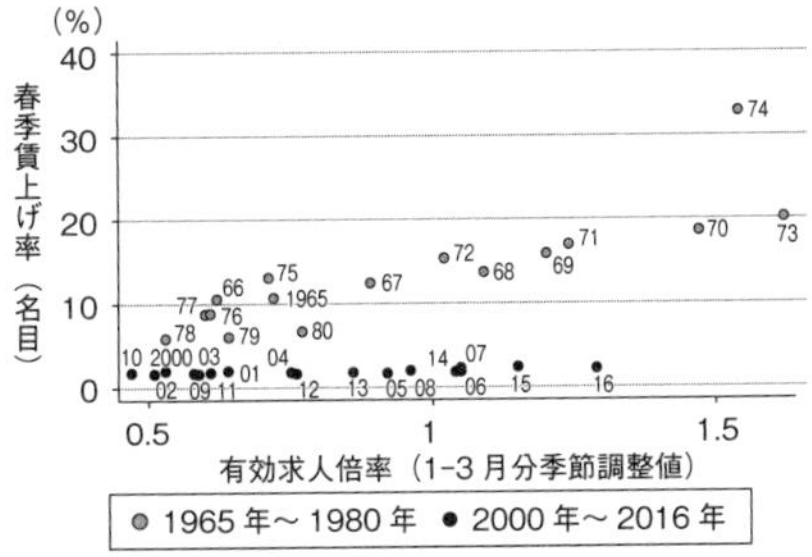

春季賃上げ率＝(妥結額)　／　(現行ベース)
2003年までの集計対象は、東証または大証1部上場企業のうち資本金20億円以上かつ従業員1,000人以上の労働組合がある企業。
2004年以降は、資本金10億円以上かつ従業員1,000人以上の労働組合がある企業。
出所：厚生労働省「民間主要企業春季賃上げ要求・妥結状況」(春季賃上げ率)、厚生労働省「職業安定業務統計」(有効求人倍率)

同じ程度の有効求人倍率であっても、1965年～80年頃には、2000年～16年頃と比較しても、より高水準の春季賃上げ率が実現されており、物価上昇の影響があったにせよ、名目賃金の上昇率について隔世の感すらおぼえられる。

図 6　産業別にみた実質賃金の変化と求人増加への寄与 2010 年～ 2015 年（きまって支給する現金給与・常用労働者）

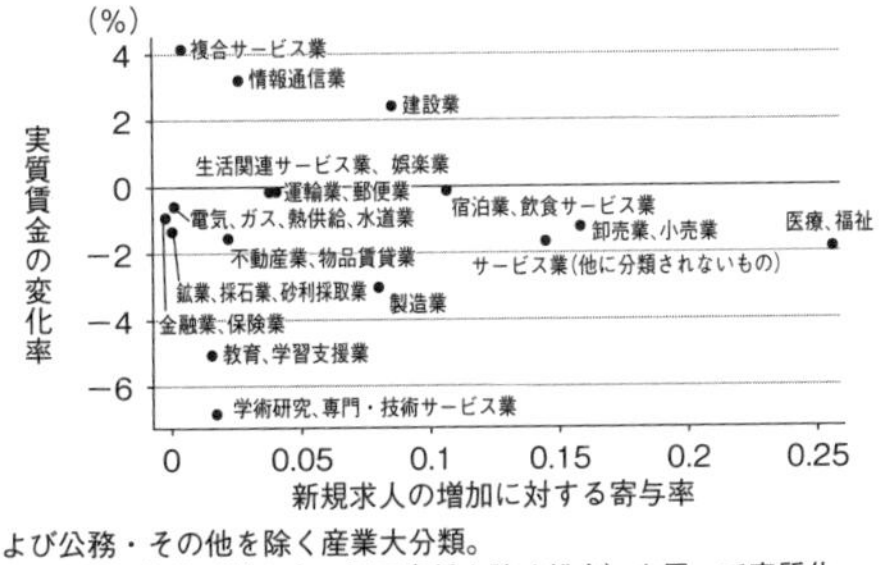

農・林・漁業および公務・その他を除く産業大分類。
平成 22 年基準消費者物価指数（持ち家の帰属家賃を除く総合）を用いて実質化。
出所：厚生労働省「職業安定業務統計」(新規求人数)、厚生労働省「賃金構造基本統計調査(賃金センサス)」(実質賃金)
きまって支給する現金給与：労働契約、労働協約あるいは事業所の就業規則などによってあらかじめ定められている支給条件、算定方法によって6月分として支給された現金給与額をいう。手取り額でなく、所得税、社会保険料などを控除する前の額である。現金給与額には、基本給、職務手当、精皆勤手当、通勤手当、家族手当などが含まれるほか、超過労働給与額も含まれる。1カ月を超え、3カ月以内の期間で算定される給与についても、6月に支給されたものは含まれ、遅払いなどで支払いが遅れても、6月分となっているものは含まれる。給与改訂に伴う5月分以前の追給額は含まれない。現金給与のみであり、現物給与は含んでいない。

産業別にみても、2010年から15年にかけて実質賃金が上昇したのは、複合サービス、情報通信、建設業などの一部に限られている。医療・福祉、卸売・小売、接客サービスなどは求人の増加が大きいにもかかわらず、実質賃金は減少している。

図7　賃金の推移（雇用形態・賃金の種類別）

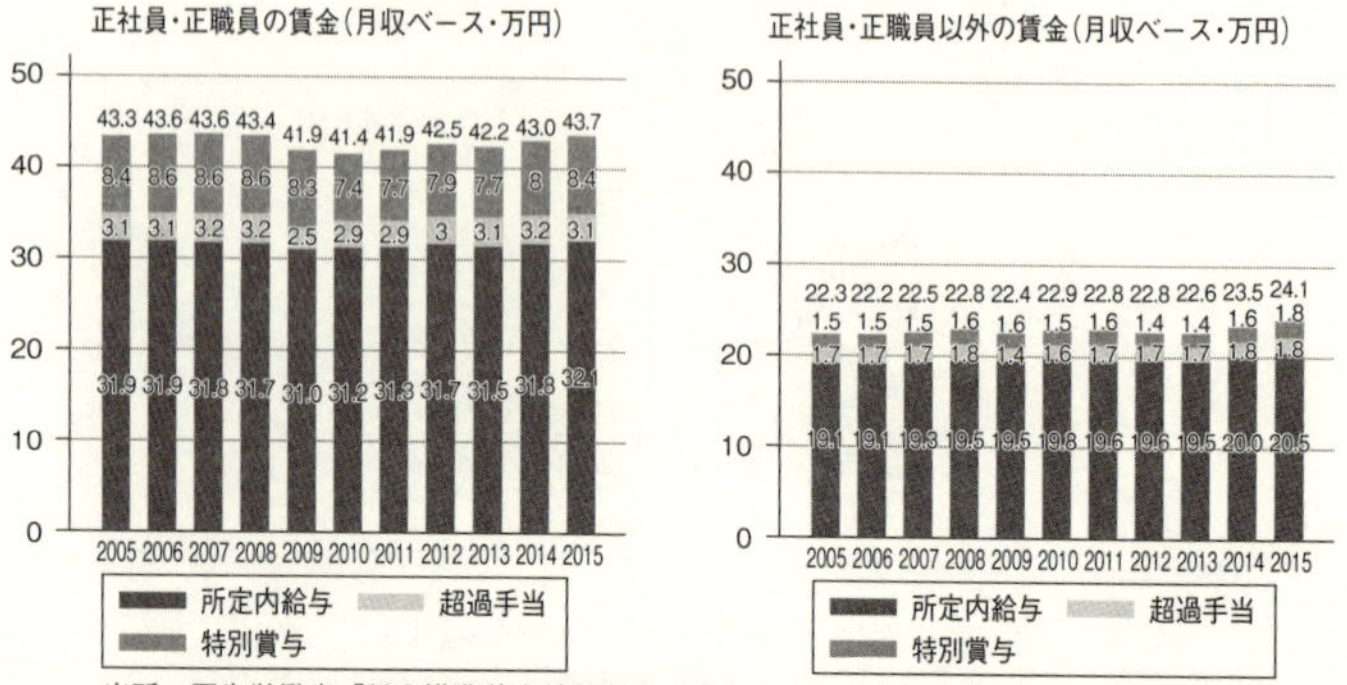

出所：厚生労働省「賃金構造基本統計調査（賃金センサス）」

産業計・男女計・学歴計・企業規模計（10人以上）。対象となる労働者は、短時間労働者を除く「一般労働者」のうち、「賃金センサス」の定義における「常用労働者」（①期間を定めずに雇われている、②１カ月を超える期間を定めて雇われている、③日々または１カ月以内の期間を定めて雇われ、４月、５月に18日以上雇用）。「超過手当」は、時間外勤務、深夜勤務、休日出勤、宿日直、臨時交替の手当等。「特別賞与」は、前年１年間の年間賞与その他特別給与の12分の１として計算。「正社員・正職員」は、事業所において、正社員・正職員とする者。

雇用者を正社員、正社員以外に区分し、賃金を所定内、超過手当、特別賞与に区分した場合、いずれにも2000年代半ば以降、顕著な増加傾向はみられない。ただし2015年の賃金総額は、正社員、正社員以外の両方とも過去10年で最高となるなど、わずかながら名目賃金上昇の兆しもみられる。

【玄田有史・深井太洋作成】

序　問いの背景

玄田有史

日本には、さまざまな経済問題、そして労働問題があります。なかでも、その根幹に位置する重要な問いとして「人手不足なのに、なぜ賃金が上がらないのか」があると思います。

2010年代前半には、少子化による若年人口の趨勢的な減少傾向、高齢化に伴う医療・介護に対するニーズの増大、拡張的な金融・財政政策の発動、円安や株高などによる景気拡大などを背景に、労働市場全般でみれば、いわゆる人手不足基調が続いてきました。巻頭の「基本データ　人手不足と賃金停滞」に示したいくつかの図表からも、人手不足感の強まりは、統計的にも確認できます。

標準的な経済学の教科書をのぞいてみると、人手不足、すなわち労働市場の需給が逼迫すると、価格調整機能にしたがって実質賃金が上昇し、新たな均衡が実現する、と必ず書かれています。実際、経済学者やエコノミストのなかには、人手不足が続いている以上、賃金は今後おのずと上昇し、長く続いたデフレもいずれ解消に向かうという考えをお持ちの方も、少なからずいらっしゃるように感じます。

その一方で、基本データのいくつかから示されているように、深刻な人手不足にもかかわらず、市場メカニズムが想定するような、賃金の着実かつ大幅な増加がみられない状況は、これまでずっと続いてきました。いつか賃金は大きく上がり始めるだろうと思われながら、結局、ほとんど上がらないままできたのです。そこでは、賃金が上昇しない背景として、需給状況以外の構造的な問題もあるのかもしれません。

21世紀初頭の日本の労働市場に起きているのは、いわば好況期における「賃金の上方硬直性」とでもいうべき特異な現象です。そこでは、経済理論のうち、市場の需給調整機能を重視する新古典派はもちろん、不況期における賃金の下方硬直性を主張したケインズ派さえも想定してこなかった状況が、日本で生じているかのようにも思えます。

だとすれば、人手不足が長く続いているにもかかわらず、賃金がいっこうに上昇軌道に乗らない理由とは何なのでしょう。それは、国内において高い関心があるのみならず、今後は世界的な関心を集める可能性を有した新たな問いかけです（人口減少が進むと世界でも同様な事態が進むかもしれないからです）。その解明は、日本の労働問題の研究者に期待されている、重要な使命でもあるでしょう。

そこで本書では、それぞれの分野の第一線で活躍する研究者の方々に、次の二つの問いについて、ご検討いただきました。

問1．人手不足が続いているにもかかわらず、なぜ賃金が上がらないのか。
問2．賃金を上げることが今後可能だとすれば、いかにして実現できるのか。

その結果、16組の方々から執筆のご快諾をいただきました。人手不足なのに賃金が上がらない理由の解明という挑戦的なテーマの追究にとって、これ以上ない執筆陣にご寄稿いただいたと、編者として自負しています。

考察の対象時期としては、完全失業率の低下や有効求人倍率の上昇が傾向的に続いてきた2009年以降を、ひとまず念頭に置いていただくことにしました。ただし論考のなかには、考察の期間をより広く2000年代、さらには1990年代などを含めるかたちで検討いただいた内容もあります。

考察の方法も、ミクロ経済学、マクロ経済学、行動経済学などに基づく理論分析、多様なデータを駆使した実証分析、さらには詳細な事例の研究や収集など、実に多様なアプローチによって、上記の共通の問いへのチャレンジがなされていることは、類書にない本書の特徴です。

「人手不足なのに賃金がなぜ上がらないのか？」

このようにあらためて問われると、一般には以下のような回答が多いかもしれません。

「正社員以外が増えたから」

「労働分配率が下がったから」

「労働生産性が低下したから」

いずれもそれなりに妥当な見解だとは思います。しかし、本書ではこれらの回答に満足することなく、それから一歩先、少なくとも半歩先の世界をのぞいてみたいと考えました。

たとえばこういうことです。

相対的に賃金の低い非正社員が増えたことで、雇用者全体の平均賃金を引き下げられてきたというのは、そのとおりでしょう。厚生労働省「職業安定業務統計」をみると、2009年度から15年度にかけて有効求人倍率は、パートが0・73から1・57と、2倍以上の伸びを示しました。ただし、さらに正社員にいたっては同期間中、0・26から0・77と3倍にまで上昇しています。ところが、同じく厚生労働省の「毎月勤労統計」をみると、5人以上事業所の現金給与総額の増加率の前年比は、10年から15年の年平均で、パートタイムが0・5%ポイント、パートタイムを除く一般労働者でもわずか0・4%ポイントしか上がっていません。一般労働者については、不況が深刻化する直前の1997年ですら前年に比べて2・3%ポイント上昇していたのとは、まさに隔世の感があります。

このように正社員であれ、非正社員であれ、労働需給は急速に逼迫したのにもかかわらず、それぞれの賃金の着実な上昇基調はいっこうに観察されないのです。労働市場の需給動向には、2009年以降のみならず、2002年から2006年にかけても改善傾向がみられたのですが、やはり正規も、非正規も、目立った賃金の改善はみられませんでした。賃金が上がらないのには、非正規の割合が増えたという「構成効果」も重要ですが、そもそも需給逼迫に対して、賃金という労働の対価が柔軟に上昇しない「価格効果」の影響があるように思えます。だとすれば、十分な価格効果がみられない背景には、何があるのでしょうか。

労働分配率についても、人手不足がきわめて深刻で、採用困難や雇用者の離職が経営を不可避的に圧迫するのであれば、企業は分配率を引き上げてでも雇用を確保するはずだと、労働経済学は教えてきました。しかし、そのような労使間での分配に変化を促すことを困難にしている構造的要因があるとすれば、それは一体何なのでしょう。単に労働者への分配率が低いから賃金が低いという説明だけでは、トートロジー（同語反復）のそしりは免れられません。

労働生産性の低下は、1990年代以降の、日本の最大の労働問題、ひいては経済問題といってよいかもしれません。そしてその生産性の低下の背景にあるのは、これまで日本企業が誇ってきた、企業内の職場における知的熟練をはじめとした、充実した能力開発システムの変容にあると、多くの人が感じていると思います。

ただ、ここでも一度立ち止まって考えてみる必要があります。能力開発が困難になって生産性が伸び悩み、賃金が短期的にも長期的にも増えないことは、労働者にとって深刻な問題であるだけでなく、企業にとっても大問題です。海外勢を含む他企業との競争に打ち克ち、独自の付加価値の高い財・サービスを提供し続けるには、能力開発の機会の確保や拡充に本来企業は躍起になるはずです。だが事実がもしそうでないとすれば、ここでも、企業の生産性の回復に向けた努力に、どのような構造変化が水を差しているのかが、気になります。

ここまでで多くの読者には、本書の意図がすでによくおわかりいただけたと思います。そうです。「人手不足なのになぜ賃金が上がらないのか」という問いを追究する本書は、これまで「構造」という言葉で曖昧に表現されてきた労働問題の実体を、具体的に明らかにしようという野心的なプロジェクトなのです。

本書を企画し、執筆者のみなさんにご寄稿の依頼をする際、事前に内容の明確な調整や棲み分けはあえて行いませんでした。むしろ、人手不足という環境にもかかわらず賃金の停滞が続く構造的理由に関する見解を、それぞれの専門的な視点から思う存分にご披露いただくことをお願いしました。

その結果として、本書全体を読んでいただくと、多くの論考のなかに、図らずも共通した内容が発見されると思います。それは、人手不足にもかかわらず賃金が上がらないことへの、個別の専門知を超えた有力な見解ということでもあります。一方で、それぞれの章には、他の論考には含まれない独自の見解も多岐にわたって示されています。それだけ賃金停滞の背景は複雑であって、一様でないこともご理解いただけるでしょう。

本書の読み方としては、目次の各章の題名をご覧いただいて、読者のご関心に近い章から自由に読んでいただければと思います。併せて目次では、各章の内容を、次の7つのポイントから整理しました。

【需給】 労働市場の需給変動からの考察
【行動】 行動経済学等の観点からの考察
【制度】 賃金制度などの諸制度の影響
【規制】 賃金に対する規制などの影響
【正規】 正規・非正規問題への注目
【能開】 能力開発・人材育成への注目
【年齢】 高齢問題や世代問題への注目

目次では各章の題名に続いて、その内容が上記の7つのポイントのうち、いずれに関連しているかも示してあります。たとえば、人手不足と賃金停滞を考える際に、正規・非正規雇用の問題に特に関心のある読者は、【正規】が付された4、7、9、11、12、14、15章あたりから、読み進めていただくのもよいかもしれません。

人手不足にもかかわらず賃金が上がらないのは、解明不可能なパズルなのか。それとも、その理由について納得のゆく見解を示すことができるのか。その評価と判断は、本書を手に取っていただいた読者のみなさんにおまかせしたいと思います。

人手不足なのになぜ賃金が上がらないのか・目次

装丁　坂田政則

第1章 人手不足なのに賃金が上がらない三つの理由

近藤絢子

ポイント

【規制】【需給】【行動】

1 求人増加の異なる背景

賃金が上がらない要因を探る前に、まずは人手不足なのに賃金が上がらないのはどういった産業や企業なのかを考えてみよう。巻頭基本データの図6で、産業別の実質賃金の変化と求人増加への寄与に正の相関がないことを確認した。新規求人の増加に対する寄与率が高いにもかかわらず、賃金がむしろ下がる傾向にある産業として、医療・福祉、卸売業・小売業、サービス業（ほかに分類されないもの）、宿泊業・飲食サービス業が挙げられる。これらの産業の就業者数の推移を図1‐1に示す。

これを見ると、最も求人増加への寄与率の高かった医療・福祉の就業者数は増えているが、他の三つの産業についてはほとんど変化がないことがわかる。医療・福祉と、他の三つの産業では求人増加の背景が異なるのだ。

医療・福祉産業については、公的保険制度による価格統制の影響が大きい。求人は増えても就業者数は増えていなかった三つの産業については、求人の増加が必ずしも経済学的な意味での超過労働需要を伴っていなかった可能性がある。

もうひとつ、特定の産業にかぎらず賃金上昇を阻む要因として、将来業績が悪化した際に賃金を下げることが難しいので、足元の業績が良くてもなかなか賃上げに踏み切れない、という面もあるだろう。

本章では、これら三つの要因についてそれぞれ詳しく見ていく。

2　医療・福祉：介護報酬制度による介護職の賃金抑制

医療・福祉は、最も求人増加への寄与率の高い産業であり、図1-1でも見たとおり就業者数も大幅に増加している。高齢化に伴い、医療や介護サービスに対する需要が増加し続けていることから考えても、労働需要が増加した結果、求人数が増えていると捉えるのが自然だろう。

多くの先行研究ですでに指摘されていることだが、医療・福祉産業で明らかに労働需要が増加しているのになかなか賃金が上昇しない一番の理由は、診療報酬制度や介護報酬制度により医療サービスや介護サービスの価格が抑制されていることだ(1)。サービスに対する需要が増えても、それにあわせて価格を上げることができないので、なかなか利益が増えず、賃金を上げることができないのだ。

とりわけ、介護産業においてこの問題は深刻である。2000年の介護保険制度導入以来、介護労

図 1-1　求人増加への寄与率の高い産業の就業者数推移

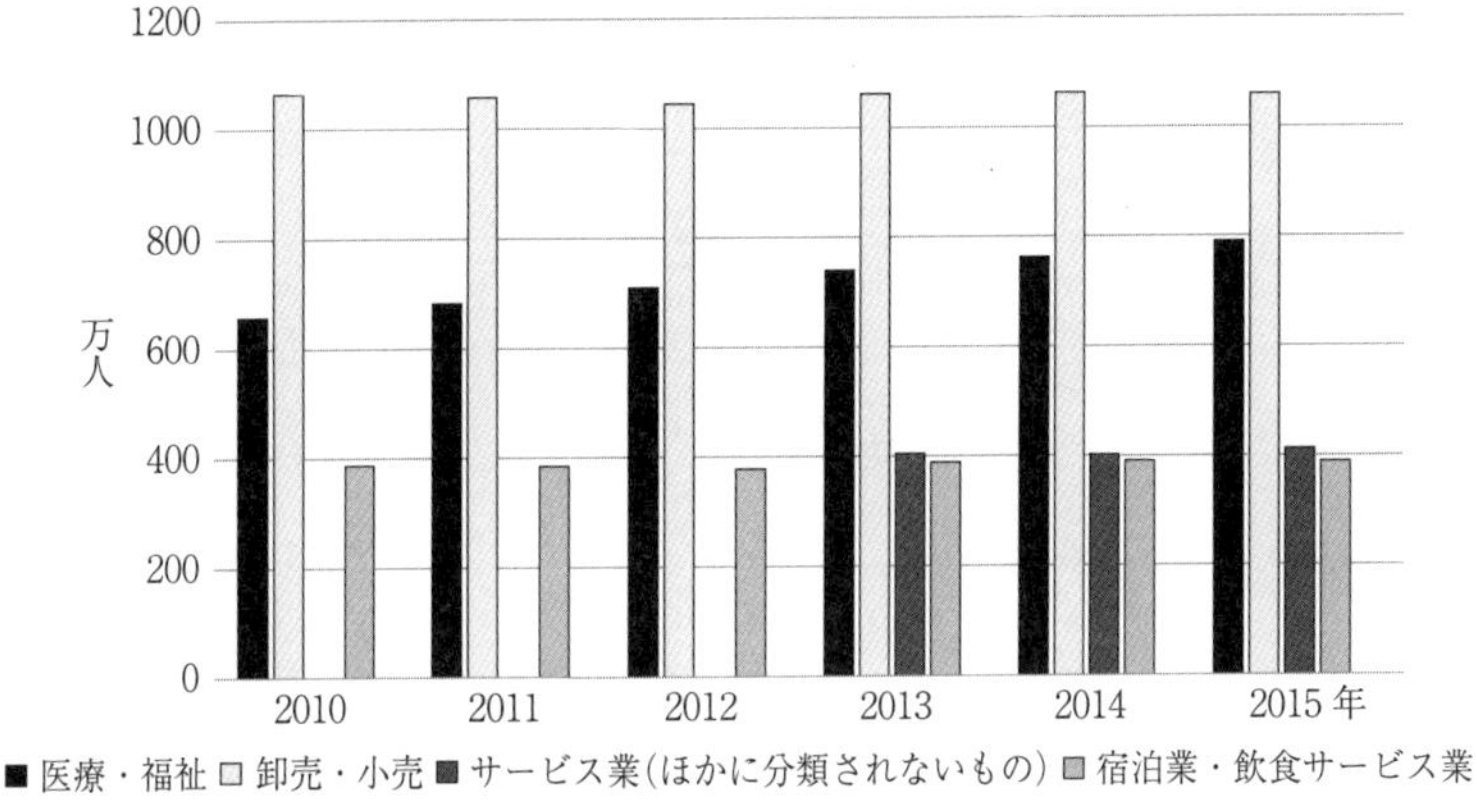

注：2012 年以前のサービス業（ほかに分類されないもの）には派遣労働者が含まれており、2013 年以降と比較ができないのでサービス業（ほかに分類されないもの）については 2013 年以降のみ掲載した。
出所：総務省統計局「労働力調査」年平均

働者は大幅に増加してきた。総務省統計局「労働力調査」によれば、「社会保険・社会福祉・介護事業」の就業者数は、この産業区分のデータが取れる最も古い年次である２００３年には１８９万人であったが、２０１５年には３８６万人にまで増えている。12年間で倍増したのである。

　ところが、この期間に賃金はむしろ大幅に低下した。図１-２には、２０００年を１００とした場合の相対的な賃金水準を、産業計、医療、介護の含まれる社会保険・福祉に分けて図示した。２０００年代には日本全体の賃金水準（図１-２の産業計）も緩やかに下がったが、社会保険・福祉の賃金下落はそれと比べても非常に大きい。10年間で約20％も賃金が下がったのだ。この下落の一部は、パートタイム労働者の増加や、ホームヘルパーなど比較的賃金の低い職種の割合が増えたことにも起因すると考えら

図1-2　医療・福祉産業の賃金指数推移（2000年＝100）

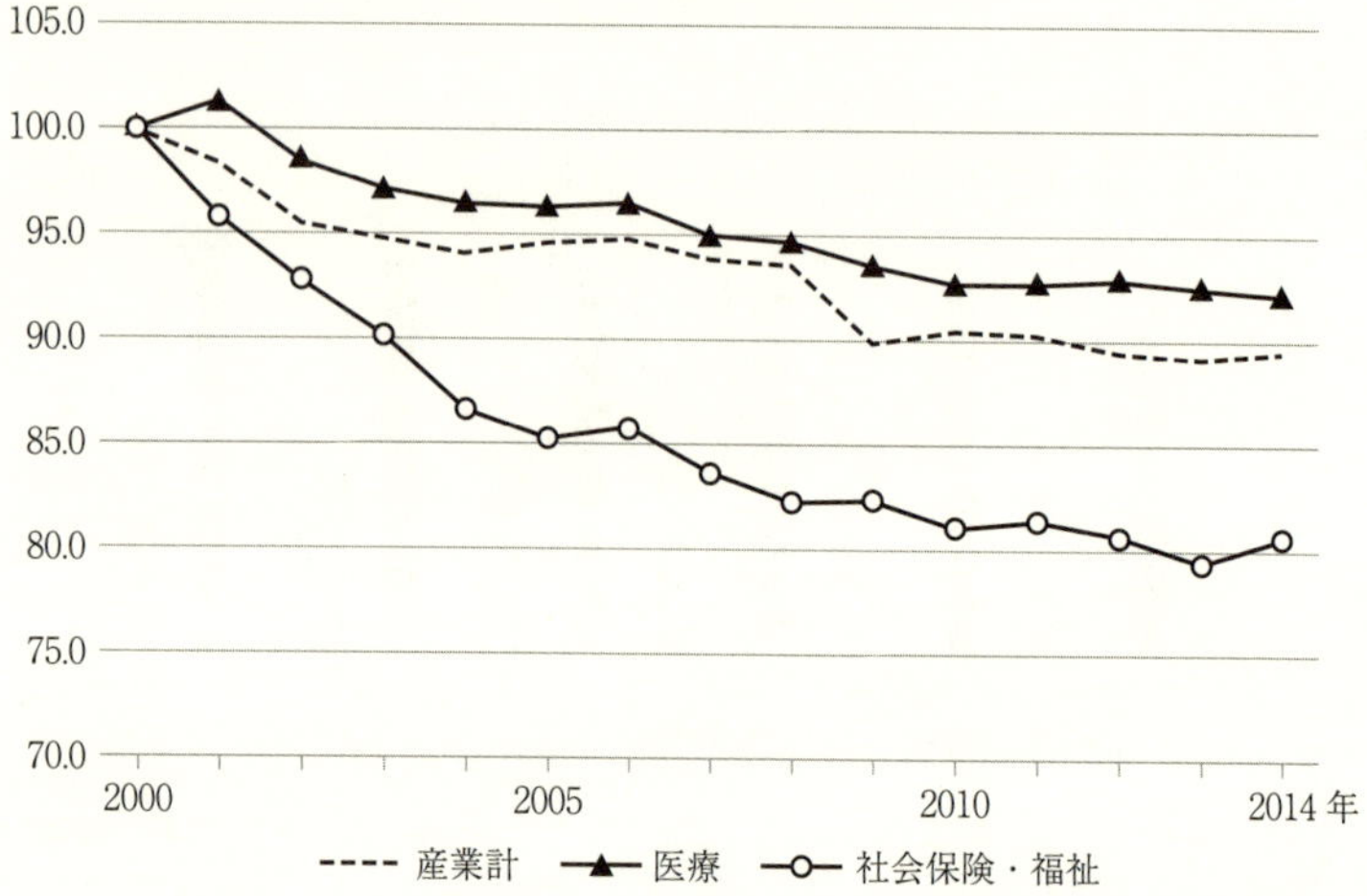

出所：厚生労働省「毎月勤労統計調査」年次集計（基準年を2000年に揃えるよう加工）

れるが、介護報酬制度による賃金抑制の影響も大きい。

現行の介護保険制度では、国が介護サービスごとの単価として介護報酬を定め、これによりサービスの価格が決められてしまう。介護事業の対象者の大半は介護保険利用者であり、保険の適用を受けるためには介護報酬制度に従わなければならない。利用者が増えたからといって、事業者は勝手に値上げすることができない。

介護報酬は3年に1度改定されるが、3年間は固定されたままなので、まずそこで価格調整に遅れが生じる。さらに、介護保険の利用者の増加により財政状況が悪化すると、支出を抑制するために、国は介護報酬を低く抑えようとする。このため、介護事業所の利用者が増え、人手不足が深刻化しても、なかなか介護報酬が上がらず、賃金を上げられない、という構造的な問題が発生しがちになる。

周（2009）や花岡（2015）の指摘によれば、2004年頃から始まったマクロ経済状況の改善によって、他産業でより条件のいい雇用機会が増えた結果、介護産業の人手不足が深刻化した。ここに追い討ちをかけたのが、2006年の介護報酬のマイナス改定である。これにより、人手不足にもかかわらず賃金はさらに引き下げられ、人手不足がますます深刻化した。花岡（2015）は他産業の賃金水準が高い都市部ほど、介護労働力不足は深刻であるとも指摘する。

2000年代後半に顕在化した介護労働力不足を受けて、2009年の介護報酬の改定では、介護報酬自体を引き上げるプラス改定が行われ、2009年10月からは介護職員処遇改善交付金が2年半の時限措置として導入された。その後、2012年の介護報酬改定で、介護職員処遇改善加算が創設された。こうした一連の動きのなかで、介護職員の処遇はいくぶん改善されてはきたものの、まだまだ十分とはいえない。また、高齢化に伴う財政負担増を考えると今後どれだけ処遇改善のインセンティブを維持できるのかは未知数である。

医療は、介護に比べてコストに占める人件費の割合が低く、医師をはじめ高度な資格を要求される職種が多く、その分年収も高い。このため介護ほど問題が顕在化していないが、医療従事者の労働市場も潜在的には、診療報酬制度による価格の固定化や、高齢化による保険財政の悪化と診療報酬抑制圧力など、介護と同じ問題を抱えている。公的保険からの給付に依存する産業である以上、こうした問題は避けられない面があり、(2) 今後もしばらく人手不足は続くと考えられる。

2015年時点で社会保険・社会福祉・介護事業だけでも全就業者の6・1％、医療も併せた医療・福祉全体では12・3％を占め、今後もシェアは拡大し続けることが予想される。医療・福祉は労働市場の無視できない部分を占めつつある。最も雇用成長率が高い産業で、価格メカニズムが働かない構造になっていることも、日本全体で見て「人手不足なのに賃金が上昇しない」ことの重要な要因のひとつであろう。

3 「人手不足イコール労働力に対する超過需要」ではない可能性

図1-1に戻って、卸売業・小売業、サービス業（ほかに分類されないもの）、宿泊業・飲食サービス業では、求人は増え、就業者数は増えず、賃金はむしろ下がった。これらの産業では何が起こっているのだろうか。

労働需要曲線と労働供給曲線を用いて、就業者数と賃金の関係を整理してみよう。図1-3の四つのグラフは、それぞれ、縦軸に賃金、横軸に就業者数をとり[3]、それぞれの賃金に対応する労働需要（企業が雇いたい人数）と労働供給（働きたいと思っている人数）をプロットしたものである。一般的に、賃金が上がれば労働需要は減り、労働供給は増えるので[4]、労働需要曲線は右下がり、労働供給曲線は右上がりになる。

パネルAには単純に労働需要が増えたら何が起こるかを示した。元はE点で需要と供給のバランスが取れていたのが、労働需要が増えて需要曲線が右にシフトし、元の賃金ではE'-Eだけ需要が供給を上回ってしまう。この状態が「人手不足」である。その後、だんだんと賃金が上昇し、賃金が上昇

図1-3　労働需要曲線と労働供給曲線

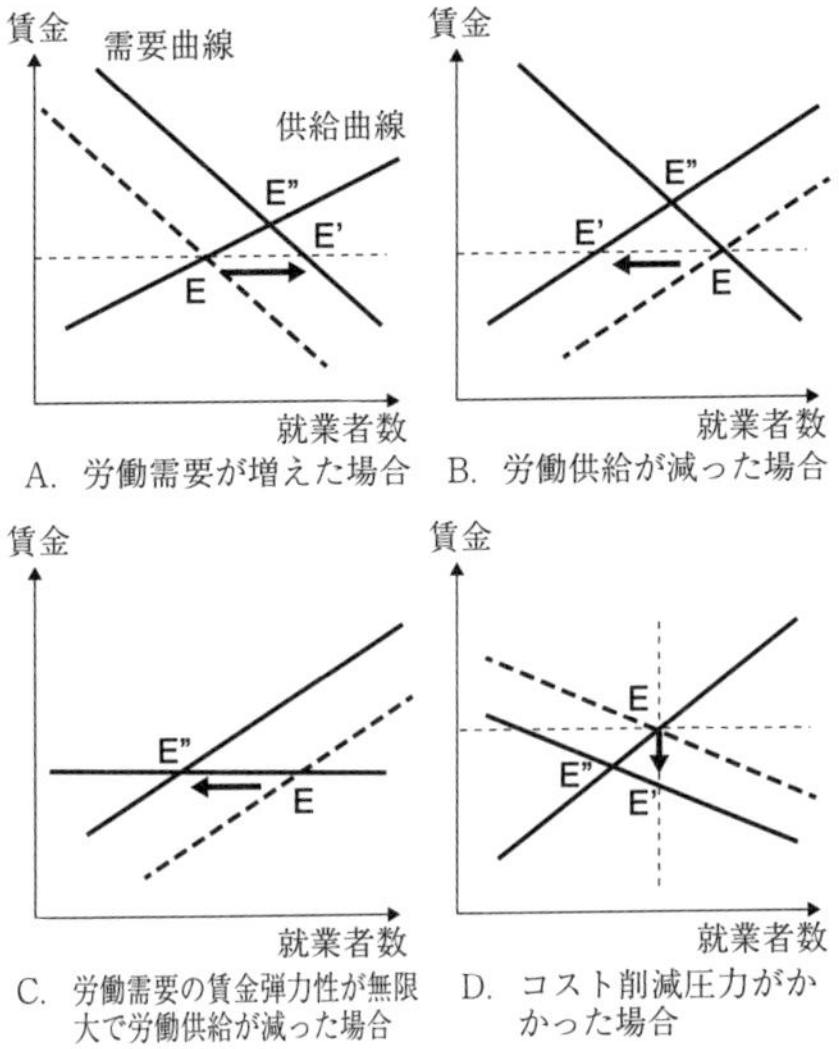

した分労働需要が減って労働供給は増え、やがて需要と供給が一致するE"点に達して、新たな均衡になる。この場合は、賃金が上がり就業者数も増える。

労働需要が増えるのではなく、労働供給が減っても人手不足になる。この状況を表したのがパネルBである。労働供給が減って供給曲線が左にシフトし、元の賃金ではE-E'だけ需要が供給を上回ってしまうので、賃金が上昇し、E"点が新たな均衡になる。この場合は、就業者数は減るが、賃金はやはり上がる。

このように、需要が増えるにせよ供給が減るにせよ、労働需要が労働供給を上回っている需要超過の状態を「人手不足」とするならば、人手不足になれば賃金が上昇するはずである。ただし、例外として、需要か供給のどちらかの賃金弾力性が無限大のときは、賃金は変化しない。パネルCには労働需要の賃金弾力性が無限大、つまり少しでも賃金が高くなると労働需要が一気にゼロになってしまうような場合に、労働供給が減るとどうなるか示した。労働需要側の払ってもよいと思っている賃金が固定されているので、労働供給が減るとその分だけ就業者数が減って、賃金は変化しない。

労働需要の賃金弾力性が無限大というのは極端なケースだが、現実にも「人手は足りていないが、これ以上賃金を引き上げると採算が取れない」という声は耳にする。これはすなわち、労働需要の賃金弾力性が非常に大きいということであり、人口減少や他産業の雇用拡大などで労働供給が減っても、なかなか賃金が上がらない。

さらに、製品市場での価格競争や原材料費の高騰などにより、労働コストを削減する必要が生じた場合、コスト削減圧力によって離職が増え、実際に需要超過が発生しているわけではないにもかかわらず、人手不足「感」が生じる可能性がある。パネルDに示したように、コスト削減圧力によってE-E'だけ賃金が下がる、つまり労働需要曲線が下にシフトしたとき、図の上では労働需要が減ったのと同じことになり、最終的には賃金が下がり就業者数が減ってE"に落ち着くことになる。

しかし、当の企業としては生産規模を縮小することなくコストを抑制したい、つまり雇用量を減らすことなく賃金を下げることで対応したいと考えていることが多い。すなわち、E"ではなくE'に移りたいのだが、切り下げた後の賃金では従業員を十分確保できないので、E'を維持することができず、「人手が足りていない」と感じてしまう。

今いる社員の月給を明示的に引き下げる企業は少ないとしても、1人あたりの仕事の量だけ増やしてそれに見合う分給与を上げなければ、実質的には賃金を引き下げているのと同じである。無理な要求やサービス残業が常態化し、その結果離職する社員が増え、補充が追いつかずに「人手が足りない」と感じているケースは意外と多いのではないだろうか。つまり、人手不足なのに雇用条件が改善しないのではなく、雇用条件が悪くなったせいで人手が足りなくなっているのだ。

統計的なエビデンスがあるわけではないが、医療・福祉以外のサービス業に関しては、図1−3のパネルCやDに近い状況が起きているのではないかと思う。[5] 何らかの原因で離職が増え、人員の補充が追いつかず、かといって採算が取れないために賃金を上げることもできず、従業員の負担が重くなってさらに離職が増え人手不足が深刻化する、という負のスパイラルに陥っている企業は少なくないのではないか。

全産業対象ではあるが、独立行政法人労働政策研究・研修機構が2016年1〜2月に実施した調査（渡辺・新井・荻野［2016］）からも、人手不足による従業員の疲弊が離職を誘発し、さらに人手不足に拍車をかける傾向がうかがえる。人手不足の理由として、労働需要の増加に当たる「景気回復に伴う事業の拡大」よりも、「離職の増加」と答えた企業のほうが多い。また、人手不足を感じている企業で働く労働者は、業務量が増え、職場や業務に対するストレスをより強く感じ、過去1年以内に長時間労働で体調を崩した割合が高く、転職を希望する割合が高い。

同調査では、人手不足を緩和するための対策として賃金を引き上げると答えた企業は、人手不足の緩和対策に取り組んでいる企業のうちの38%にすぎない。また、約6割の企業が「中途採用を強化する」「採用対象の拡大を図る」と答えているのはよいとして、44%の企業が「業務の効率化を進める」と答えているのが気にかかる。本当に無駄を省いて効率化できているのならよいが、短い時間で多くの仕事をこなすよう、従業員に圧力をかけることになっていないだろうか。

経済学的に見れば、必要な人員を確保するために賃金を上げることのできない企業は、競争によって早晩淘汰されていく存在であって、こうした企業が感じている「人手不足」は労働市場における需要の拡大を必ずしも意味するわけではない。したがって、賃金も上昇しない。医療・福祉以外のサービス産業における「人手不足」のかなりの部分は、労働力の需要超過を伴わない人手不足「感」なのではないだろうか。

4 名目賃金の下方硬直性の裏返し

ここまでは、人手不足を解消するために賃金を上げる余力がないケースを考えてきた。しかし、業績が好調で順調に利益も上がっているにもかかわらず、なかなか賃金を上げようとしない傾向が一部企業で見られることも事実である。好調な企業がなかなか賃上げに踏み切れない理由としては、一度賃金を上げると将来下げることが難しいという下方硬直性の裏返しとしての、賃金の上方硬直性[6]の問題が考えられる。

労働需給が緩んでもなかなか賃金が下がらないことを賃金の下方硬直性という。賃金の下方硬直性を説明する経済理論モデルはいくつかあるが[7]、そのなかでも現在の日本の状況を説明するのに有力な仮説だと筆者が考えているのは、名目賃金の引き下げに対する労働者の心理的抵抗だ。Kawaguchi and Ohtake（2007）は、2000年にある日本企業で調査を行い、名目賃金の引き下げは労働者のや

図1-4　1人あたり賃金改定額の分布

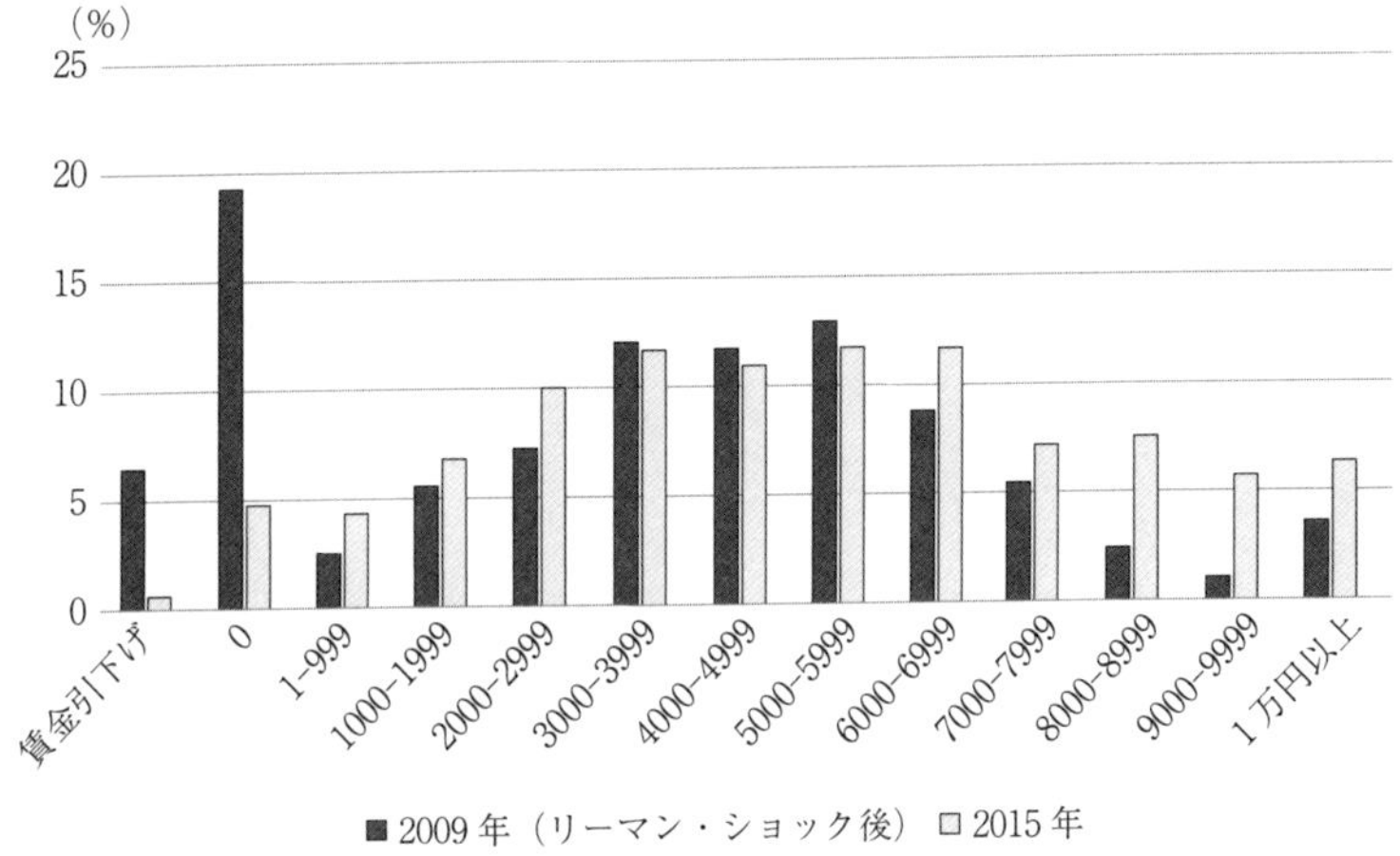

出所：厚生労働省「賃金引上げ等の実態に関する調査」

る気を大幅に損ねることを明らかにした。もちろん賃金が高いほうがやる気は出るのだが、１０００円の引き上げと２０００円の引き上げの差よりも、１０００円の引き下げと賃金据え置きの差のほうがはるかに大きいのだ。名目賃金を引き下げることで、従業員のやる気を損ない、賃金以上に生産性が下がってしまえば、企業にとってはかえって損になる。このため、なかなか賃金の引き下げに踏み切れない。

実際、名目賃金を切り下げる企業は少ない。厚生労働省「賃金引上げ等の実態に関する調査」[8]では、毎年、企業に1人あたりの賃金の改定額を訊いている。リーマン・ショック直後の２００９年と、直近の２０１５年の、1人あたり賃金改定額の分布を図1-4に示す。なお、賃金改定額には、賃金表の改定（いわゆるベースアップ・ベースダウン）だけでなく、定期昇給や一時的な賃金カットも含んでいるが[9]、ボーナスや残業代は含まない。

まず目につくのは、リーマン・ショック後の2009年には賃金改定額がゼロの企業が2割にのぼることだ。しかし、賃金引き下げに踏み切った企業はその約三分の一、6・4%にすぎない[10]。深刻な不況においても、賃金引き下げに対する相当強い抵抗感があったことがうかがえる。

また、3000円台から6000円台の昇給を行った企業の割合は、2009年は45・8%、2015年は46・2%と、ほとんど変わらない。同調査によれば、調査対象企業の約8割[11]に定期昇給制度があり、定期昇給制度のある企業における平均昇給額は2009年で4349円、2015年で4614円と、それほど変化がない。また、定期昇給のあった従業員の約6割は、昇給額が3000円台から6000円台までに収まっており、この割合もほとんど変化がない。ここから、調査対象企業の半数近くは3000円台から6000円台程度の定期昇給を実施し続けてきたことが推測でき、定期昇給の凍結や減額にも抵抗があることがうかがえる。

ましてや、賃金表の改定を伴うベースダウンにいたっては、2009年でも全体の2%弱[12]の企業しか実施していない。一度賃金表を改定してしまうと、リーマン・ショック後のような深刻な状況にあってもなかなか賃金を下げる方向に再改定できないのである。逆に、労働市場の需給が逼迫していた2015年でも、ベースアップを行った企業は2割[13]にすぎない。一度賃金表を改定してしまうとなかなか元には戻せないので、慎重になるのだろう。

とはいえ、8000円以上の引き上げをした企業の割合は2009年の7・7%から2015年の20・2%へと大幅に増えている。これらの企業は、もともと業績に応じて柔軟に給与を変化させられるような制度になっているのではないだろうか。本書の第5章は同一企業を追跡したパネルデータを用いて、過去に賃金引き下げを行ったことのある企業のほうが、業績が改善した場合に賃金を引き上げやすいことを実証している。業績に応じて大幅な給与改定を行う一部の企業と、ほとんど給与を変化させない企業[14]に二極化しているのかもしれない。

5　複合的な要因解明が必要

本章では、人手不足なのに賃金が上がらない要因として、医療・福祉産業で価格メカニズムがうまく働かないこと、「人手不足なのに賃金が上がらない」のではなく、雇用条件が悪くなったので人手不足に陥っている企業が少なくない可能性、下方硬直性の裏返しとしての上方硬直性、の三つを取り上げてきた。もちろんこれですべてが説明できたわけではなく、ほかにもさまざまな要因があるだろう。

ひとついえるのは、何か一つの原因を取り除けば、一気に人手不足が解消されたり、突然賃金水準が上昇し始めたりするような単純な状況ではないということだ。労働市場における適切な賃金調整を実現するには、その障害となっているさまざまな要因をひとつずつ地道に取り除いていく必要があるといえよう。

第1章【注】

(1) 鈴木（2010）は、介護報酬が公定価格に規制されているために、価格による需給調整が働かず、結果として労働力不足が解消されないことを、シンプルなモデルを用いて解説している。山田・石井（2009）は、介護サービス事業における介護料収入に占める給与費率は、施設型や通所介護で約6割、訪問介護では8割強を占めることを指摘し、「介護報酬の改定は介護労働者の賃金に大きな影響を与えることが期待される」と述べている。

(2) 公的保険制度を維持する上で、ある程度の価格統制はやむを得ない側面がある。もし、公的保険で費用の大部分を負担するという制度を変えずに価格を自由化すれば、医療サービスや介護サービスの価格は急騰し、公的保険の財政はすぐに破綻してしまう。かといって自己負担割合を増やしてサービスに対する需要を抑制しようとすれば、保険としての機能が弱まってしまう。

(3) 本来は縦軸に実質賃金、横軸に労働投入量（人数×労働時間）をとるべきだが、簡単化のためこのようにした。

(4) 厳密には、賃金上昇が個人の労働供給に及ぼす影響には正の代替効果と負の所得効果の両方あり、賃金が上がると労働供給が減ることはある。ただし、これはすでに働いている人が労働時間を短くする可能性があるという話であり、就業者数で見た場合は、賃金が上がれば働きたいと思う人数は必ず増える。

(5) たとえば、図1-1で挙げた産業には含まれないが、本書第3章で考察されているバス運転手の市場は、限界生産性が一定で労働需要の価格弾力性が高いという点でパネルC、新規参入による運賃低下によって賃金が下がっているという点でパネルDに当てはまる。

(6) 下方硬直性の裏返しとしての賃金の上方硬直性は本書の他の章でも詳しく解説されている。より厳密な理論的裏づけは第14章を、企業パネルデータを用いたより厳密な実証分析は第5章を参照されたい。

(7) 名目賃金の下方硬直性を説明する理論についてはKawaguchi and Ohtake（2007）の序論にまとめられているので、興味のある読者は参照されたい。

(8) 製造業と卸売・小売業で従業員数30人以上、それ以外の産業では従業員数100人以上の企業が調査対象であり、小規模企業が含まれていないことに留意が必要である。

(9) 定期昇給とベースアップのちがいや、日本企業における賃金の決まり方の詳細については本書第13章を参照。

（10）本書の第5章も、リーマン・ショックの時期を含む過去10年間において所定内給与の引き下げをした企業は2割足らずであることを指摘している。
（11）一般職の場合。管理職だと約7割。
（12）一般職の場合、定期昇給制度がある企業の2・2％がベースダウンを実施×定期昇給制度がある企業が77・2％＝1・7％。管理職だと2・7％×67・5％＝1・8％。
（13）一般職の場合、定期昇給制度がある企業の25・0％がベースダウンを実施×定期昇給制度がある企業が77・2％＝19・3％。管理職だと20・5％×67・5％＝13・8％とさらに下がる。
（14）後者もボーナスと残業代で調整している可能性はある。ただし、冒頭の基本データでも述べられているように、所定内給与だけでなく、超過手当（残業代）や特別賞与（ボーナス）も、平均的には大きく増えてはいない。

【参考文献】

周燕飛（2009）「介護施設における介護職員不足問題の経済分析」『医療と社会』19（2）：151-168ページ。

鈴木亘（2010）『社会保障の「不都合な真実」―子育て・医療・年金を経済学で考える』日本経済新聞出版社。

花岡智恵（2015）「介護労働力不足はなぜ生じているのか」『日本労働研究雑誌』No.658, 16-25ページ。

山田篤裕・石井加代子（2009）「介護労働者の賃金決定要因と離職意向―他産業・他職種からみた介護労働者の特徴」『季刊・社会保障研究』45（3）、229-248ページ。

渡辺木綿子・新井栄三・荻野登（2016）「人材不足企業の7割超が深刻化や慢性的な継続を予想　――「人手不足の現状等に関する企業・労働者調査」結果より」Business Labor Trend 2016.7, 3-13ページ。

Kawaguchi, Daiji and Fumio Ohtake (2007) "Testing the Morale Theory of Nominal Wage Rigidity," *Industrial and Labor Relations Review* 61 (1) 59-74.

第2章 賃上げについての経営側の考えとその背景

小倉一哉

ポイント

【制度】

本章では、賃上げやベースアップ（ベア）[1]に影響したと思われる事柄を、経営側の意向を中心に取り上げる。定量的なエビデンスを得るものではないが、1997年の金融危機から直近に至る20年間の経営環境の変化が、経営者の賃上げに対する意向にどのように影響を与えたのかを、主要な特徴として捉える。

1 賃上げ率と賞与・一時金の動向

春季賃上げ率[2]（折れ線グラフ）と夏季および年末賞与・一時金（棒グラフ）の動向を示した図2-1を見よう。

1997年の金融危機によって、20世紀末の賃上げ率は一気に低下した。その後もITバブル崩壊のショックにより、さらに低下した。

図 2–1　春季賃上げ率（%）および賞与・一時金（金額）の推移

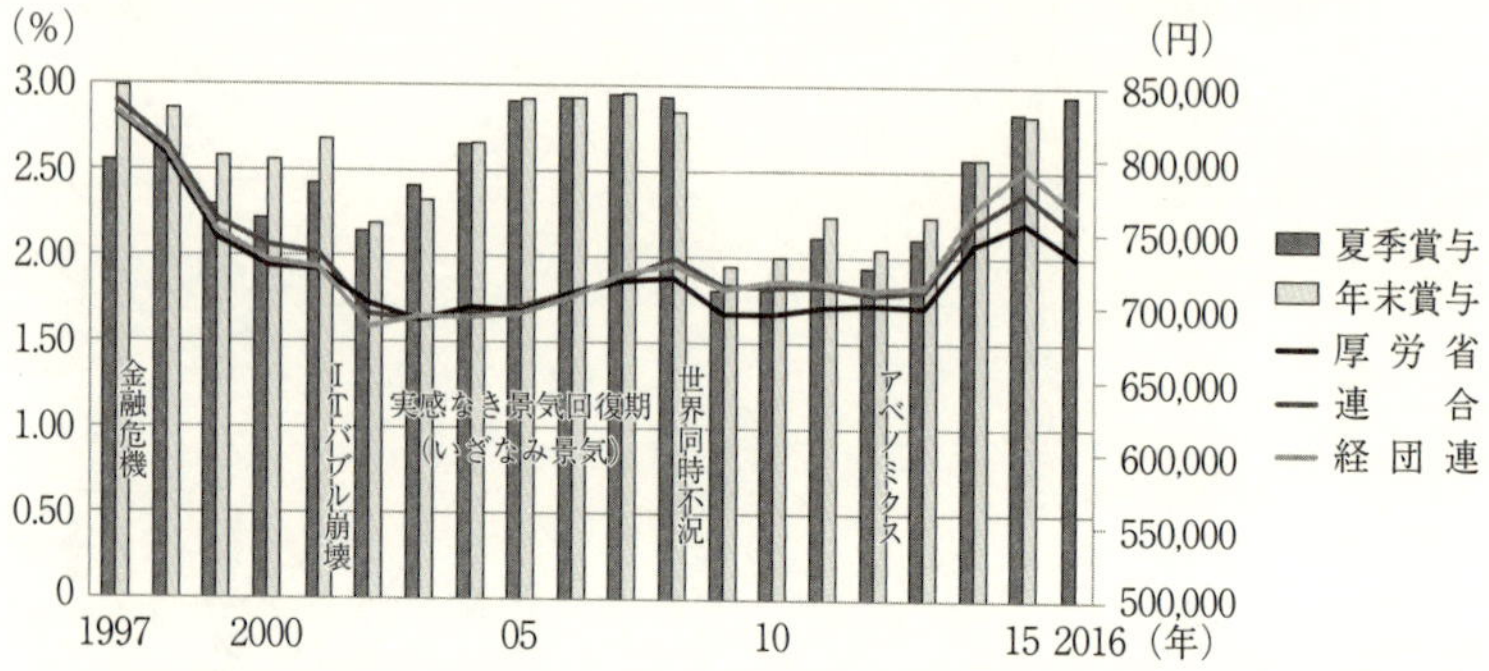

出所：厚生労働省「民間主要企業春季賃上げ要求・妥結状況」より。対象は資本金 10 億円以上かつ従業員 1,000 人以上の労働組合がある企業（加重平均）。
連合「春季生活闘争回答集計」より。平均賃金方式で妥結した組合の加重平均。
経団連（旧日経連）「春季労使交渉・大手企業業種別妥結結果」より。対象は原則として東証一部上場、従業員 500 人以上の加盟企業。
厚生労働省「民間主要企業夏季一時金妥結状況」、「民間主要企業年末一時金妥結状況」より。対象は資本金 10 億円以上かつ従業員 1,000 人以上の労働組合がある企業（加重平均）。

２０００年代前半は「いざなみ景気」といわれる景気回復期を迎えるが、またの名を「実感なき景気回復期」と呼ぶ。賃上げ率を見る限り、たしかに「実感」を得るのは難しかっただろう。そして08年に世界同時不況（リーマン・ショック）が起こった。09年から13年までの賃上げ率はほぼ横ばいだが、グラフを見る限り、実は「いざなみ景気」期の賃上げ率と変わらない。

　賃上げ率はあまり変わらないが、「いざなみ景気」期とリーマン・ショックの影響が出た頃では、完全失業率[3]の動きにちがいがある。02年に5・4％と過去最高を記録した完全失業率は、03年4・7％、04年4・4％、05年4・1％、06年3・9％、07年3・9％と徐々に低下しているが、リーマン・ショックを迎える08年には4・0％となり、09年5・1％、10年5・1％と高い水準で横ばいした後、11年4・6

％[4]、12年４・３％、13年４・０％、14年３・６％、15年３・４％と改善している。

労働市場の動向が改善する中での賃上げ率と、悪化した時期の賃上げ率にあまり差がないのは興味深い。果たしてこの20年の間に何が原因となって、賃上げ率は低位を常態としたのであろうか。

2　経団連の主張と主な特徴

筆者が注目したいのは、経営者の意向である。旧日経連が１９９５年に発表した「新時代の『日本的経営』―挑戦すべき方向とその具体策」は、雇用ポートフォリオ（長期蓄積能力活用型、高度専門能力活用型、雇用柔軟型）を提案し、正社員の終身雇用モデルの縮小化、非正社員の増加に大きく寄与したといわれている。

大手企業における賃上げの動向は、春季労使交渉などを通じて同一産業のみならず、日本企業全体へ影響すると思われる。それゆえ大手企業を中心に構成される経団連（旧日経連）の意向に注目することは、近年の動向を見る上で一つの分析視点になるだろう。

表２-１は、経団連「経営労働政策委員会報告」（２００２年まで日経連「労働問題研究委員会報告」）から、春季労使交渉における賃上げのスタンス（主張の要点）を抜粋したものである。[5]「経営労働政策委員会報告」は、ほぼ毎年１月下旬に発表されるもので、「今次労使交渉・協議に対する経営側の基本姿勢」という章で賃上げのスタンスが述べられている。これは、春季労使交渉が本格化する直前に出されるものであり、そのタイミングから考えても、多くの企業経営者が重要な指針として参

表2-1　経団連（旧日経連）の賃上げに関する主張と日経新聞記事に見る各年の傾向

年	経団連（旧日経連）の賃上げに関する主張	日経新聞記事に見る各年の主な傾向
1997	ベースアップについては慎重な対応が求められる。	三井金属ベア廃止
1998	多くの企業で右肩上がりの賃金カーブが維持されてきたが、いまやこの前提が崩れた。	伊藤忠、トーメン、ベアゼロ提案
1999	能力や成果・貢献度に応じた賃金配分の徹底をめざす方向で、総額人件費の引き下げを含め、その柔軟化を視野に入れることが望まれる。	日産ベアゼロ
2000	企業の高コスト構造を改善し、雇用・賃金・労働時間を総合的かつ適切に決定するためには、総額人件費の視点が不可欠である。	電力９社ベアゼロ
2001	成果主義が志向される人事・賃金制度の下で、従来のような一律賃上げの水準を交渉することは意味がない。	鉄鋼労連、ベア要求断念
2002	ベア見送りにとどまらず、定昇の凍結・見直しや、さらには緊急避難的なワークシェアリングも含め、これまでにない施策にも思い切って踏み込むことが求められる。	連合初のベア統一要求断念。トヨタなど多くの企業でベアゼロ
2003	ベースアップは論外である。さらに、賃金制度の改革による定期昇給の凍結・見直しも労使の話し合いの対象になりうる。	トヨタ労組などベア要求せず
2004	一律的なベースアップは論外であり、賃金制度見直しによる属人的賃金項目の排除や定期昇給制度の廃止・縮小、さらにはベースダウンも労使の話し合いの対象となりうる。	成果主義加速、ベア交渉は少数派
2005	定昇制度が未検討のまま残っているとすれば、廃止を含めて制度の抜本的な改革を急ぐべきであろう。もはや市場横断的な横並びの、いわゆる「ベースアップ（ベア）」要求をめぐる労使交渉は、その役割を終えた。	ベア要求増えず
2006	市場横断的なベースアップは、もはやありえない。生産性上昇の裏付けのないベースアップはわが国の高コスト構造の原因となるだけでなく、企業の競争力を損ねる。	トヨタ労組などベア要求復活も、「賃金改善」による個別化が始まる
2007	生産性の向上の如何にかかわらず横並びに賃金水準を底上げする市場横断的なベースアップは、もはやありえない。	「賃金改善」要求増えるも少額、一時金は満額回答
2008	個別企業の支払能力を無視して横並びで賃金を引き上げていく市場横断的なベースアップは、すでに過去のものとなっており、もはやありえないことはいうまでもない。	三菱重工、賃上げ原資全額を「成績部分」へ配分
2009	年齢・勤続年数を基軸とした年功型賃金制度から仕事・役割・貢献度を基軸とした賃金制度への見直しが求められる中、個別企業においても一律的なベースアップは考えにくい。	連合８年ぶりベア要求も、個別労組で見送り続く、雇用維持優先
2010	賃金カーブを維持するかどうかについても、実態に応じた話し合いを行う必要がある。厳しい経営状況を踏まえ、今次労使交渉・協議ではベースアップは困難と判断する企業が多いものと見込まれる。	ベアなし増加、定昇維持、雇用維持
2011	地域経済は回復の遅れが目立っており、地方に事業拠点を置く中堅・中小企業では、雇用を最優先にせざるを得ず、ベースアップはもとより、手当の増額などの賃金改善を行う企業は少ないものとみられる。	ベアゼロ、定昇は維持
2012	恒常的な総額人件費の増大をまねくベースアップの実施は論外であり、雇用を優先した真摯な交渉・協議の結果、賃金改善を実施するには至らない企業が大多数を占めると見込まれる。	ベア要求見送り多数
2013	ベースアップを実施する余地はなく、賃金カーブの維持、あるいは定期昇給の実施の取り扱いが主要な論点になると考えられる。	安倍政権が賃上げ要請、ベア要求増加
2014	ベースアップはその選択肢の一つであることを正しく認識すべきである。賃上げという場合、「年収ベースでみた報酬の引き上げ」として捉えていくべきである。	ベア要求広がる
2015	賃金の引き上げ＝ベースアップといった単純なものとはならない。ベースアップは賃金を引き上げる場合の選択肢の一つとして考えるべきものである。	連合2%以上ベア要求、ベア過去最高相次ぐ
2016	賃金引き上げの方法は、定期昇給の実施（賃金カーブの維持）といった月例賃金の制度昇給はもとより、月例賃金の一律的な水準引き上げ（全体的なベースアップ）に限られず、様々な選択肢が考えられる。	ベア要求やや縮小

出所：日経連「労働問題研究委員会報告」及び経団連「経営労働政策委員会報告」各年版より筆者作成。
　　　日経テレコン21より「ベースアップ」「春季労使交渉」で記事検索し、各年の傾向を筆者が判断。

考にしていると思われる。

また、それぞれの時どきの賃上げに関する労使交渉の特徴を見るために、日本経済新聞の記事検索の主要な特徴も取り上げた。なお、本表では、賃金テーブルの書き換え（全体的な賃金の底上げ）に相当するベースアップ（以下、ベア）に注目して、賃上げの意向・動向を調べてみる。

経団連（日経連）は従来から、マクロレベルでの生産性基準原理[6]、ミクロレベルでの企業の支払能力を賃金引き上げの原則としている。また現金給与にとどまらず、退職金、福利厚生費、教育訓練費など従業員に関する費用をすべて含めた総額人件費管理を重視する傾向にある。この点に関する主張は一貫して変わらないが、ベアに注目するとかなりの変化が見られる。

すなわち、97年に「慎重な対応」といっているが、98‒01年はベアという言葉が出てこない。しかし02年になって「見送り」を主張し、03年にはついに「論外」とした。その後も04年「論外」、05年「役割を終えた」、06‒08年「ありえない」、09年「考えにくい」、10年「困難」、11年「少ない」、12年「論外」、13年「余地はない」と表現は異なるが、ベアを否定する主張は13年まで続く。14年になってようやく「選択肢の一つ」としてベアを容認するようになる。

この間、労使交渉における主な傾向を見ると、特に大きなインパクトがあったのは、02年の連合のベア統一要求断念とトヨタ自動車でのベアゼロ回答（労働組合の要求は１０００円）である。トヨタ自動車は日本を代表する企業であるだけでなく、労使交渉という意味においても、その影響は大きかった。新聞記事によれば、02年3月期には史上最高の連結経常利益が見込まれていた中[7]での決定であったことも、重要な転換点だった。

この頃（99年5月-06年5月）の日経連会長であり新経団連の初代会長でもあった奥田碩氏は、トヨタ自動車の会長でもあった。不況期の賃上げ交渉に際して経営側トップの会社がベアゼロということは、他企業への影響も相当なものだっただろう。(8)

改めて図2-1を見てみると、02年から安倍政権の賃上げ要請が出る13年までの賃上げ率の低位停滞期と、経団連がベアを否定していた時期はぴったり一致する。経営者のベアに関する意向が、賃上げ率を抑制していた一つの要因と考えてもおかしくはない。

ベアがほとんど実施されなかった間に何が起こったのだろうか。経団連側は、定昇の見直し・廃止、(9)仕事・役割・貢献度を基軸とする賃金制度改革などを主張してきた。労働組合もベア要求が通らないので、06年からは「賃金改善」を標語にし、賃金原資の増加を全員一律に還元するのではなく、配分方法は個別労組に任せるという方針で要求方法を変更した。

しかし図2-1に見るように、賃上げ率は「いざなみ景気」の時期でも低位のまま推移する。むしろこの間に変化が見られたのは賞与・一時金である。ベアが恒常的なコスト増を伴う経営上のリスクだとすれば、賞与・一時金は、経営環境の激変に迅速に対応し得る手段である。

09年には連合が8年ぶりにベアを要求するが、リーマン・ショックが起こり、失業の増加に伴って「雇用維持」がより大きな課題となったため、個別労組でのベア要求はほとんど出なかった。また10年の欧州債務危機、11年の東日本大震災・原発事故といった短期的に起こる社会・経済環境の激変は、経営側だけでなく労働者側の将来不安も増大させたと考えられる。結局、ベア要求は２０１３年までほとんど出なかった。

経団連は毎年「トップ・マネジメントのアンケート調査結果」を発表している[10]。この中に「今年の賃金決定の結果」という設問がある。02-08年では、この設問の選択肢に「ベアは実施せず、定昇のみ実施」「ベアゼロ・定昇のみ」「ベア・定昇とも実施せず」「恒久的な降給（ベースダウン）」などの言葉が入っており、ベアを意識した選択肢が含まれている。

特筆すべき点として、09年の同調査では、それまであった「今年の賃金決定の結果」という設問が、「定期昇給やそれに準じる制度の導入状況」という設問に変更されている。その中から「ベア」という用語を入れた選択肢は消滅した[11]。賃金制度を成果主義的に改革することを標榜した経団連の意向は、毎年実施されるアンケート調査の継続性をも反故にしたのだろうか。

注（10）にも書いたが、なるほど09年からこのアンケート調査のタイトルそのものが変更されている。リーマン・ショックの影響を受けた経営側にとって、「ベースアップ」を実施したかどうかは〝もはや聞く意味もない〟ということだったのだろうか。この形式はその後も10年、11年と続き、12年になってようやく「賃金改善要求の項目」という設問で、選択肢に「基本給のベースアップ」という言葉が再登場し、15年版まで大きな変化はない。

3　成果主義の普及

表2-1に見るように、ベアが実施されなかった間は、経営側は明らかに成果主義[12]的な賃金制度を標榜している。仮に、成果主義導入前と導入後の賃金原資が同額だとすれば、成果や貢献度の低い従

業員の賃金は導入前よりも低くなるだろう。それゆえ成果主義的な賃金制度が普及していることも、この間の賃上げ率の低位停滞の一つの原因と考えられるだろう。

そこで、日本生産性本部（２０１５）より、賃金制度の変化を見た。[13] 管理職では、１９９９年に21・1％だった「役割・職務給」を採用している割合は、ほぼ傾向的に高くなり、12年には過去最高の79・2％に達した。成果主義的な賃金の主要素である「役割・職務給」の割合が増加していることは、成果主義が普及していることを示している。また非管理職でも、「役割・職務給」は、99年の17・7％から傾向的に高まり、13年には58・0％となっている。管理職ほどではないが、非管理職にも成果主義が広がっている。

他方で、「職能給」[14] の採用比率は管理職、非管理職ともに上下動するものの、70％前後で推移しており、単純に「役割・職務給」とトレードオフの関係にあるわけではなく、併用している場合も多い。つまり、従来型の能力主義の主特徴である職能資格制度の基本給主要素である「職能給」の比率は依然として高い。従来型の雇用慣行が徐々に変化する中でも職能給の要素は根強く残りつつ、しかしながら成果主義的な賃金制度が急速に普及してきたというのが正しい認識であろう。02-13年の賃上げ率が低位停滞した時期にも、成果主義が普及し続けていることを踏まえると、経営側の意向である賃金制度の改革は、役割・職務給の普及というかたちも伴いながら、全体的な賃上げに影響した可能性がある。

4　経営環境の変化

成果主義的な賃金制度が広まる背景には、経営環境を取り巻く大きな変化があった[15]。それをひとことで表現すれば、ガバナンスの変化ということになるだろう。労働政策研究・研修機構の月刊誌である『ビジネス・レーバー・トレンド』２００９年2月号には、４人の研究者による座談会が掲載されている[16]。

ここでの主要な論点は次の通りである。すなわち、コーポレート・ガバナンスはコーポレート・ファイナンス[17]と不可分であること、それゆえ、従来のメインバンク・システムという安定株主の割合が低下し、ファンド（機関投資家）や外国人株主などの割合が上昇したために、株主重視の経営が求められ、雇用調整や賃金の支払い方に影響しているという指摘である。また、この座談会に参加した野田・阿部（２０１１）は、外国人株主の影響が強い企業ほど賃金が低いことを、実証分析によって明らかにしている[18]。

この点に関して、東証などの証券取引所が発表している「株式分布状況調査」を見ると、「外国法人等」の株式保有比率は、90年4・7％、95年10・5％、00年18・8％、05年26・3％、10年26・7％、14年31・7％となっており、着実に増加している。他方で、メインバンク・システムを支えた「都銀・地銀等」の保有比率は傾向的に低下している[19]。このことからも、多くの企業のガバナンスの変化が、賃金の支払い方に影響したことが推測される。

こうしたガバナンスの変化は無論のこと、経済のグローバル化、企業の国際競争の激化を反映している。09年のギリシャ・ソブリン危機に端を発する欧州債務危機も、日本企業の経営判断に大きな影響を与えただろう。直接的には円高によって欧州への製品輸出が多い企業のほうがより大きな影響を受けるが、リーマン・ショックから回復し切っていないところに、いつ何が起こるかわからないという将来不安を経営者がより強く抱えたとすれば、賃上げに慎重にならざるを得ないということだったのだろう。[20]

また、東日本大震災・原発事故の直後も、円高・株安が一気に進んだ。こうした短期間の環境変化は、まさに激変といえる状況だった。アベノミクスによって円安・株高となり、また政権の意向が反映されたこともあり、[21] 14年と15年の賃上げ率は上昇したが、16年の賃上げ率は前年を下回っている。年初からの急速な円高・株安傾向や新興国経済の停滞など、経済の先行き不透明感が強まり、多くの労働組合が15年ほどの要求を出さなかった。

リード役を担うトヨタ自動車では、前年の6000円を大きく下回る3000円の要求に対して、回答は1500円（前年は4000円）となった。不透明感に加えて、グループ会社の賃金格差を是正する狙いもあったようだ。日本経済新聞社のアンケートでは、約6割の企業がベア縮小と回答し、その約半数は「業績の先行きが不透明」を理由としている。[22]

5　今後も不透明感は漂う

賃上げ特にベアは、2002-13年の長期にわたって経営側に否定され続けた。この間に起きた最大の変化は、コーポレート・ガバナンスにあったといえるだろう。「企業は誰のものか」という意味で、従来の主要なステークホルダーであった従業員は、コスト要因として見られる傾向が強くなった。ガバナンスの変化は、成果主義的な賃金制度を普及させた。それは、全従業員の賃金テーブルを底上げするという意味での賃上げ＝ベアは容認しない考え方である。

そして経済社会の短期的な変化は、毎年のように世界のどこかで起きている。世界のどこかで起きた経済的なショックは、あっという間に世界中を駆け巡る。日本ももちろん例外ではない。労使交渉で一律に賃金を底上げすることは、多くの企業経営者にとって、コスト増要因としか映らなくなってしまったのだろう。

「実感なき景気回復期」には、賞与・一時金の増額によってベアが抑制されていた。アベノミクス開始後の2-3年においては、若干のベアとともに、賞与・一時金の引き上げも実施されている。雇用保証に対する労働者の期待が強い日本企業では、景気回復期であっても恒常的なコストとなり得るベアより、賞与・一時金による賃金総額の調整機能のほうがより重要であると、多くの経営者が考えているのだろう。したがって賞与・一時金による調整は、今後も経営者の重要なコスト対策として利用され、それゆえベアが大幅に上がることは考えにくい。

経済環境の短期的な変化が続く限り、経営者の賃上げに対する意向も、その時どきの情勢によって常に変動すると考えられる。したがって、今後の賃上げ動向についても、長期的にはもちろんのこと、短期的に見ても不透明だと考えるほうが、より納得性が高いだろう。

第2章【注】

（1）ベースアップは企業の全従業員の名目賃金を底上げするものであり、インフレなどの経済環境や企業の生産性向上などを反映して改定され、毎年、労使の重要な交渉事項となっている。
（2）図の注にあるように、厚生労働省、連合、経団連の調査対象は同じではない。そのため、これら三機関が発表したそれぞれの数値を使用した。ただし、賞与・一時金についてはグラフが煩雑になるため、厚生労働省が集計した数値のみ使用する。
（3）総務省「労働力調査」の年平均値として。
（4）東日本大震災の影響で、岩手県、宮城県、福島県で一時調査が困難であったため、他の年とは直接比較できない。
（5）１９４６年設立の経団連（経済団体連合会）が、１９４８年設立の日経連（日本経営者団体連盟・労働問題を主に扱っていた）を統合し、２００２年に日本経済団体連合会（現在の経団連）となった。
（6）名目賃金の上昇率を国民経済生産性の上昇率の範囲内に抑えてインフレを抑制するという考え方。
（7）日本経済新聞２００２年３月14日朝刊。
（8）当時の自動車総連・加藤裕治会長は「トヨタの奥田碩会長が日経連会長を兼ねていることが影響した」と指摘している（日本経済新聞２００２年３月14日朝刊）。
（9）「定期昇給」の略。特定の年齢層の従業員が企業内で勤続年数を1年増すごとに得られる賃金のこと。
（10）２００２～07年までの標題は、「春季労使交渉に関するトップ・マネジメントのアンケート調査結果」だが、08年は「春季労使交渉・協議に関するトップ・マネジメントのアンケート調査結果」となり、09年以降は「人事・労務に関するトップ・マネジメント調査結果」となっている。

(11)　詳しくは、経団連『２００９年人事・労務に関するトップ・マネジメント調査結果』(https://www.keidanren.or.jp/japanese/policy/2009/076.pdf) を参照。なお、管理職、非管理職それぞれの基本給を構成する賃金項目として「役割・職務給」「職能給」「年齢・勤続給」から複数回答する設問となっている。
(12)　一般的に、能力主義と成果主義が混同されることがある。能力主義とは、職務遂行能力という労働者の潜在的な能力を重視した人事制度であり、売上高や契約件数などの具体的な成果や業績を処遇に結びつける成果主義とは異なる。
(13)　日本生産性本部（２０１５）を参照。
(14)　潜在的な職務遂行能力を資格別に区分した賃金を職能給という。能力主義における中心的な基本給要素である。
(15)　企業を取り巻く経営環境の重大な変化については、本書第６章の梅崎論文がたいへん参考になる。
(16)　川口・星・野田・阿部（２００９）。
(17)　コーポレート・ガバナンスは、企業と投資家、または企業と社会とのあり方を考える企業経営の仕組み。企業統治ともいう。またここでのコーポレート・ファイナンスとは、企業にとっての資金調達の意味である。
(18)　野田・阿部（２０１１）。
(19)　「都銀・地銀等」の株式保有比率は、90年15・7％、95年15・1％、00年10・1％、05年４・７％、10年４・１％、14年３・７％となっている。
(20)　当時の経団連・大橋洋治副会長は、企業業績について、「リーマン・ショック以前の水準に戻ったわけではない」と指摘した。また賃上げについては、「円高・デフレの継続など先行き不透明感も強く、慎重な対応が必要」とくぎを刺した（日本経済新聞２０１１年１月18日朝刊）。
(21)　政府が企業に賃上げを求めた「経済の好循環実現に向けた政労使会議」の初会合は２０１３年９月20日に開催された。
(22)　日本経済新聞２０１６年３月17日朝刊。

【参考文献】

川口章・星岳雄・野田知彦・阿部正浩（座談会）（２００９）「コーポレートガバナンスと人事戦略の今後の展望」『ビジネス・レー

バー・トレンド』2月号。

日本経営者連盟（日経連）『労働問題研究委員会報告』（1997～2002年版）。

日本経済団体連合会（経団連）『経営労働政策委員会報告』（2003～2016年版）。

日本生産性本部（2015）『第14回　日本的雇用・人事の変容に関する調査報告　日本的雇用・人事システムの現状と課題
2013年度調査版』。

野田知宏・阿部正浩（2011）「労働分配率、賃金低下」樋口美雄編『労働市場と所得分配（シリーズ「バブル／デフレ期の日本経済と経済政策」・第6巻）』慶應義塾大学出版会株式会社、3-45ページ。

第3章 規制を緩和しても賃金は上がらない*
――バス運転手の事例から

阿部正浩

ポイント
【規制】
【制度】

1 バス需要の増加と深刻な運転手の人手不足問題

2016年4月に開業したバスタ新宿。その4階は日本最大の高速路線バス発着所で、1日に最大で1600便ほどが発着し、36都府県が結ばれている。国土交通省『高速バスの運行状況』によると、日本全体では2013年における高速路線バス運行事業者数は365社、運行系統数は延べ5229系統、1日あたり運行回数14223回、そして年間輸送人員が109862千人となっている。これらを平成2（1990）年の状況と比べると事業所数で約2・8倍、運行系統数で約5・5倍、運行回数で約4・0倍、輸送人員で約2・0倍になっている。

高速路線バスの運行系統数や輸送人員が伸びた理由としては、次のような点が指摘されている。まず、鉄道や航空輸送との代替と補完の関係で、たとえば鉄道輸送では夜行列車が順次廃止されたが、その結果として夜行高速バスへ客が流れたと言われている。

また、新幹線や特急が停車しない、停車しても乗り換えが必要といった地域では、鉄道よりも高速バスがむしろ便利だとして需要が伸びているケースもある。

さらに、2000年から始まった改正道路運送法も少なからず影響している。従来、路線バスといった公共交通機関は、その安定供給を確保する観点から各事業者の事業を安定化させるため、長期にわたって国による需給調整が行われてきた。しかし1990年後半になると、自家用車などの普及が進む中で規制の意義が薄れる一方、不採算路線の維持手法の限界や弊害が指摘されるようになり、民間活動を可能な限り市場原理に任せ、事業者間の活発な競争を通じてサービスの向上等を図ることとし、需給調整規制の廃止等の規制緩和が進められた。

バスの場合には、2000年の道路運送法の改正によって、2000年に貸切バス、2002年には乗合バスがそれぞれ規制緩和され、需給調整規制の廃止などが実施された[1]。これにより、事業参入については免許制から輸送の安全等に関する資格要件をチェックする許可制へ移行し、運賃についても多様な運賃設定が可能となり、高速路線バスの運行系統数や回数の増加にも影響があったと考えられる。

この改正道路運送法は、高速バスだけに影響したのではなく、類似する高速ツアーバスの増加にも影響していた。ツアーバスは、ツアー会社などが観光バスを借り上げて旅行参加者を募集した募集型企画旅行商品で、貸切バスに分類される。道路運送法では路線バスと貸切バスは厳密に区分されており、前者は乗合バスの一種として認可が必要となっている。他方、貸切バスの一種であるツアーバス

図 3-1　有効求人倍率の推移

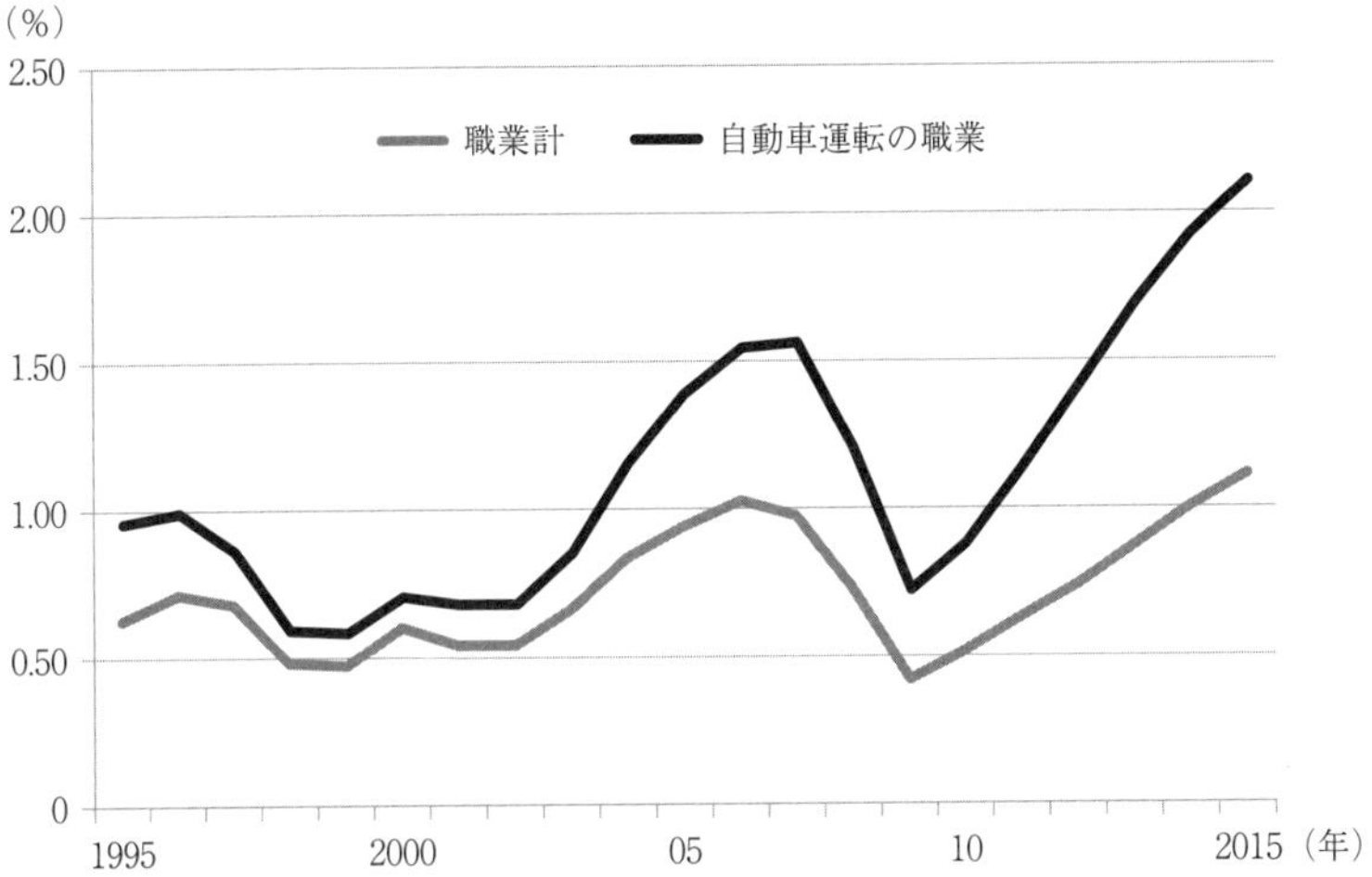

出所：厚生労働省『職業安定業務統計』

は乗合バスの認可を受けずに営業でき、その料金や運転手の連続乗務時間や交代回数などに対しては改正道路運送法の規定が及ばなかった。乗客から見れば、たとえば東京発大阪行の高速バスであることについて、高速路線バスも高速ツアーバスも変わりはなく、両者入り乱れて乗客獲得競争が激化していった。なお、２０１３年８月以降は、関越道での高速ツアーバス居眠り運転事故(2)への反省から、高速ツアーバスなど貸切バス事業者に対する安全規制の強化がなされ、一部のツアーバスは認可が必要な新高速乗合バスへ転換している。

昨今、高速路線バスやツアーバスの増加、さらには外国人観光客の増加などによる貸切観光バス需要の急増によって、バス運転手は人手不足の状態にある。図３-１は職業計と自動車運転の職業についての有効求人倍率がどう推移しているかを見たものだ。ただし、自動車運転の

図 3-2　労働時間の推移

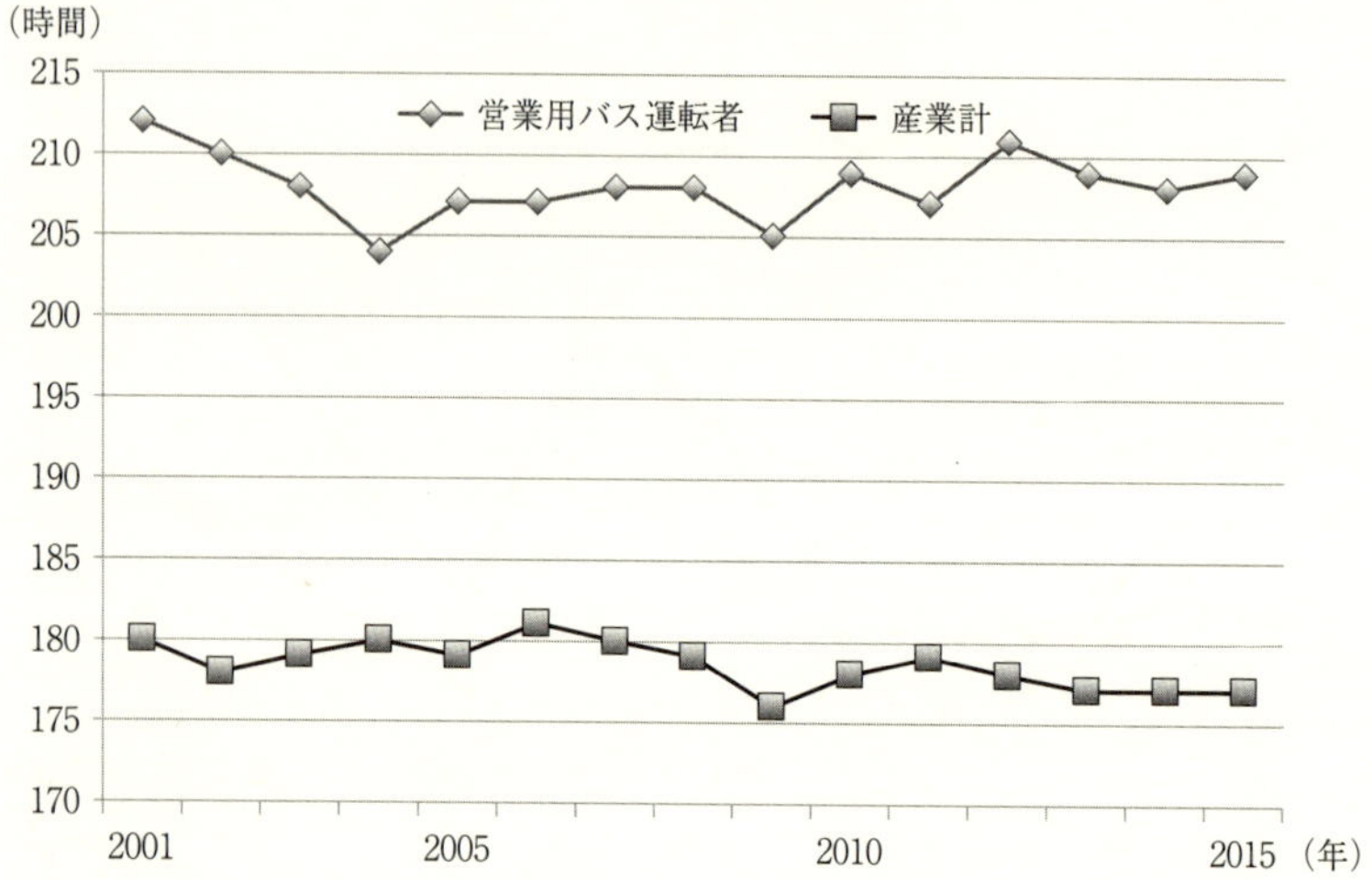

出所：厚生労働省『賃金構造基本統計調査』

職業にはバスの運転手だけでなく、トラックやタクシーの運転手なども含まれている。すると、職業計の有効求人倍率と同様のトレンドで動きながらも、自動車運転の職業のそれは景気に対して、より感応的に動いていることがわかる。直近の２０１６年７月には２・29まで自動車運転の職業の有効求人倍率は上昇しており、医療や介護、建設に次いで高い倍率となるなど、典型的な売り手市場となっている。[3]

人手不足が深刻となるなか、バス運転手の長時間労働が問題となっている。厚生労働省『賃金構造基本統計調査』から、営業用バス運転者の労働時間（所定内労働時間に超過労働時間を加えた月あたり総労働時間）の推移を描くと図3-2のようになる。バス運転手の労働時間は、産業計で計算した労働時間に比べて月あたり30時間程度長く、２００４年以降傾向的に増加していることがわかる。

ただし、賃金構造基本統計調査は各事業所の賃金台帳を元に労働時間の実数を把握するが、一部の事業所ではサービス残業などにより実労働時間と賃金台帳の労働時間が一致しないケースも存在すると言われている。平成28年9月に公表された『自動車運転者を使用する事業場に対する平成27年の監督指導、送検の状況』によると、調査対象となった226のバス事業場のうち184事業場（81・4%）が労働基準関係法令違反で監督指導あるいは送検されており、うち最も違反が多かったのは労働時間であった。約半数にあたる115事業場で労働時間についての違反が認められている。

2　バス運転手の仕事と労働市場の特徴

バスの運転手の仕事は、決められた路線を時刻表通りに安全かつ快適にバスを運行することであるが、運転だけが仕事ではない。運行前には、その日に乗務する路線や車両を確認点検して、アルコール検査なども含む始業前点呼を受けるし、運行後もアルコール検査の上で売上精算、車両の運行後点検などを行い、運行後点呼を受けることになる。運行中は、乗客の安全に配慮した安全運転を心がけ、快適な乗り心地を提供し、事故を起こさないように細心の注意を払って運転しなければならないと同時に、アナウンスや料金の収受も行わなければならない。

とはいえ、こうしたバスの運転手の技能や知識は勤続年数とともに伸長するという類のものではないようだ。逆に言えば、バスの運転手の技能は勤続年数によって大きなちがいはない。高速路線バスや貸切バスの運行などには経験がものを言う面もなくはないが、それは全体としては重要ではない。(4)

若年であろうが中高年であろうが、安全で快適にスケジュール通りに乗客を運ぶのが最低限担保されなければバスの運転手は務まらないからである。このため、安全な輸送に必要となる最低限の技能や知識を国家資格が担保しており、営業用バスの運転手には大型自動車第二種免許の取得が義務づけられている。なお、営業用トラック運転手の場合は、乗客を輸送しないので第一種免許で営業運転できることになっている。

大型自動車第二種免許を取得するには、21歳以上であること、そして他の第二種免許を現に受けているか、あるいは大型自動車第一種免許、中型自動車第一種免許、普通自動車第一種免許、大型特殊自動車第一種免許のうちいずれかを通算して免許停止期間を除く3年以上受けていることが条件となっている[5]。また、当然のことながら、大型自動車免許を取得していなければならない。大型自動車免許を取得するには、21歳以上であり、普通自動車免許（AT車限定は不可）を取得して免許停止期間を除き通算3年以上経過していることが条件となる。

大型自動車第二種免許を取得するには、バス会社に運転手見習いとして入社して主に社内教育訓練を受けて取得するケースと、個人が費用を負担して民間自動車教習所で取得するケースがある。後者のケースでは、大型自動車免許と第二種免許を取得するのに、費用として約100万円、教習期間で2カ月から9カ月程度が必要になるようだ[6]。一方、前者のケースだが、運転手見習いとして入社してバス運転手になる人は近年では少なくなっているようで、入社前に免許を取得させる会社もある[7]。総じて新卒者を採用するケースは少なく、中途での採用が主となっている。

中途採用者は、他のバス事業者から免許保有者が転職するケースが多いが、免許を保有していない

図3-3　大型自動車第二種免許保有者数と新規取得者数

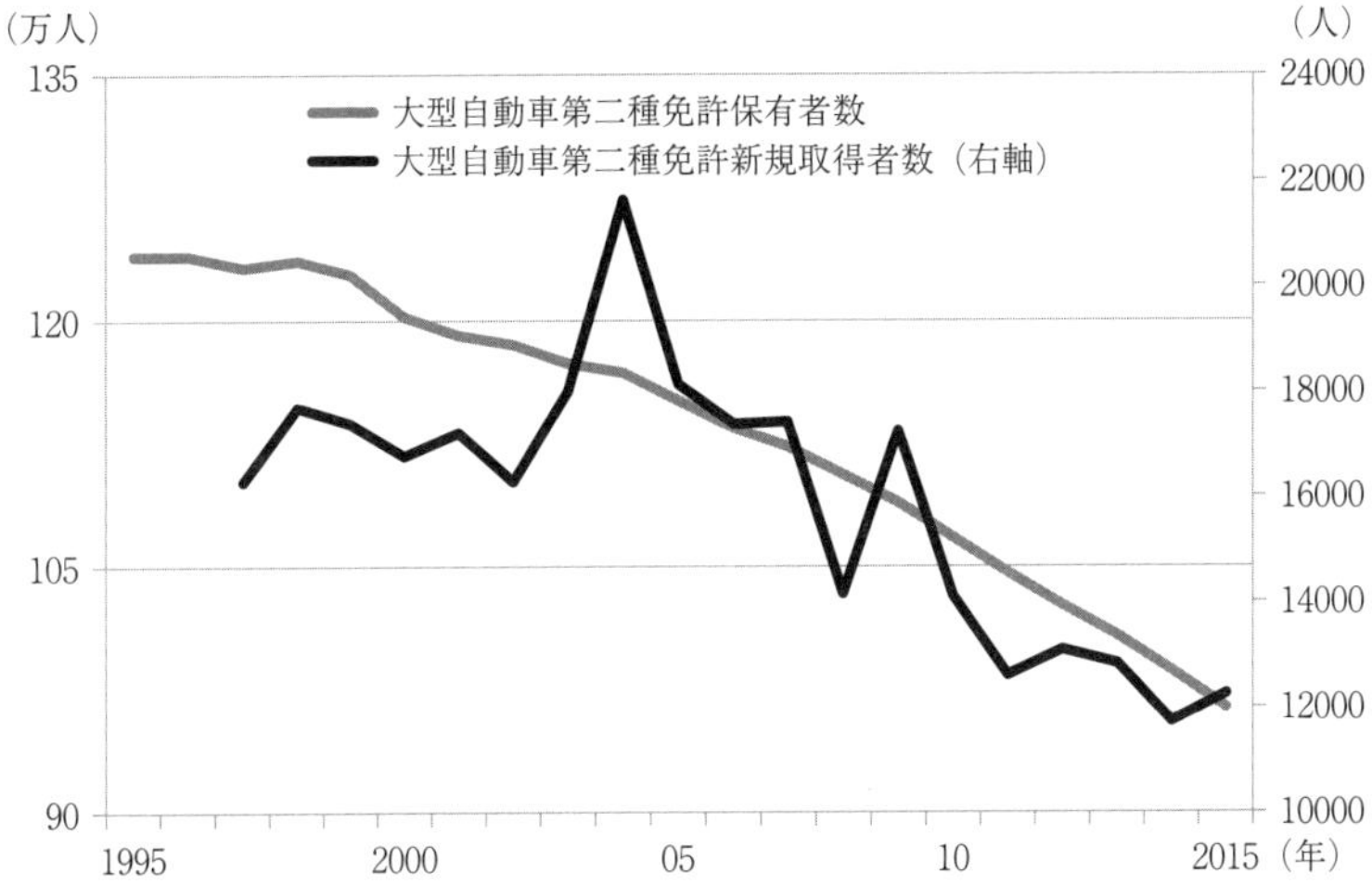

出所：警察庁『運転免許統計』

他職種からの中途採用もある（日本バス協会［2013］）。たとえば、中型あるいは大型自動車免許を所有するトラック運転手が第二種免許を取得してバス運転手に転職するなどであり、免許取得費用は個人が負担しているケースも少なくない。

さて、大型自動車第二種免許の保有者数および新規取得者数の推移を描いたのが図3-3である。まず、免許の保有者数は傾向として減少していることがわかる。1995年に保有していた人数は124万人ほどだったが、2015年には96万人ほどとなっており、20年間で約22%、28万人も減少していた。これには免許保有者の高齢による引退が影響している。同時に、免許を新規に取得する人数も減少傾向にあり、免許保有者の高齢化の影響に拍車をかけている。

細かく見ると、2009年までは、一時的を除き、少なくとも毎年1・6万人程度の新規取得があり、免許保有者数の減少幅はまだ小さかった。この時期、規制緩和の影響で自動車運転の職業についての有効求人倍率も上昇傾向にあった時期でもあり、バス運転手の需要拡大がその新規供給の増加につながったと考えられる。ところが、2010年以降になると、自動車運転の職業についての有効求人倍率が上昇する中にあっても、免許の新規取得者数はむしろ減少しており、人手不足の中にあってバス運転手のプールは大幅に小さくなっている。厚生労働省が2015年に行った『平成27年転職者実態調査』でも、中途採用を行っている運輸業・郵便業では「必要な職種に応募してくる人が少ない」ことを問題としている割合が71・3%と、産業計の64・1%に比べて高くなっており、採用募集を行ってもバスの運転手になかなか人が集まらないことが問題となっている。

3 バス運転手の賃金構造の変化

図3-4は、横軸に年齢、縦軸に賃金をとって、年齢の加齢によって賃金がどう上がっていくかを見る賃金プロファイルをバス運転手について見たものだ。元にした資料はバス運転手の労働組合である私鉄総連が調査している『私鉄総連賃金実態等総合調査』で、図に示されている賃金は基本給である。図を見ると、以前の賃金プロファイルでは年齢の加齢とともに賃金が上がっていたのだが、近年ではそうした関係が弱くなっていることがわかる。言い換えればバス運転手の賃金プロファイルの傾斜が緩くなったのだが、それはなぜなのだろうか。

図 3-4　バス運転手の賃金プロファイル（基本給）

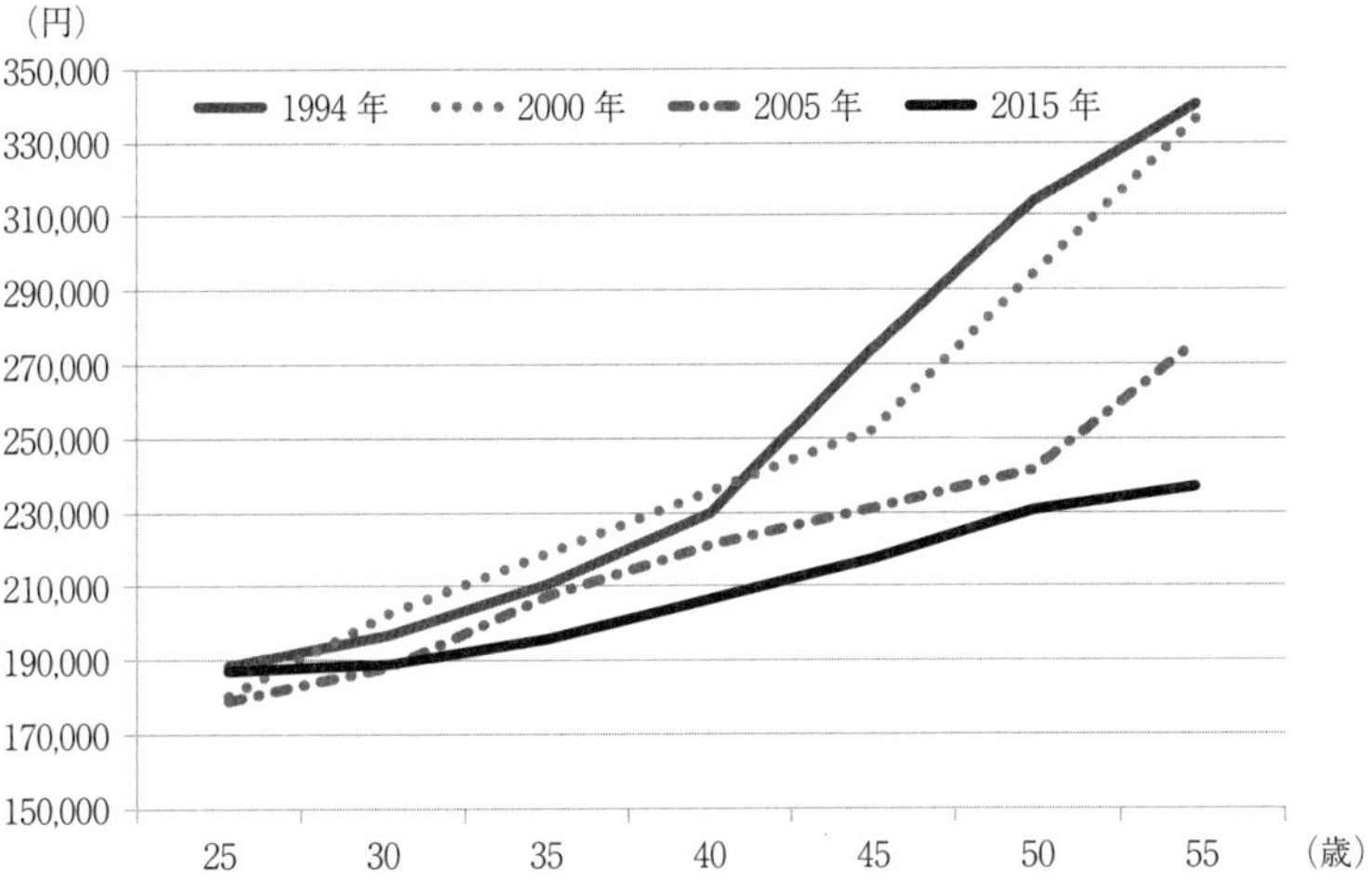

出所：私鉄総連『私鉄総連賃金実態等総合調査』

賃金プロファイルに傾斜が見られることに関しては、経済学にはいくつかの説がある。一つは年齢や勤続、経験とともに運転手の技能や知識が伸長し、それで生産性が高くなるので賃金が高くなるという説で、この説は人的資本理論として知られている。また、年齢や勤続、経験にかかわらず運転手の技能や知識は一定で、生産性も大きく変わらないが、労働者の怠業や離職を抑止するために会社が意図的に賃金プロファイルに傾斜を持たせるような賃金プロファイルを設計するという説もあり、後払い賃金仮説として知られている。さらに、年齢とともに生活費も上昇するので、それを企業が保障するという生活費保障仮説もある。

しかし、先に見たように、バス運転手の技能や知識が年齢や勤続、経験で伸長することはほとんどない。そもそもバス運転手を務めるには、安全かつ快適で時刻表通りの運行ができなければならず、そこには年齢や勤続、経験のちがいが入る余地はほとんどない。年齢や勤続、経験にかかわらず、技能や知識がほぼ同じで、それゆえ生産性も同じと考えられるのがバス運転手だ。したがって、バス運転手の賃金構造を人的資本理論で説明することは無理なようだ。だとすると、バス運転手の賃金プロファイルに傾斜があったのは、後払い賃金仮説あるいは生活費保障仮説が成り立っていたからかもしれない。

ところで、バス運転手の賃金構造は、公営バスと大手私鉄系、そして中小と分けることができる。最も賃金水準が高く、プロファイルの傾斜も急なのが公営バスで、それに次ぐのが大手私鉄系だ。

公営バスの運転手の賃金は地方公務員企業職の俸給表によって定められている。が、その俸給表[8]は、国の行政職俸給表(一)に準じたものを用いているケースがあったり、国の行政職俸給表(二)を用いていても国のように職種小区分別に適用される級に差異を設けていなかったりで、賃金水準は高くなる傾向にある(総務省自治行政局[2008])。なお、近年では公営バスが民間事業者に管理委託されるケースも増えており、公務員のバス運転手は減少している。

他方、大手私鉄系や中小は、そもそもは大手私鉄の運転士の賃金プロファイルを元に賃金構造が設計されている。そこで中心になるのは電車の運転士である。電車の運転士の場合、バス運転手とちがって、勤続や経験によって技能や知識が伸長し生産性も高くなると言われており、そのキャリアの延長上には助役や駅長、運転指令などといった、より高位の仕事もある。このため、運転士の賃金テーブルも年齢や勤続、経験によって賃金が上昇するように設計されている。

かつてはバス運転手の賃金もこうした賃金テーブルによって決まっていた。しかし、バスの運転手の技能は勤続年数によって大きな差はなく、電車の運転士に準じて賃金が支払われる経済合理性はあまりない。それでも需給調整が行われていた規制緩和前なら事業者も生産性以上の賃金を辛うじて支払えたが、後に詳しく見るように、規制緩和後はバス運転手に勤続や経験に応じて賃金を支払えなくなった。後払い賃金仮説や生活費保障仮説で説明されるような賃金構造を維持する合理性や経営体力がなくなったからだ。

そこで、規制緩和後に多くの事業者が採ったのが、バス事業の分社化による賃金構造の改革だ。鉄道事業からバス事業を分離するだけでなく、営業所あるいは路線単位で新しい会社を設立し、新たな賃金構造を適用したのである。

寺田（２００５）が調査した北陸鉄道の事例では、新会社では新しい賃金構造の下でバス運転手を新たに採用し、既存会社のバス運転手は勤務地変更を伴う配置替えが行われ、もし配置替えを望まなければ、いったん会社を退職した後で新会社に新規採用するということが行われた。既存会社の運転手が新会社に新規採用となると、それまでの賃金よりも大幅に賃金は下がる。こうして賃金プロファイルの傾斜は緩くなっていった。なお、寺田（２００５）によれば、こうした分社化によってバス事業のコストは大幅に圧縮され、新会社のコストは既存会社の5割程度になったという。

4　なぜ賃金水準は下がったのか

バス運転手の賃金構造の変化は、平均賃金の下落ももたらしている。図3-5は、厚生労働省『賃

図3-5　バス運転手の平均時間あたり賃金の推移

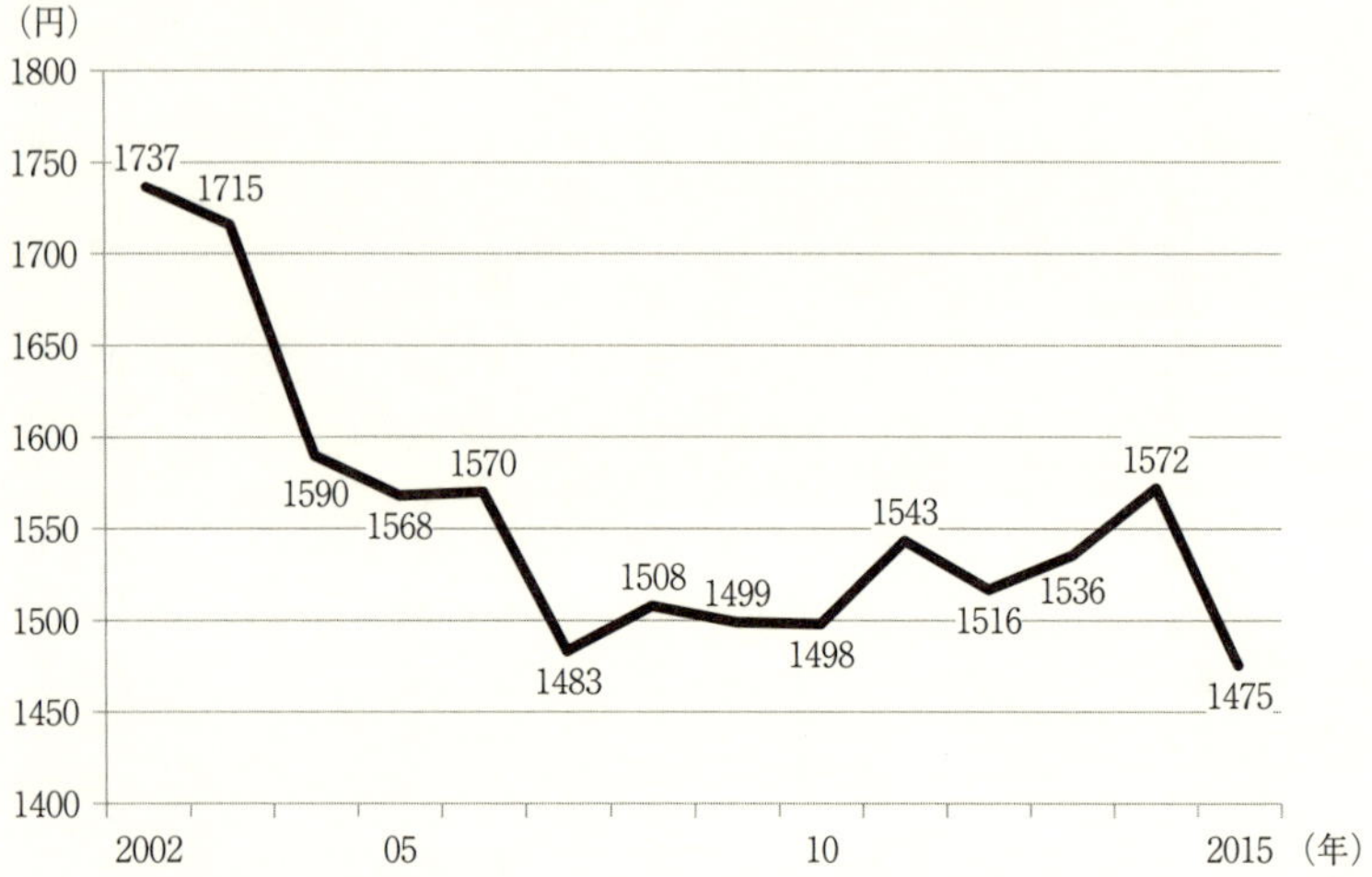

出所：厚生労働省『賃金構造基本統計調査』、総務省統計局『消費者物価指数』

金構造基本統計調査』の職種別賃金「営業用バス運転者」の「きまって支給する現金給与額」を用いて、所定内実労働時間と超過実労働時間の合計労働時間数で割り、さらに総務省統計局『消費者物価指数』の総合で実質化した（2015年基準）、バス運転手の時間あたり賃金の推移を描いたものだ。2003年以前には1700円台だった時間あたり賃金が、2004年以降には1500円を中心に推移していることがわかる。

では、なぜバス運転手の平均賃金は下落したのだろうか。経済学では、通常、（実質）賃金は限界労働生産物に等しいと考える。そこで、バス運転手の限界労働生産物がどのように決まるかを見てみよう。

バス運転手の場合には、特に経済学が通常想定している製造業の製造ラインでの仕事などとは異なり、労働時間や労働努力を追加しても生産物の増加に結びつかない点が特徴だ。たとえば、最大でｘ人まで乗れるバスをＡ地点からＢ地点まで一人の運転手が運行しているケースを考えるとしよう。この運転手が１回乗務すると０円からｘ人分の運賃という範囲で売上を立てることができる。しかし、運転手が労働時間や労働努力を追加したとしても、その分だけの乗客が増えるわけではない(9)。この意味で、運転手の生産性は乗客数によって決まると言ってもよい。

また、バスの運行中に乗客が１人増加した場合、１人からｘ人までの範囲であれば、その分だけ追加的費用は発生せず、運転手の限界生産物は見かけ上は増加する。ただし、乗客がｘ人を超えるとそのバスには乗せることができず、最大乗員数がより大きなバスを導入するか、あるいはもう１台別のバスを追加して運行しなければならない。前者の場合、運転手の限界生産物が増えたようには見えるが、実際には大きなバスという資本によって売上が増加したと考えるべきである。また後者の場合は、バスと運転手のセットをもう１セット増やすことであり、運転手の限界生産物には変化がない。

現実のバス事業者は、バス路線の平均乗客数を予測すると同時に、運賃を決定し、運行するバスの大きさと本数を決めている。バスの本数が決まれば、それに合わせて必要な運転手の人数が決まるだとすると、バス運転手の賃金には平均乗客数と運賃が影響する。

図３‐６は路線バスの収益構造の変化を示したものだ。路線バスの１㎞あたり収入（＝平均乗客数×運賃）は２００３年まで下落傾向にあったが、その後は横ばいに推移しており、２０１４年の１㎞あたり収入は４１７円ほどになっている。一方、路線バス１㎞あたり費用は、１９９７年の約５２７円から２０１４年の約４１８円に低下しているが、費用のうちの燃料油脂費およびその他諸経費は増

図3-6　路線バスの1kmあたり収入と費用の構造

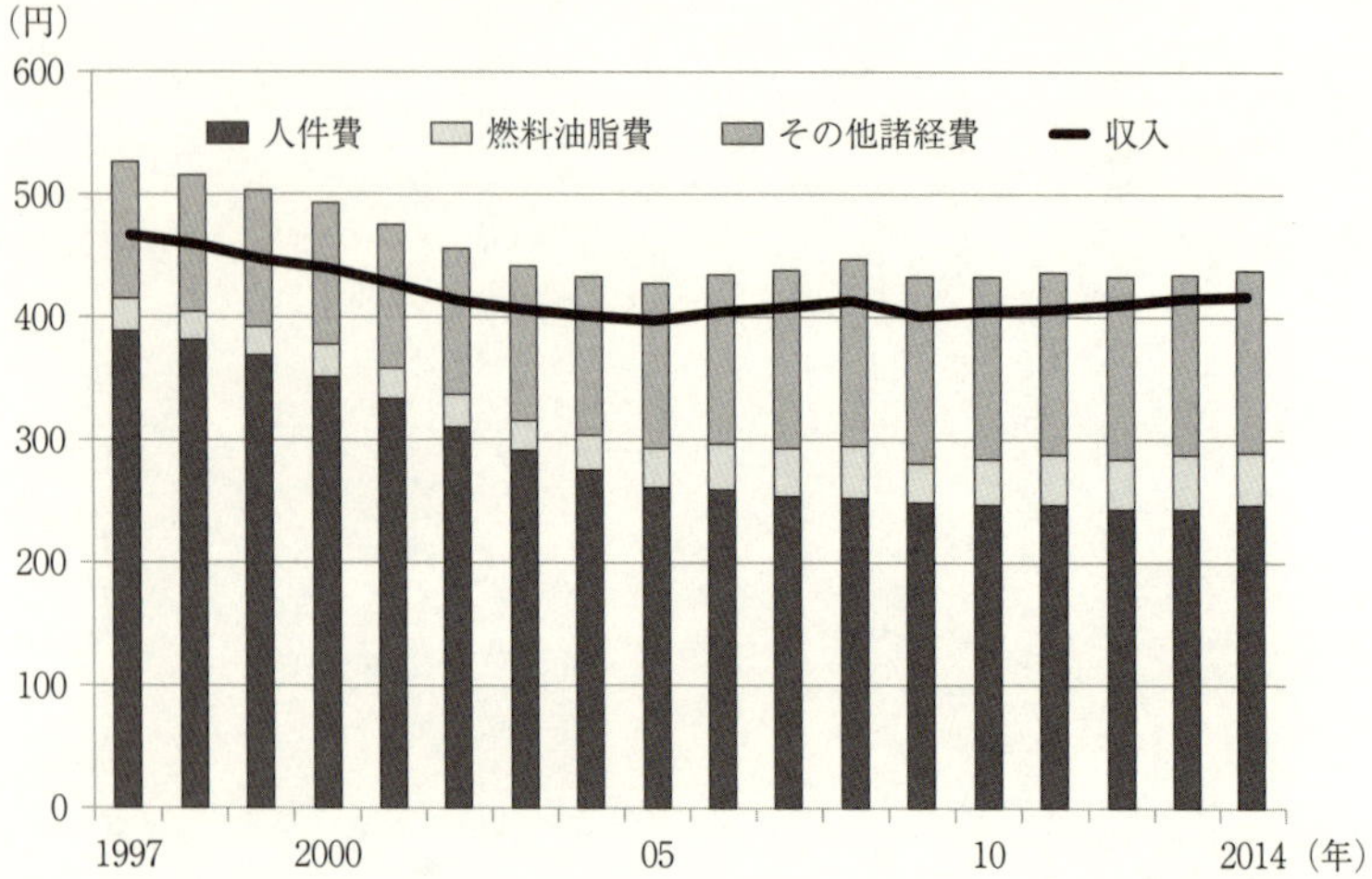

出所：国土交通省『乗合バス事業の収支状況について』

加傾向にあった。費用の最も大きな割合を占める人件費は、1997年の389円から2014年には247円へと、大きく低下している。

図3-6で特に注目したいのは、路線バスの収益および費用の構造が、規制緩和が行われた2000年前後から変容している点だ。路線バスの規制緩和は実際には2002年からだが、先行して2000年に規制緩和された貸切バスの影響もあったと考えられる。路線バスを運行しているバス事業者の多くは貸切バス事業も行っているからだ。また、バスの規制緩和は1996年末の段階で当時の運輸省が発表し、1998年度からの第2次規制緩和推進計画に盛り込まれていたので、このことも影響したと考えられる。

図3-7はその貸切バスの輸送人員や車両数、営業収入などの推移を示したものだ。まず、

図3-7　貸切バス事業の輸送人員、車両数、営業収入、事業者数、運転者数の推移

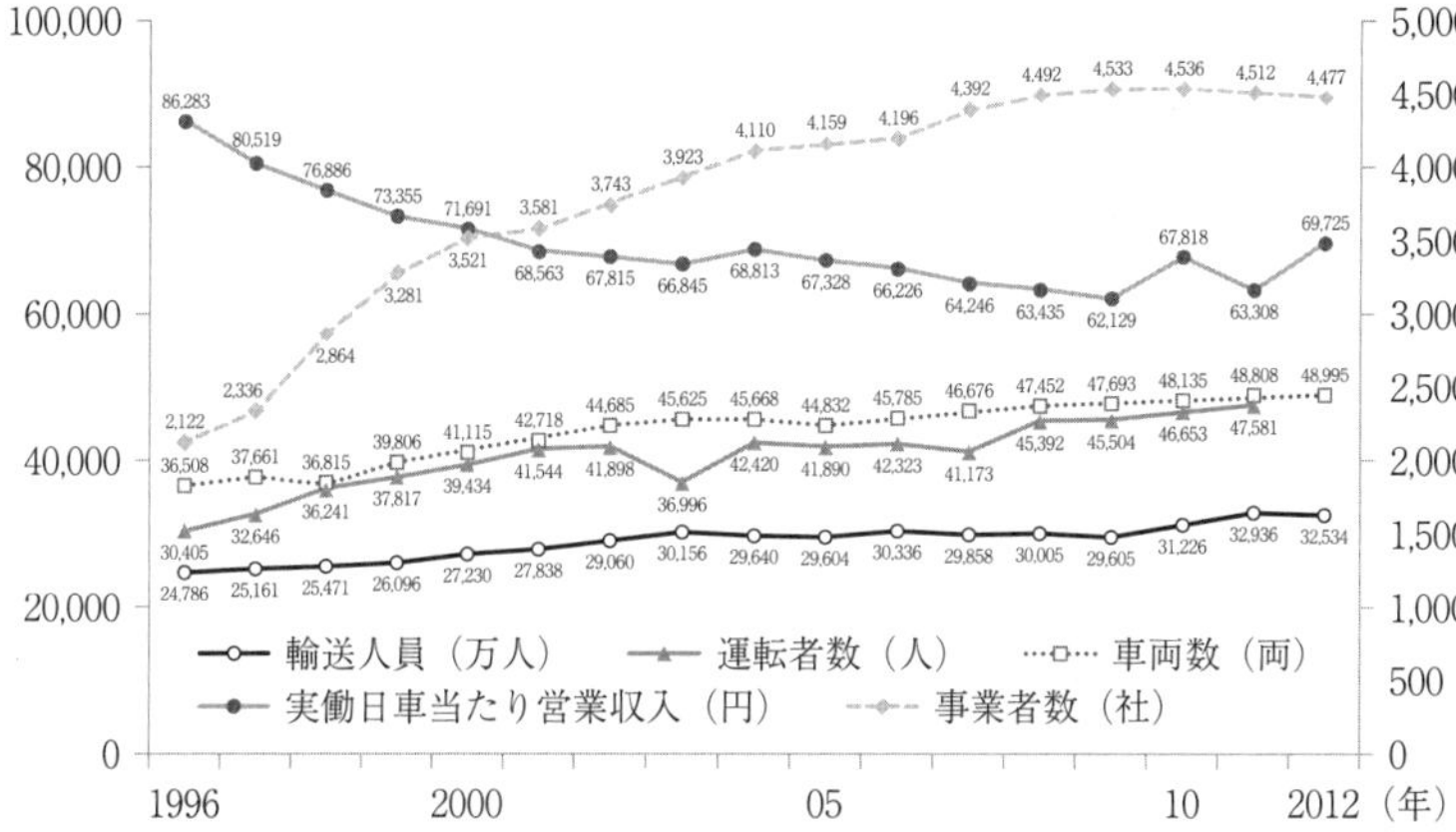

注：事業者数のみ右目盛、その他は左目盛。
出所：実働日車あたり営業収入については日本バス協会調べ。それ以外は国土交通省調べ。

1998年から2000年にかけて大きく事業者数が増えていることがわかる。と同時に、輸送人員も増えており、車両数も増え、運転者数も増えている。しかし、実働日車あたり営業収入は減少しており、1998年には8万6000円ほどだった収入が2000年以降は7万円を割って推移している。さらに、1事業者あたりの車両数を求めると、1998年には約17台だったものが2012年には約10台に減っており、新規参入した事業者の保有車両数が少ないことが見て取れる。

図3-6と図3-7からは、規制緩和がバス事業の収入に影響していたことがわかるだろう。規制緩和で路線廃止も比較的容易になったが、新規参入が容易になった。新規参入は余剰利益が発生する路線や事業に参入するのが合理的だが、規制緩和後に増えたバスはま

さに余剰のあった貸切バス事業と路線だけに参入した。既存バス事業者は、市内路線バスの赤字を高速路線バスや貸切バス事業の黒字で補填するかたちで経営を継続してきたが、高速路線バスや貸切バスに新規事業者が参入してきたことで経営が圧迫された。そして、収入の悪化は、結果としてバス運転手の生産性が低くなったことになり、賃金を下落させたと考えられる。

5 バス運転手の労働市場の問題か

経済学の基本的教科書が教えるところでは、財やサービス市場で需要が供給を超過して、その価格が上がると、企業は限界労働生産物が低くても収入は増えるから、労働需要を追加することになる。しかし、バスの場合、新規参入事業者があり、バス車両数も増える中にあって、運賃は低下する傾向にある。バス運転手への労働需要が増えているのは、新規参入事業者やバス車両が増えているからだ。

新規参入事業者やバス車両が増えて、運賃が低下する傾向にあるということは、バスの市場は超過供給にあるのかもしれない。だとすれば、収益が悪化した事業者は市場から退出してもよいはずである。しかし、事業者の退出はそう多くはない。規制緩和以前よりも人件費も含めた平均可変費用は低くなっており、操業停止点が以前に比べて低くなっている。むしろ退出しないためにも、人件費の引き下げ圧力が高まったのかもしれない。

さらに、規制緩和で免許制から認可制に変更となり、事業者の参入費用が相対的に小さくなっていることも、運賃の低下には影響しているのかもしれない。参入費用が低いということは、それだけ新規参入もしやすいことであり、そうした中で運賃の値上げ改定は新規参入を招く結果になるだろう。それゆえ、運賃は値上げするのが難しく、バス運転手の賃金も上がりづらい。

他方、労働供給側に目を向けると、賃金プロファイルに傾きがなくなって平均賃金も低下している下では、バス運転手になろうというインセンティブは小さくなる。営業用バスを運転できる資格である大型自動車第二種免許の新規取得者が２０００年代には一定程度維持されていたのは、まだ賃金プロファイルに傾きがあって、賃金水準も高かったからである。それらがなくなった２０１０年以降になると、免許を新規に取得する人は減っており、人手不足に拍車がかかっている。

外国人観光客の増加だけでなく、人口の高齢化が進む下で、わが国の公共交通への需要は堅調に増加すると言われており、運転手不足への懸念が高まっている。その際に、運転手の人手不足問題を解決するには、運転手の労務環境をよくすることが解決策だと言われている。しかし、そのためにはバスの市場が機能して適切な運賃が実現しないと、問題の解決にはならないだろう。

本章を締め括るにあたり、あるバス運転手の言葉を紹介したい。「われわれ運転手は、地域の路線バスを赤字でも維持しなければならないという強い気持ちで毎日の仕事に取り組んでいる。賃金も下がったし、労働時間も長く、生活するのは大変だ。けれど、地域社会の交通を維持していると思うと働きがいはある」。

運賃が下がりバスを利用する人には規制緩和はよいことだったかもしれない。だが、その一方で、賃金が下がっても社会を支えることに誇りを持って仕事をしている人たちがいることに、われわれはもっと留意しなければならないはずだ。

第3章【注】

＊　本文の作成にあたっては、私鉄総連の皆様からのヒアリングが大いに参考になった。また、本文の初稿に対して編者および複数の大学院生から有意義なコメントを頂いた。なお、本文中における誤りについては筆者の責任に帰することは言うまでもない。

（1）　２０００年以前から段階的規制緩和が行われており、規制緩和への対応が比較的整っていた貸切バスは、路線バスより早い時期の規制緩和となった。

（2）　２０１２年４月29日に群馬県藤岡市の関越自動車道上り線藤岡ジャンクション付近で高速ツアーバスが防音壁に衝突し、乗客７人が死亡、乗客乗員39人が重軽傷を負った交通事故。

（3）　人手不足下における賃金伸び悩みを検討するにあたってバス運転手を選んだ理由としては、職業別の有効求人倍率が高いこと、介護や医療とちがって官製市場でないこと、そしてバスの規制緩和の影響が見たかったこと、の三点がある。

（4）　高速路線バスや貸切バスに使用される車両は、一般の路線バスより車両寸法が大きく、エンジン出力も大きいため、運転感覚が異なる。そのため、高速路線バスや貸切バスの仕事に就くには一般の路線バスで一定の経験を必要とする会社が多く、高速路線バスや貸切バスの運転手にはベテランが多い。

（5）　「運転者以外の乗務員として旅客自動車に乗務した経験が２年以上ある」あるいは「自衛官が自衛隊用自動車を運転した経験が２年以上ある」など、例外規定にあたる者は２年以上が条件となる。

（6）　所有する免許によって費用と教習期間が変わる。第二種免許だけを取得する場合には、費用は30～40万円程度、期間は１～２カ月程度である。また、民間運転教習所に行かずに運転試験場で直接試験を受けることも可能で、その場合には教習費用は不要となる。

（7）　免許取得費用を会社が負担するケースもあるが、費用を貸与した上で一定の勤続期間を超えると返還免除をしている会社もある。

（８）俸給表は国や地方自治体が定めている賃金テーブル。行政職俸給表（一）は一般的な行政事務を行う職員に適用され、行政職俸給表（二）は機器の運転操作や庁舎の監視などを行う、いわゆる現業職職員に適用される。

（９）バス運転手が上手な運転に心がけ、快適な乗り心地を提供するという努力によって、乗客のリピートを生んだり、乗客数が増えたりすることもあり得る。しかし、それによって追加的な運賃を払ってもらうことは考えづらいし、乗客があまり増えても最大乗員数以上は乗せることができないため、労働努力の増加が生産物の増加には結びつかないと考えられる。

【参考文献】

総務省自治行政局（２００８）『「技能労務職員の給与に係る基本的考え方に関する研究会」中間とりまとめ』。

寺田一薫（２００５）「規制緩和後のバス市場の変化」『地方分権とバス交通―規制緩和後のバス市場』第１章、勁草書房。

日本バス協会労務委員会労働問題研究会（２０１３）『「運転者不足問題」に対する今後の対応方策について』公益社団法人日本バス協会。

第4章

今も続いている就職氷河期の影響

黒田啓太

ポイント
【年齢】
【正規】
【能開】

1 「就職氷河期世代」への注目

２０１０年代半ばの時点で、働き盛りの30代後半から40代前半の世代の多くは、彼ら／彼女らが新卒採用として就職活動を行っていた時期が長く厳しい不況期と重なっており、いわゆる「就職氷河期世代[1]」と言われている。

太田（２０１０）においては、「日本についてのこれまでの研究によれば、賃金水準や就業状態、転職行動に世代効果があることが明らかになっている。不況期に学校を卒業することで、比較的長期にわたって、賃金水準や就業率が低下し、不本意就業による離職率の上昇、非正規職への就職などを経験しやすくなる。[2]」とされている。

「就職氷河期」と言われた時代から10年以上経過後ですら、このような状況が継続しており、雇用者の中核を占める彼らの賃金に、以前の好況期に就職した世代に比べて、強い低下圧力が働いている可能性がある。それは2010年代半ばの人手不足期においてすら、賃金が上がらない理由の一つを形成しているかもしれない。そこで本章では、いわゆる就職氷河期世代の賃金水準を、他の世代と比較して分析してみたい。

まず、世代間の賃金格差を見るために用いる方法を説明する。厚生労働省が毎年公表している「賃金構造基本統計調査」(賃構)では、「きまって支給する現金給与額」、「所定内給与額」、「年間賞与その他特別給与額」などが、性別や年齢(5歳刻み)、最終学歴別、雇用形態別、企業規模別などの細かい分類で記載されている。これにより、たとえば同一学歴・同一年齢階級での2015年のデータと5年前の2010年のデータの差異を見ることで、世代間での賃金比較が可能となる。

具体的には、2015年に35~39歳だった高校卒は、1995年~1999年に学卒就職した「就職氷河期」世代に相当する。それに対して2010年の35~39歳高校卒は、1990年~94年という氷河期以前に就職した世代である。そのため35~39歳高校卒の賃金を2015年と2010年で比較することで、年齢、学歴が同一とした上で、氷河期世代とそれ以前の世代との世代間賃金格差を、きわめて簡便なかたちで比較することができるのである。

もちろん世代間で賃金差があったとしても、上記のような学卒直後の状況以外に、2010年と2015年の景気動向など、両時点における経済成長率や完全失業率などさまざまな経済的基礎的条件のちがいによる影響も受けることにはなる。それでも、広く容易に利用できる賃構の2015年と2010年のデータを比較する方法で、おおむねの世代間の給与額の変化や差異の傾向をつかむことは可能なはずである。実際、世代間の給与額がどのように変化し、どのような差異があるのかを、以下で見ていく。

2　同一年齢で見る世代間賃金格差

(1)　学歴別・性別によるちがい

図4-1～図4-3は、賃金構造基本統計調査の2010年から2015年への一般労働者(3)の「きまって支給する現金給与額(4)」の変化額を、年齢階級5歳刻み・学歴別・性別(5)で図示した。なお、残業代等を含んだ月給ベースでの賃金を比較する観点から、「きまって支給する現金給与額」を用いているが、残業代などを含まない所定内給与や、特別賞与などを含む年間収入で見ても、以下の傾向は大きくは変わらない状況である。

図4-1で男女計を見ると、多くの年齢階級において「きまって支給する現金給与額」が2010年から2015年にかけて増加する中で、

①　高校卒の35～39歳（▲2・7千円）
②　高専・短大卒の30～34歳（▲0・7千円）および35～39歳（▲4・7千円）
③　大学・大学院卒の35～39歳（▲4・3千円）および40～44歳（▲23・3千円）

等の区分で、5年前と比べて給与額が減少していることがわかる。これは右に掲げた①～③の人々は、自分たちより一つ上の年齢階級（5歳上）の人々が、自分たちと同じ年齢だったときにもらって

図4-1　きまって支給する現金給与額の変化（2010年から2015年）（男女計・年齢別・学歴別）

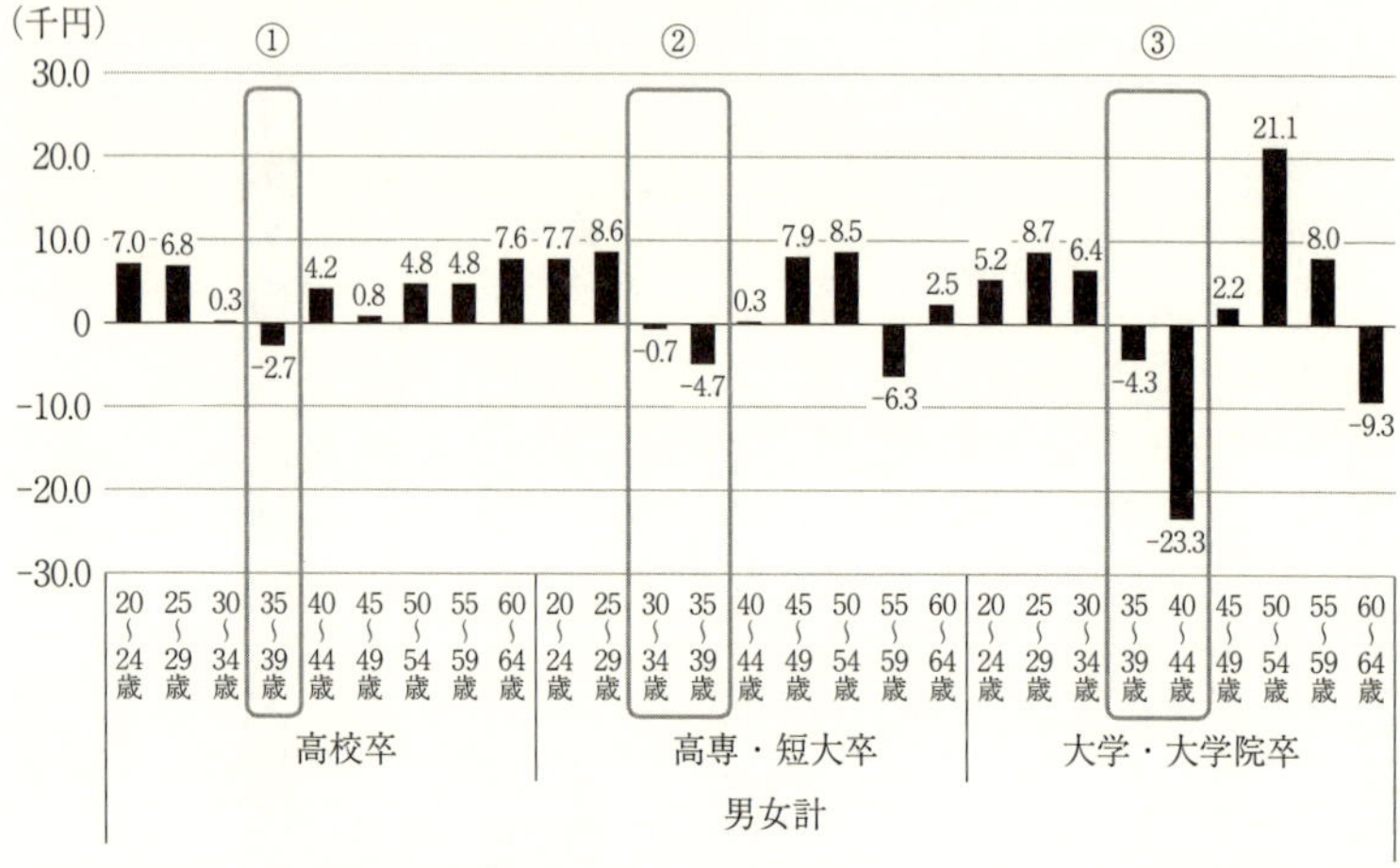

出所：厚生労働省「賃金構造基本統計調査」

いた給与よりも低い給与しかもらえていないことを意味している。なかでも40～44歳大学・大学院卒では、5年前に比べて、およそ2万3000円と、突出して低くなっている。繰り返すが、「月収」が5年前よりも2万円以上、少ないのである。

最終学歴が終了した後にストレートで就職する年齢は、高校卒が19歳、高専・短大卒がおおよそ21歳、大学卒がおよそ23歳頃（浪人・留年を除く）と考えられるので、上記①～③の人々が新卒で就職した時期は、2015年から逆算して考えると、おおむね

①の人々の新卒就職時期　⇓　1995～1999年頃

②の人々の新卒就職時期　⇓　1997～2006年頃

③の人々の新卒就職時期　⇓　1994～2003年頃

となり、いわゆる就職氷河期といわれた、新卒の就職戦線が厳しかった時期にほとんどが合致している（なお、大学院卒については、新卒時期の特定が困難なため、大学卒として計算した）。

このうち、２０１０年の大学卒の40～44歳層の就職時期が１９８９～93年であることを考えると、就職氷河期以前と以後で、給与額の面で大きな断絶が存在していることが見て取れる。同じ大学・大学院卒でも、35～39歳層のマイナス幅は４０００円強であり、減少幅が縮小しているように見える。しかし、ここで注意しなければならないのは、同じ就職氷河期世代でも、１９９０年代末から２０００年代初頭のいっそう深刻な就職難に遭ったこの35～39歳層の人々は、40～44歳層よりさらに深刻な給与減少を経験しているという事実である。

就職氷河期以前に比べて、複数の年齢階級にわたって氷河期世代の給与減少が続いていることは、高校卒や高専・短大卒でも共通する。高校卒の30～34歳層は３００円のプラスとなっているが、これはその上の35～39歳が２７００円マイナスだったのに比べて若干のプラスになっているにすぎず、氷河期前の40代以上の給与と比べると低い水準にある。高専・短大卒でも氷河期の二つの年齢階級（30～34歳、35～39歳）で減少が続いているが、大学・大学院卒と同様に、給与減の継続・拡大が見て取れる。

次に、図４-２と図４-３から性別によるちがいを見てみると、給与額が減少している区分のうちの多く（女性の大学・大学院卒の35～39歳および60～64歳を除く）で女性よりも男性のほうがその減少幅が大きくなっており、さらに給与額が減少している区分も広く存在している。ここでも男性の大学・大学院卒の40～44歳で減少幅が大きい（▲19・８千円）ほか、男性の高専・短大卒では、氷河期

図4-2　きまって支給する現金給与額の変化（2010年から2015年）（男性計・年齢別・学歴別）

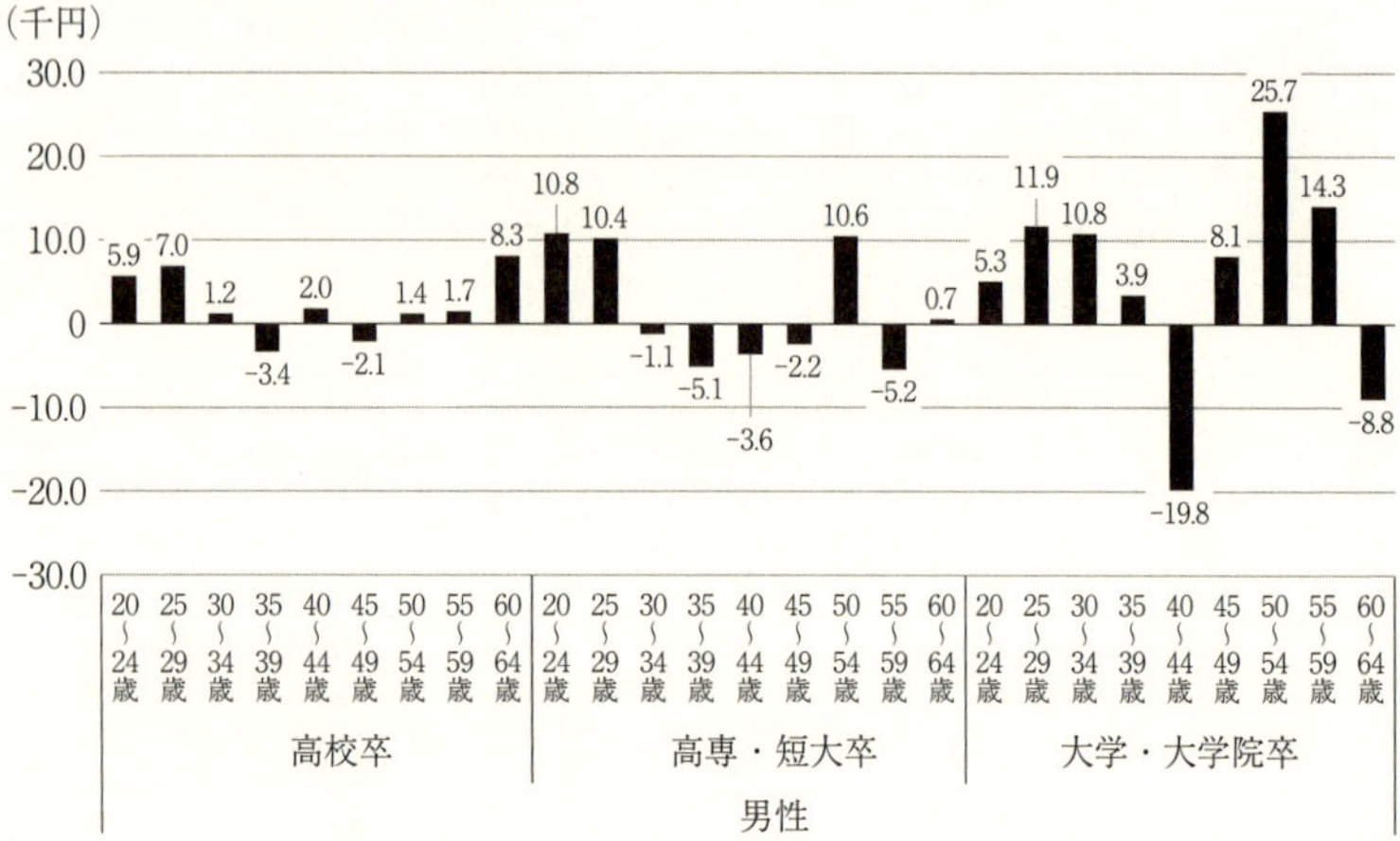

出所：厚生労働省「賃金構造基本統計調査」

世代よりも上の45〜49歳層で給与が減少しており、その減少が30〜34歳層まで連続して生じている。製造業に就職することが多い男性の高専卒では、全般的な就職難に加えて、円高による産業空洞化など、他の学歴層とは異なる構造変化の影響を、より強く受けてきたのかもしれない。

女性も男性ほどではないにしても、それぞれの学歴において、氷河期世代で給与額がマイナスになっている年齢階級が存在していることに変わりはない。なお、女性の30〜40歳代において、男性ほど給与額の減少が見られない理由には、女性の4年制大学への進学率の上昇や社会進出の進展、共働き世代の増加に伴い、パートやアルバイトの女性は多く存在する一方、正社員として働き続ける女性も増加しつつあるという雇用の質的な変化が背景にあるものと考えられる。

図4‐3　きまって支給する現金給与額の変化（2010年から2015年）（女性計・年齢別・学歴別）

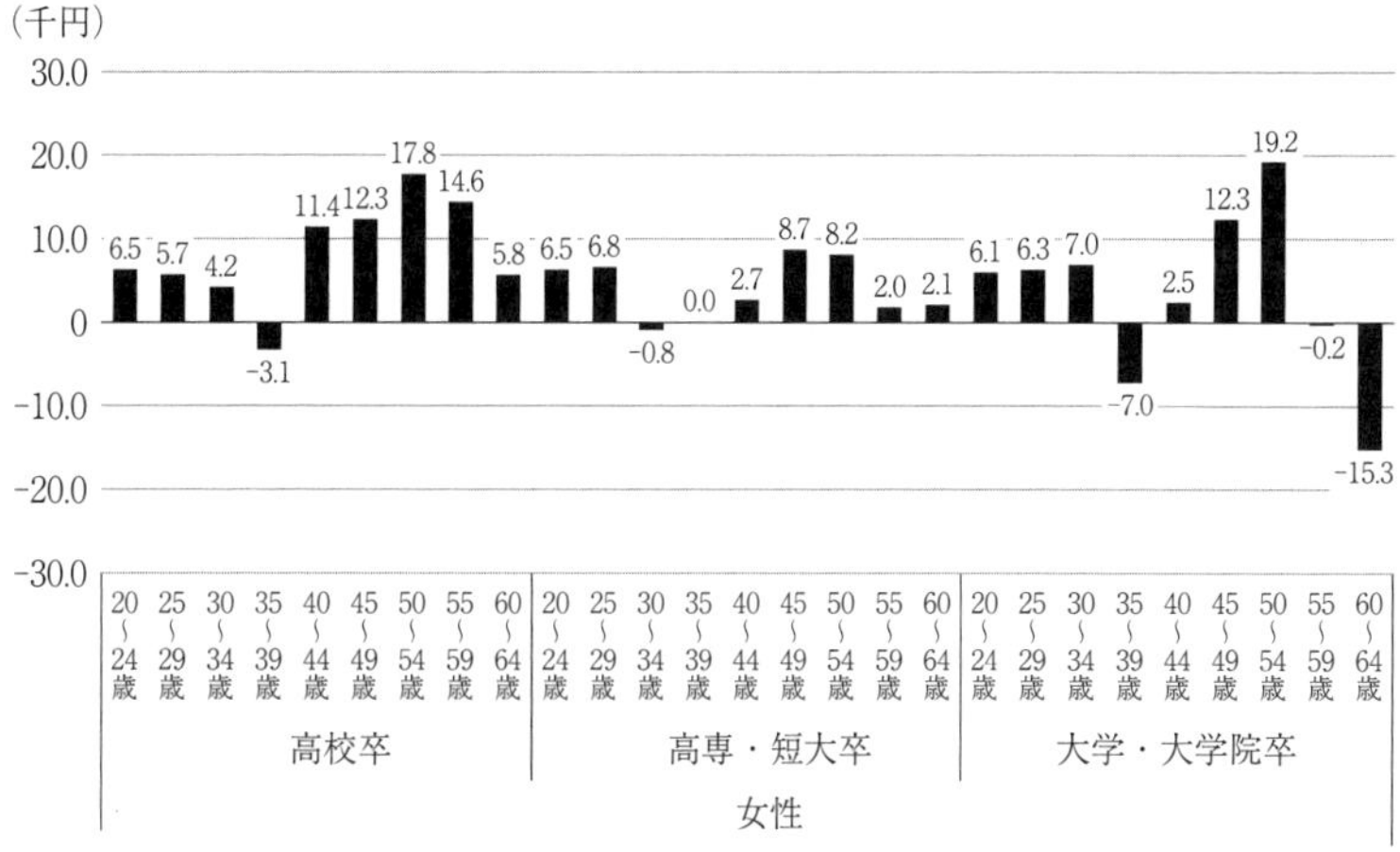

出所：厚生労働省「賃金構造基本統計調査」

　また就職氷河期の影響とは異なるものの、図4‐2、図4‐3ともに、大学・大学院卒の60〜64歳層の賃金下落も大きかった事実は、あらためてここでも指摘しておきたい。男性では8・8千円減少と、40〜44歳に次いで、下落は大きい。女性では15・3万円と、すべての年齢階層のなかで最も減少幅が大きくなっている。

　総務省統計局「労働力調査」によれば、60代高齢者の就業率は2000年代半ば以降、趨勢的に上昇を続けている。60歳で正社員を定年退職し、その後も再雇用や再就職のかたちで働き続ける大学卒は、今や少なくない。これらの大学卒退職者の就業希望増加が、高年齢・高学歴層に特有の労働市場の超過供給を生み、その結果として賃金の下落を引き起こしている可能性もある。そして団塊世代を含み、雇用者に占める割合も今や高水準にのぼる高年齢労働者の賃金下落が、ひいては労働市場全体の賃金が伸び

図4-4　きまって支給する現金給与額の変化（2010年から2015年）（雇用形態別・男女計）

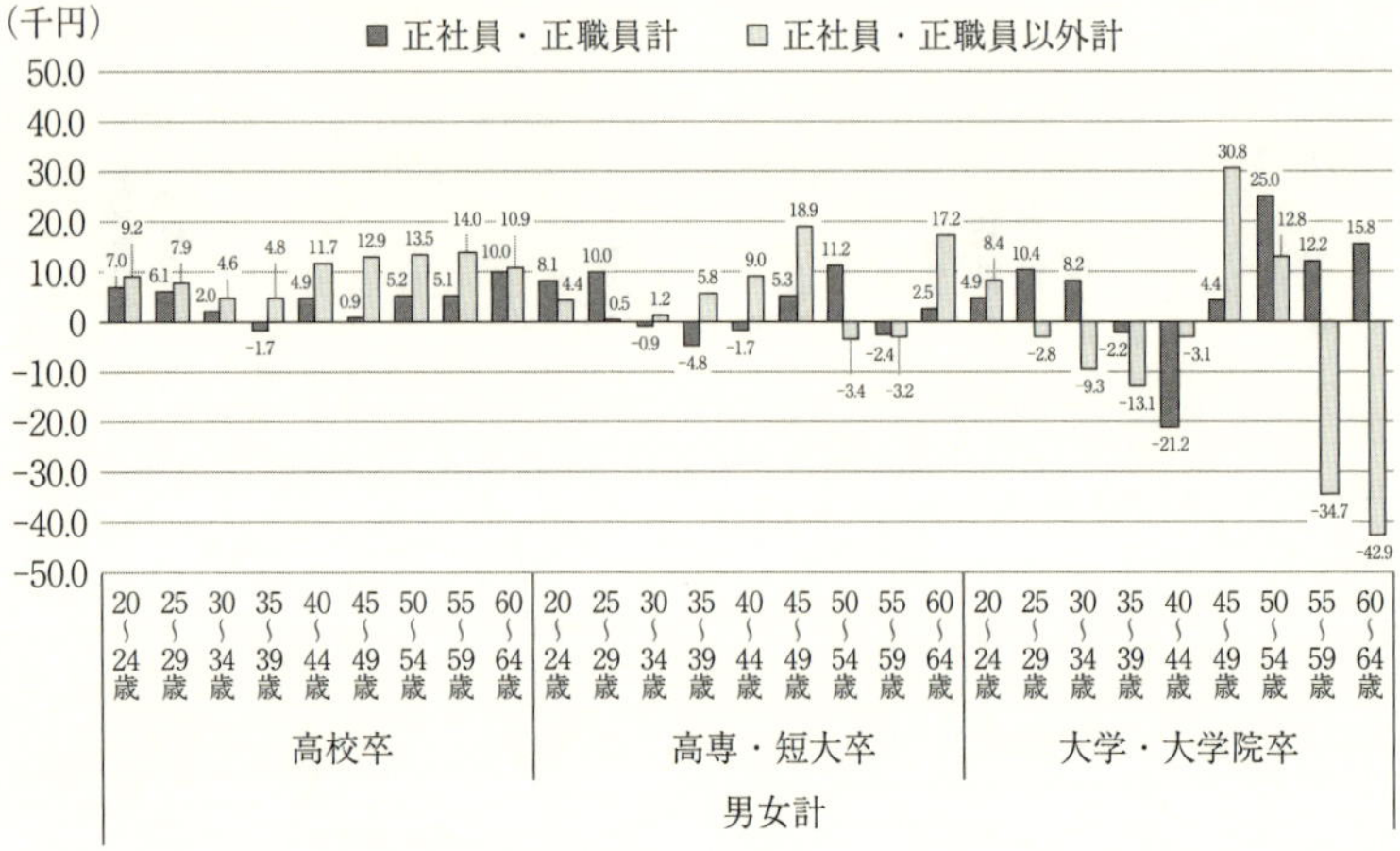

出所：厚生労働省「賃金構造基本統計調査」

悩む、もう一つの背景となっているのかもしれない。

（2）雇用形態別の給与額

次に、雇用形態別で細分化したデータを見てみる。図4-4は、図4-1をさらに雇用形態別（正社員・正職員／正社員・正職員以外）に細分化したものである。

図4-4を見ると、ほとんどで2010年から2015年にかけて給与額が上昇している中で、逆に給与額が減少している区分がいくつか見受けられる。

まず、「正社員・正職員」で給与額が減少しているのは

（ア）高校卒の35～39歳（▲1・7千円）

（イ）高専・短大卒の30～34歳（▲0・9千円）、35～39歳（▲4・8千円）、40～44歳（▲1・7千円）および55～59歳

（▲2・4千円）

（ウ）大学・大学院卒の35～39歳（▲2・2千円）および40～44歳（▲21・2千円）である。

次に、「正社員・正職員以外」で減少しているのは

（エ）高専・短大卒の50～54歳（▲3・4千円）および55～59歳（▲3・2千円）

（オ）大学・大学院卒の25～29歳（▲2・8千円）、30～34歳（▲9・3千円）、35～39歳（▲13・1千円）、40～44歳（▲3・1千円）、55～59歳（▲34・7千円）および60～64歳（▲42・9千円）

である。

ここで第一に注目すべき点として、図4-1において給与額が減少していた①～③の区分（高校卒の35～39歳、高専・短大卒の30～34歳および35～39歳、大学・大学院卒の35～39歳および40～44歳）の人々は、いずれも正社員・正職員の給与額が減少している。就職氷河期に新卒で就職活動をした世代は、上の世代と比べて、正社員・正職員の給与が減っていたのである。

第二点として、正社員・正職員以外では、①～③の区分の人々のうち、高校卒（①）と高専・短大卒（②）ではむしろ増加しているのに対し、大学・大学院卒（③）では、正社員・正職員の給与と同様に減少している。大学・大学院卒の氷河期世代（③）の人々は、正規でも非正規でも上の世代と比べて給与が減少している。

第三点は、特に大学・大学院卒の40～44歳の正社員・正職員の減額幅が大きく、この落ち込みが図

4－1で見たこの層全体の大きな落ち込みの原因になっているということである。

これらを総合すると、就職氷河期世代の特に大学・大学院卒の正社員・正職員は、給与水準の面で、上の世代と比べて大きな不利益を被り続けていることが見て取れる。

さらに55歳以上大学・大学院卒では、正社員・正職員以外の給与が大きく減少している。背景には、定年延長・再雇用後での正規雇用以外での採用が増加したことで、非正規労働供給増の結果として、全体の平均賃金が低下したと推測される。

(3)　給与額増減の要因分解

前項では、就職氷河期世代では、図4－1で給与額が減少している区分のすべてで正社員・正職員の給与額が減少していることこそ、この世代の特徴的かつ現在まで続く不幸な側面の一つであることをみた。

この発見をより具体化するため、図4－1で示した2010年から2015年への「きまって支給される現金給与額」の変化を、雇用形態別の寄与度に分解してみた。給与変化額は「正社員・正職員の給与額の変化」、「正社員・正職員以外の給与額の変化」、「雇用形態のシェアの変化」に以下の通り分解でき、それぞれの要因の寄与度を示すことができる。

【雇用形態別の寄与度分解式】

$$W_1 - W_0 = (W_{f1} - W_{f0})\,a_1 + (W_{p1} - W_{p0})(1 - a_1) + (a_1 - a_0)(W_{f0} - W_{p0})$$

図4-5　きまって支給する現金給与額（2015年-2010年）における雇用形態別寄与度

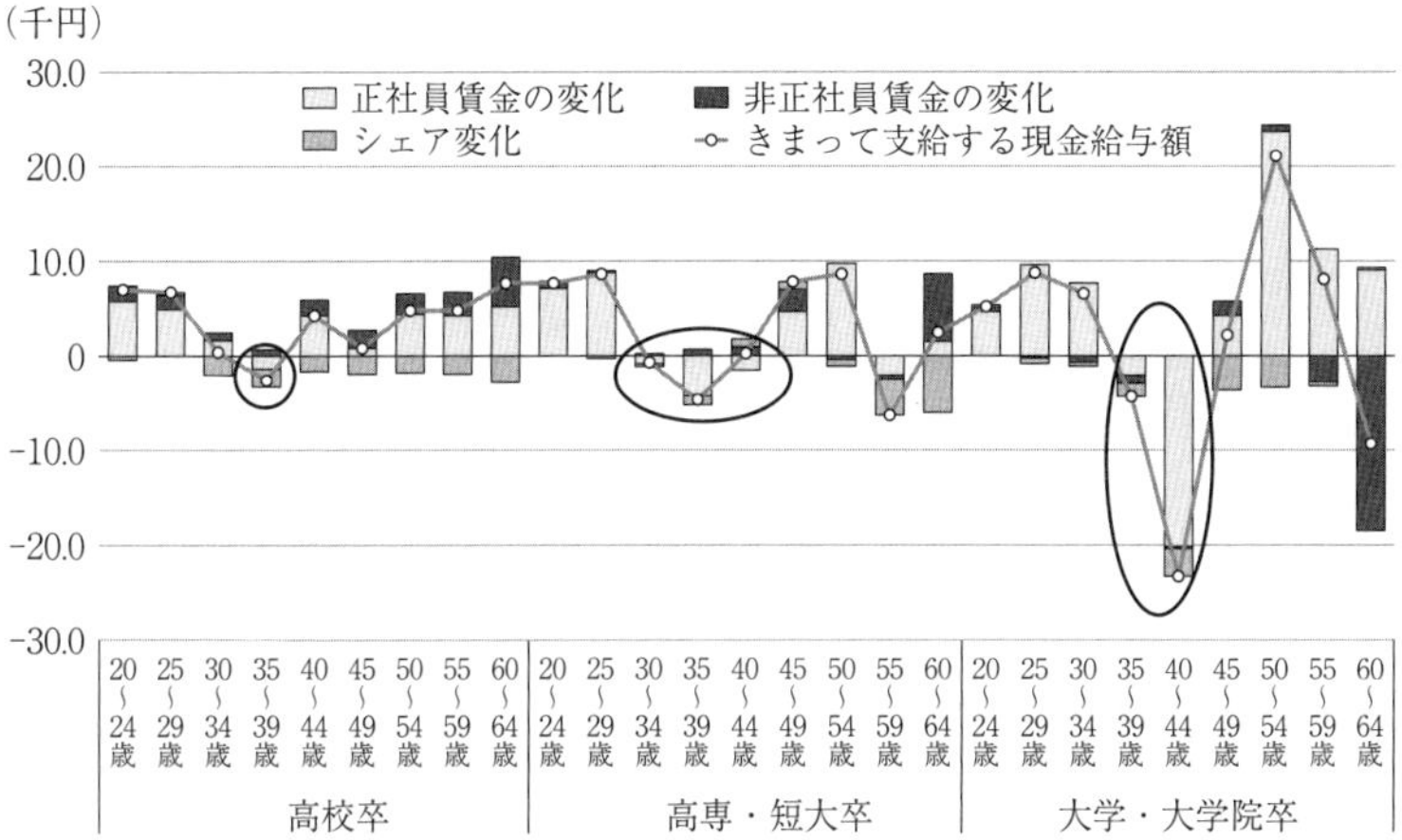

出所：厚生労働省「賃金構造基本統計調査」

W_1：2015年の「きまって支給される現金給与額」

W_0：2010年の「きまって支給される現金給与額」

W_f：正社員・正職員の賃金額

W_p：正社員・正職員以外（非正社員）の賃金額

a_1：2015年の正社員比率

a_0：2010年の正社員比率

この式のうち、右辺第一項は「正社員・正職員の給与額変化の寄与」、第二項は「正社員・正職員以外の給与額変化の寄与」、第三項が「雇用形態のシェアの変化（正社員比率の低下、非正社員比率の上昇）の寄与」を表す。これをグラフにしたのが図4-5である。

図を見ると、雇用形態のシェアの変化は、ほとんどの学歴・年齢階級の区分でマイナスに寄与している。その結果は、ほとんどの学歴、年齢において、非正社員比率の上昇が、平均給与額を引き下げてきたことを示している。

さらにここでも（1）項の①～③の人々について、「正社員の給与額の変化」がマイナスに寄与していることがわかる。就職氷河期に新卒就職をした世代周辺ほど、正社員の給与減少の影響は大きく、それが直接的にこの世代全体で見た給与額の減少にもつながっている。その影響は、大学・大学院卒の40～44歳で特に大きかったことが見て取れる。

（4）「就職氷河期世代」の労働者数に占める割合について

ここで、就職氷河期世代の全労働者に占める割合について、2015年の賃金構造基本統計調査のデータを用いて、確認しておきたい。

いわゆる「就職氷河期世代」は、2015年時点で30代後半から40代前半にさしかかっていると考えられる。図4-6は、2015年の賃金構造基本統計調査における年齢階級別（10歳刻み）の労働者の構成比率を図示したグラフである。これによれば、35～44歳層は全労働者の27・3％を占めており、他のどの年齢階級よりも世代サイズが大きくなっている。

これは、同学年の人口がその前後と比べて多くなっている「団塊ジュニア世代（1971～74年生まれ）」が、2015年時点では40代前半を迎えており、「団塊の世代（1947～49年生まれ）」が引退などにより労働市場から退出していく中で、相対的に団塊ジュニア世代（第二次ベビーブーマー）を含む就職氷河期世代の全労働者に占める構成比率が高くなっていることを表している。それ

図４–６　年齢階級別労働者の構成比率（10 歳刻み）

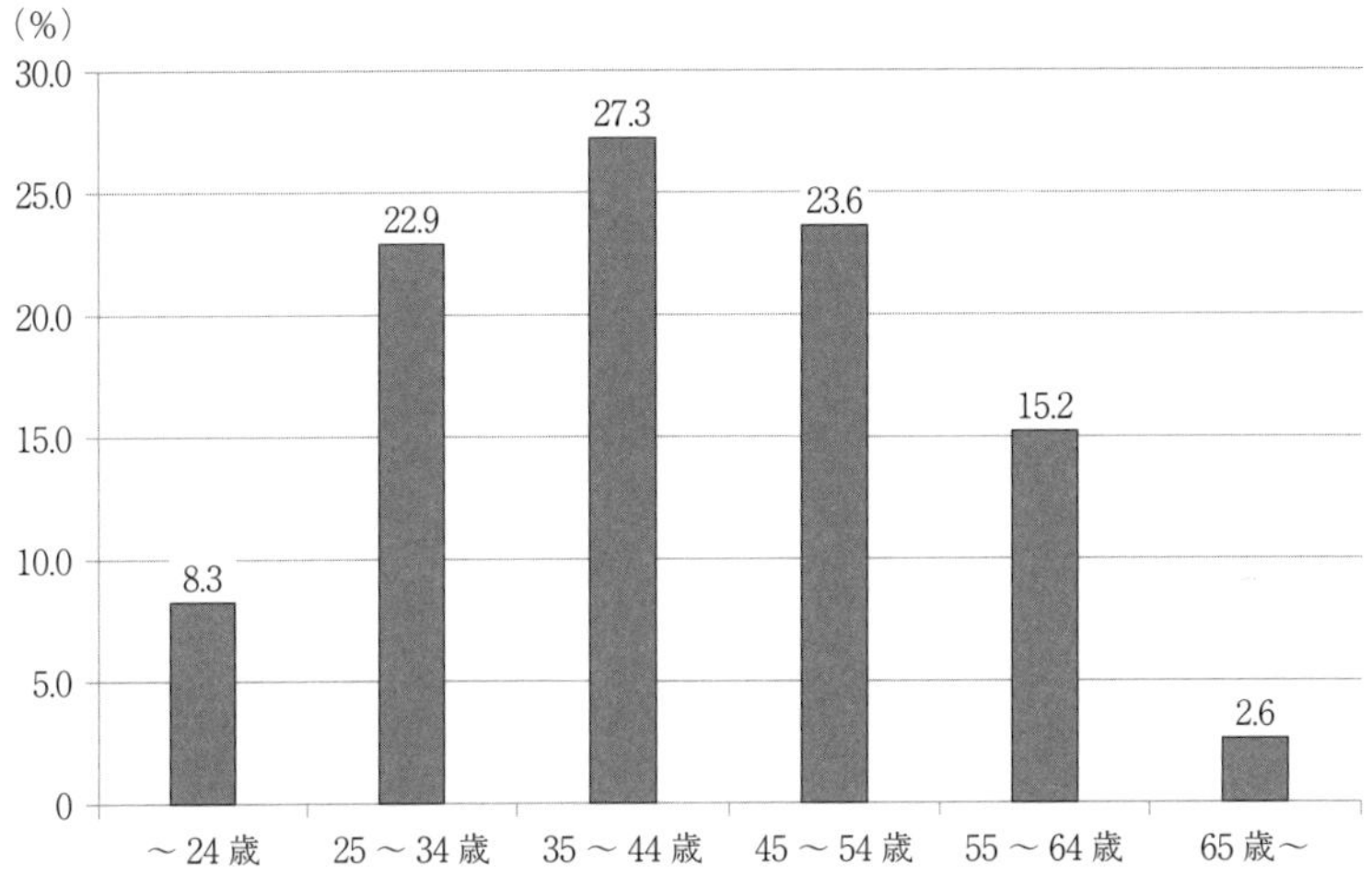

出所：厚生労働省「賃金構造基本統計調査」

は、就職氷河期世代の動向が、労働者全体に与えるインパクト（寄与度）が相対的に大きくなっていることを表しているとも言い換えられる。

これを賃金の動向に援用すると、就職氷河期世代の賃金が上の世代に比べて低下していることは、全労働者の賃金の押し下げ要因として一定のインパクトを与えていると推測できる。つまり、人口サイズの大きい就職氷河期世代の賃金が低く抑えられていることは「人手不足なのになぜ（全体の）賃金が上がらないのか」という疑問に対する一つの回答になっていると考えられる。

3　「就職氷河期世代」の賃金が低い理由

以上、賃構データから、就職氷河期世代の

前後で、給与額に大きな「断絶」が生じていることが確認された。上の世代と比べて、就職氷河期の世代の賃金が低い理由としては、左記のような仮説が考えられる。

（a）日本型雇用慣行の崩壊と成果主義等に代表される新しい人事・給与制度の導入の時期が、氷河期世代が働き始めた時期と重なった。

（b）長引く不況や国際競争の激化に伴う企業側の余力の喪失により、労働分配率の低下や賃金カーブのフラット化・昇給の抑制などが生じた時期に就職氷河期が重なった。

（c）社内研修など企業内における教育訓練や人材育成を行う余力も失われ始めた時期に、就労初期の仕事を覚える時期が重なって、氷河期世代は十分な職業能力の蓄積ができなかった。

（d）大量採用をしたバブル期就職世代（40代後半から50代前半）の人口が多く、氷河期世代は昇進・昇格の面で不利益を被った。

（e）バブル期就職世代と比べて、氷河期世代では、規模の小さい企業に就職したり、転職が一般化したりしたことで勤続年数が短くなった。

このうち、（a）（b）に関しては、本書第2章の小倉論文、第13章の西村論文などで検討がなされているので、詳細はそちらに譲りたい。（c）については、第6章の梅崎論文、第11章の太田論文による考察のほか、連合総研（２０１６）が実施した大卒アンケート調査からも、就職氷河期世代ほど、20代のとき、上司や先輩からの指導や勤め先での教育・訓練プログラムの受講経験が乏しかったと感じていることが示されている。

（d）と（e）に関しては、引き続き賃構から示唆が得られる。上の世代と比べて賃金の減少幅が大

図4-7　2005年から2015年までの労働者の構成比の変化（男性、大学・大学院卒、40〜44歳）

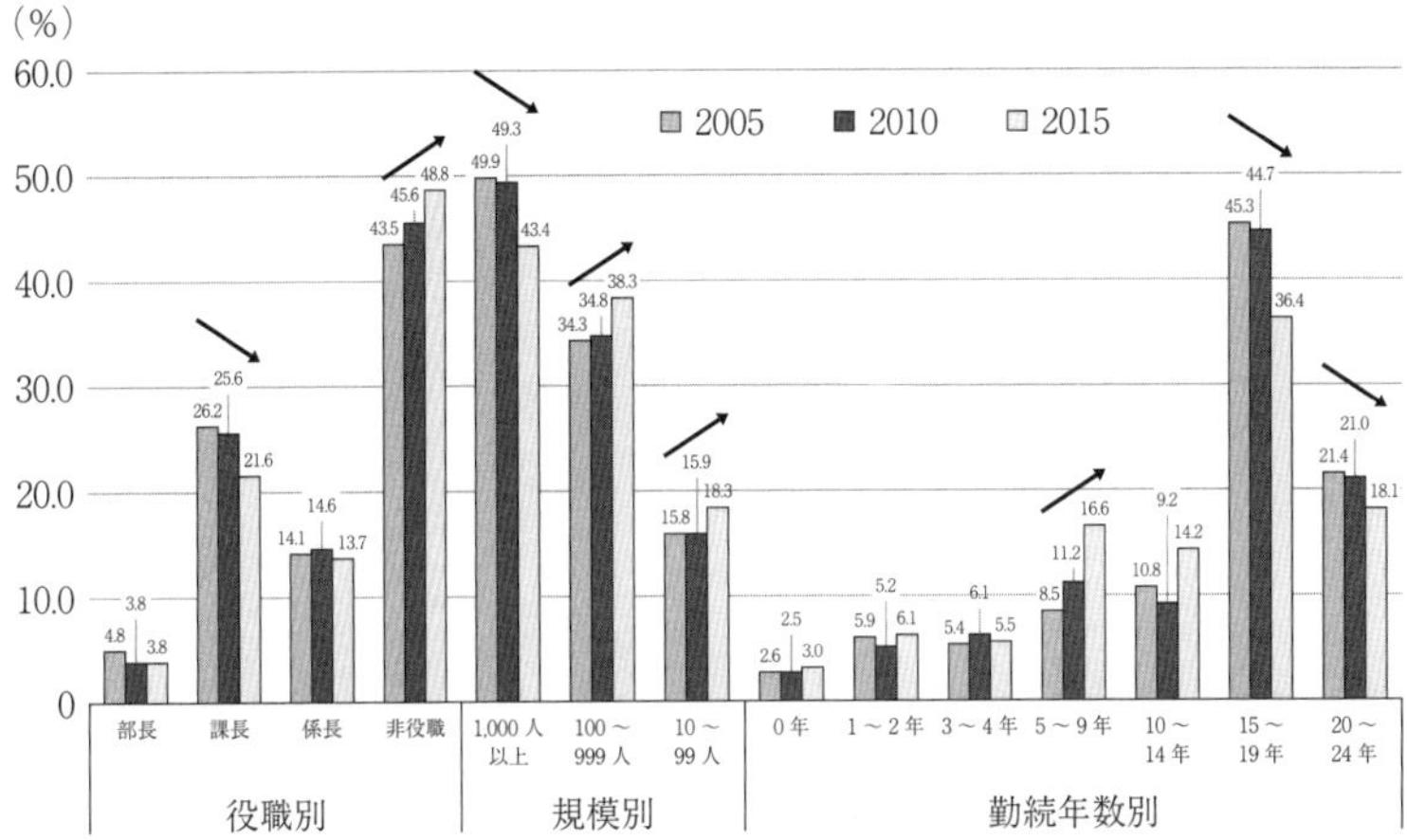

出所：厚生労働省「賃金構造基本統計調査」

きかった「男性、大学・大学院卒、40〜44歳」層の役職別の労働者比率、企業規模別の労働者比率、勤続年数別の労働者比率を2005年、2010年、2015年について比べたのが図4-7である。

これを見ると、非役職の比率は2005年から2015年にかけて年々上昇する一方で、課長の比率は低下し、部長や係長の比率も2005年と比べて2015年のほうが低くなっている。これがただちに賃金の減少につながるとは必ずしも言えないものの、役職者割合の低下と非役職者割合の上昇は、賃金の下押し要因となっていることが示唆される。

企業規模については、「1000人以上」の比率が低下し、より小規模の比率が上昇している。勤続年数も、勤続年数15年以上の比率は低下し、勤続年数がそれ以下の年数の比率は横ばいか上昇となっており、これらも賃金の下押し要因となっていると考えられる。

4　氷河期世代の悲劇

本章では、就職氷河期と言われる時期に新卒を迎えた世代の人々は、上の世代に比べて、同じ年齢期の給与額が明らかに減っていることを見た。その影響は40代前半の大学卒・大学院卒で特に顕著だった。その多くは、いわゆる「第二次ベビーブーム」と呼ばれた世代でもある。

彼ら／彼女らは、もし新卒就職時期が前後にずれていたら、このような賃金面での不利益を受けずにすんだ可能性は大きい。そして、現在、働き盛りの世代にあって、人口サイズも大きい彼らの大幅な賃金減少が、人手不足なのに賃金が全体的に上がらない一つの背景となっている。この事実は、日本全体の賃金が伸び悩んでいる原因を考えるときに、もっと注目されて然るべきだろう。

第4章【注】

（1）「就職氷河期世代」とは一般に、バブル崩壊後の就職が困難だった時期（1993年〜2005年）に就職した世代を指す。
（2）太田（2010）114ページ「本章のポイント③」。
（3）「一般労働者」とは、短時間労働者以外の労働者をいう。具体的には、1日の所定労働時間が一般の労働者よりも短い、または1日の所定労働時間が一般労働者と同じでも1週の所定労働日数が一般の労働者よりも少ない労働者（＝短時間労働者）以外の労働者をいう。

（４）「きまって支給する現金給与額」とは、労働契約、労働協約あるいは事業所の就業規則などによってあらかじめ定められている支給条件、算定方法によって6月分として支給された現金給与額をいう。手取り額でなく、所得税、社会保険料などを控除する前の額である。超過労働給与額も含まれる。物価調整等は行っていない名目値。

（５）中学校卒については、観測数が少ないことから分析対象から除外した。

【参考文献】

太田聰一（２０１０）『若年者就業の経済学』日本経済新聞出版社。

連合総研（２０１６）『就職氷河期世代の経済・社会への影響と対策に関する調査研究報告』。

第5章 給与の下方硬直性がもたらす上方硬直性(1)

山本 勲
黒田祥子

ポイント

【行動】

1 下方硬直性によって生じ得る名目賃金の上方硬直性

人手不足でも賃金が上がらない理由として、不確実性の増大や外国人株主・機関投資家からのガバナンスの強まり、グローバル化など、さまざまな可能性が議論されている（本書第2章・小倉論文、第10章・塩路論文など）。

本章では、これらの理由に加えて、過去の不況時に賃下げに苦慮した企業ほど、景気回復期に賃上げを控える傾向にある可能性、すなわち「名目賃金の上方硬直性」は「名目賃金の下方硬直性」によってもたらされている可能性があることを指摘する。

名目賃金の下方硬直性とは、額面（名目レベル）での賃下げができない状況のことを指す。後述のとおり、一般的に人々は名目値で物事を判断しがちで、いったん保有したものを手放すことに対して大きな嫌悪感を抱きやすいという認知特性がある（これを行動経済学では、「損失回避特性」と呼ぶ[2]）。このため、労働者は一度支給された賃金よりも額面が下がることを過度に嫌うことや、実際に賃下げが実施されるとモチベーションが大きく落ち込み、労働生産性も低下することが指摘されている。また、この労働者の認知特性を企業も認識していることから、企業側も不況期において賃下げを避ける行動を取るといわれている。

不況期にこうした名目賃金の下方硬直性に直面し、人件費調整に苦慮した経験を持つ企業ほど、再び不況になった際に同じ問題に悩むリスクを最小限にしようと行動している可能性がある。そうした企業では、景気が回復し、人手不足になったとしても、従業員の賃上げに慎重になりやすいと考えられる。つまり、名目賃金を下げにくい企業にとって、賃上げは一度実施したら後戻りできない「不可逆」なものであり、だからこそ賃金は上がりにくくなっているように思える。

名目賃金の上方硬直性が下方硬直性によってもたらされている可能性については、低インフレが進行する欧米諸国でも注目されており、理論的および実証的な研究が少しずつ蓄積されつつある。その嚆矢である Elsby（2009）は、名目賃金が下方硬直的だと、賃上げをするとその後の賃下げが難しくなる、という意味での「賃上げの不可逆性」が生じるため、結果的に名目賃金は上方にも硬直的になるという含意を理論的に導出している。また、Lechthaler（2013）も、賃金交渉を念頭に置いた理論モデルから、不況期に賃下げがなされないと、その分だけ好況期の賃上げ幅が小さく抑えられるので、名目賃金の下方硬直性は上方硬直性ももたらすと指摘している。

こうした理論的含意はアメリカやイギリス、ドイツなどのデータをもとに検証されており、程度の差はあるものの、名目賃金の下方硬直性が制約として生じる低インフレ局面では、名目賃金の上方硬直性も生じることが明らかにされている（Elsby［2009］やStüber and Beissinger［2012］）。

そこで、本章では、日本企業のパネルデータを用いて、２０００年代に正社員の所定内給与の引き下げをできなかった企業ほど、その後の景気回復期に賃上げを控える傾向にあるか、逆に過去に賃下げを実施した企業ほどその後の賃上げを積極的に行っているかどうかを検証する。賃下げを経験したことで賃上げの不可逆性がなくなり、賃上げが実施されやすくなっていることが明らかになれば、日本で賃上げが起こりにくい状況が続いている理由として、過去の不況期の賃金の下方硬直性を挙げることができる[3]。この可能性が妥当ならば、不況期における賃金の下方硬直性により、デフレはマイルドで済むかもしれないが、その代わりに回復期の賃上げ抑制を通じてインフレも生じにくい構造が日本には存在するとも指摘できる。

2　名目賃金の下方硬直性が生じる理由とエビデンス

冒頭で述べたとおり、一般的に人々は名目値で物事を判断することが多いと考えられている。この特性を賃金に当てはめると、たとえば、3％のインフレ下で名目賃金が2％上昇すれば、実質レベルでは1％の賃下げとなるが、多くの人は前年よりも額面でみた支給額が上がっているためにそれほど不満には感じない。一方、マイナス1％のデフレ下において、名目賃金が1％カットされれば、実質レベルでは賃金の変化はないものの、額面で物事を判断する人々にしてみれば1％の賃金カットを受けたという錯覚を受け、モチベーションが大きく低下してしまう。こうした認知の特性があることから、名目賃金は下方硬直的となりやすいということはケインズらの時代から指摘され、経済学では「貨幣錯覚」と呼ばれてきた（Fischer［1928］, Keynes［1936］, Friedman［1968］）。

また、こうした非合理な人々の認知については、カーネマンやトゥベルスキーらによって20世紀後半に構築・発展した行動経済学による説明が理解しやすい。行動経済学では、人々は実際に一度手にしたものを価値判断の基準とする傾向があると考える（「初期保有効果」と呼ばれている）。そして、人々はこの基準（「参照点」という）よりも少なくなるような事態に直面すると、一度手にしたものを取り上げられたと捉え、非常に大きく落胆する認知特性を持っていることが、実験やアンケート調査などから明らかにされている。参照点をベースにしてそこから価値が1単位増える場合の喜びの増加分よりも、1単位減る場合の落胆の増加分のほうが大きいという非対称性があることは「損失回避特性」と呼ばれている。

賃金にこうした行動経済学の考え方を当てはめると、いったん支給された額面（名目）が人々にとって参照点となるため、損失回避特性によって、そこから名目賃金が下げられることに対して抵抗感を抱きやすいと考えることができる。

実際、先進諸国のインフレ率が低下する中で、１９９０年代以降、名目賃金の下方硬直性の存在を検証する実証研究は数多く蓄積されてきた（詳しいサーベイは黒田・山本［２００６］を参照されたい）。これらの研究では、度合いのちがいはあるものの、そのほとんどで名目賃金の下方硬直性が存在することを示している。

さらに、欧米では2008年に未曽有の金融危機（リーマン・ショック）が起こり、これまでにない低インフレ・低金利局面に陥った際にも名目賃金は下方硬直的であったことが、最近までのデータを用いた研究でも確認されている（Daly *et al.* [2012], Fabiani *et al.* [2010], ECB [2012] など）。なお、賃下げを行った際の生産性の低下についても、企業へのヒアリング調査にもとづくBewley (1999) や行動経済学の観点から説明したKahneman *et al.* (1986)、アンケート調査に基づくKawaguchi and Ohtake (2007) などで、その可能性が強調されている。

日本の名目賃金の下方硬直性についての研究は、木村（1999）、Kimura and Ueda (2001)、黒田・山本（2006）、山本（2007）、神林（2011）、Kuroda and Yamamoto (2014) などが挙げられる。ただし、日本の場合、他の先進諸国とちがって、名目賃金の下方硬直性は1990年代末頃までは観察されるものの、それ以降は観察されないとの分析結果が得られている。たとえば黒田・山本（2006）では、年間給与総額でみると、1997年頃までは賃金が据え置かれるケースが多く、下方硬直性が認められたものの、1998年以降は賃下げが多く実施されるようになり、年間給与総額の下方硬直性が消滅したことを指摘している。

しかし、2000年代までデータを延ばして追試した山本（2007）では、所定内給与については依然として下方硬直性が残っており、1990年代末に観察された名目賃金の下方調整は賞与や残業手当の減少によるところが大きかったことを明らかにしている。山本（2007）では、Dickens *et al.* (2007) と同じ手法で名目賃金の下方硬直性の度合いを測定しているが、国際的にみて日本の年間給与総額の下方硬直性は小さいものの、所定内給与はかなり下方硬直的であることも示された。つまり、日本ではバブル崩壊、その後の長期不況、リーマン・ショックなどの大規模なショックに見舞われてきたが、それに対する賃金調整は主として賞与や残業調整によって行われ、必ずしも所定内給与は伸縮的には変動してこなかった可能性がある。

そうだとすると、上述の Elsby（2009）や Lechthaler（2013）が指摘する名目賃金の下方硬直性の帰結が日本でも当てはまり、不確実性が大きい状況では、たとえ企業業績が回復したとしても、企業は将来の景気後退に備えて所定内給与の引き上げには消極的にならざるを得ず、賃上げをするとしても賞与の増加にとどめる可能性が高い。実際、日本の所定内給与と賞与等の変化率の時系列推移をマクロレベルで観察してみると、景気変動に応じて賞与等は弾力的に調整されているのに比べて、所定内給与の動きは下方にも上方にも緩慢な動きとなっている。

そこで、以下では依然として日本企業にも残っている所定内給与の下方硬直性が、賃上げの不可逆性を生じさせている可能性を、実際のデータをもとに検証する。

3　企業のパネルデータを用いた検証

（1）　利用するデータと検証方法

検証には、経済産業研究所の「人的資本形成とワークライフバランスに関する企業・従業員調査」の企業調査の個票データを利用する。同調査は経済産業研究所が保有する企業名簿から抽出した企業を対象として２００９年度から始まったパネル調査であり、その後、新規企業を追加しながら

2011〜15年度に年1回のペースで実施されている。

このうち、本章の分析で用いる賃金改定に関する情報は、2014年度調査と15年度調査でのみ利用できる。これらの年度の調査では各企業に、12年以降の所定内給与改定額や過去10年間の賃金カットの回数などの情報を遡って回答してもらっているほか、各企業の12年以降の財務情報も利用することができる。

所定内給与の改定額は、正社員1人あたりの所定内給与の改定額（賃金引き上げ該当者の金額を合計し、賃金引き下げがあれば、引き下げ該当者の金額を合計し、それらを合算して正社員数で平均したもの〈定昇も含む〉）である。また、賃金カットの回数は、正社員の（各種手当を除いた）所定内給与をカットした回数を「実施なし」「1回実施」「2〜3回実施」「4回以上実施」の4択で回答してもらっている。

以下では、これらの情報をもとに、賃金改定や財務情報に関する2012年以降の年次パネルデータを構築し、計量経済学の分析モデル（変量効果モデルおよび固定効果モデル）を用いて推計を行った分析結果を紹介する。(4) 欠損値や外れ値などを除外し、分析で利用した企業は従業員10人以上の776企業であり、パネルデータとしてのサンプルサイズは2099となる。

（2）過去の賃金カットと賃上げの状況

推計結果をみる前に、図5-1には、過去の賃金カットの状況を示した。同図には、管理職と非管理職の所定内給与と賞与について、それぞれ過去10年間の賃金カットの回数の分布を示している。こ

図 5-1　過去 10 年の賃金カット回数の構成比

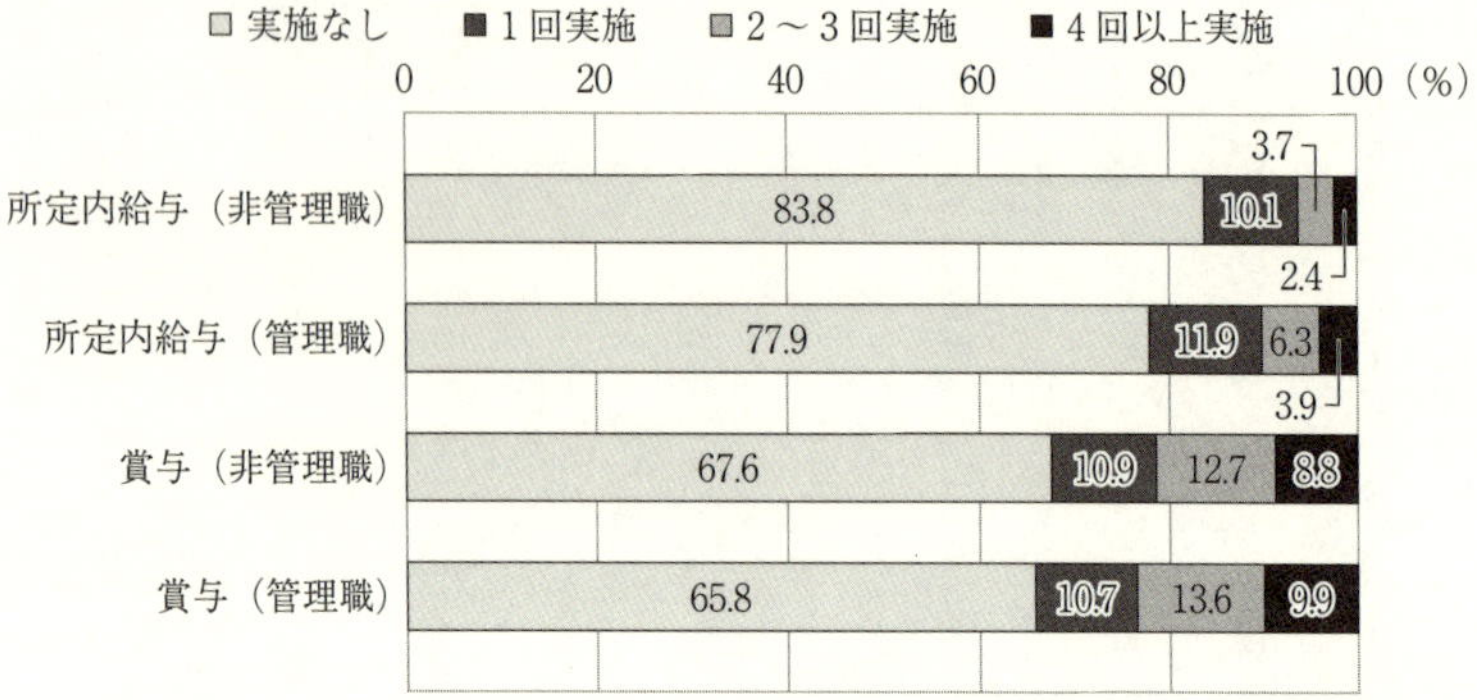

れをみると、所定内給与については過去10年間で賃金カットを実施した企業は、非管理職については16％程度、管理職は22％程度と少ないことがみてとれる[5]。

過去10年には2008年のリーマン・ショックに続く金融危機の時期が含まれているが、それでも8割程度の企業が賃下げを実施しておらず、山本（2007）が指摘するように、所定内給与には下方硬直性があると推察することができる。一方で、賞与については3割程度の企業が賃金カットを実施したと回答しており、その回数も2～3回が13％前後、4回以上も10％弱となっている。

続いて、図5-2では2012年以降の賃上げの状況を概観してみる。図をみると、所定内給与の改定額は平均で3500円程度であり、2012年以降は増加基調にあることがわかる。また、過去の下方硬直性の度合いが強い傾向にあった非管理職の賃金カットの状況と賃上げの関係をみてみると、所定内給与について過去の賃金カットがなかった企業と4回以上実施している企業において改定額が大きくなっている。

図5-2　賃上げの状況

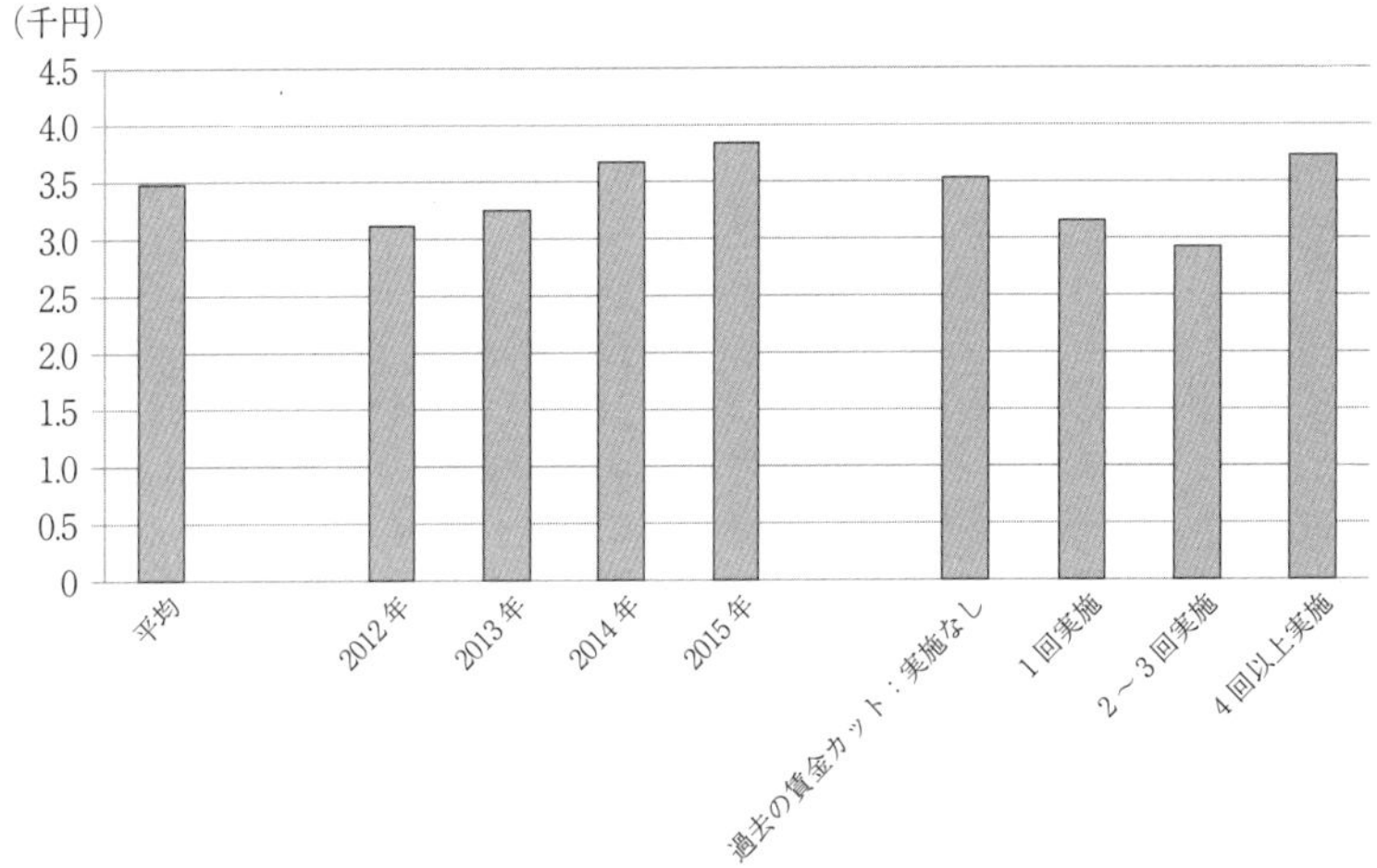

注：賃金カットの回数は、過去10年の所定内給与（非管理職）のカットの回数を用いている。

（3）名目賃金の下方硬直性と上方硬直性の関係

これらの観察を踏まえ、図5-3には、賃金カットの経験が賃上げに与える影響を推計した結果を図示した。具体的には、過去10年間の賃金カットの経験（賃金カットの回数）によって所定内給与改定額（対前年からの改定額、単位：千円）がどのように変わるかを確認したものであり、賃上げに影響を与える他の要因を統計的に一定とするために、推計では、不確実性（利益率のボラティリティ）、外国人株主の有無、成果主義の導入状況、利益率、雇用者数、労働時間、産業、企業規模なども考慮している。したがって図に示した結果は、他の条件を一定とした場合に、過去に賃金カットを実施した企業では、賃金カットを一度も実施しなかった企業よりも賃上げがどの程度大きく生じたか

図5-3　過去の賃金カットが賃上げに与える影響

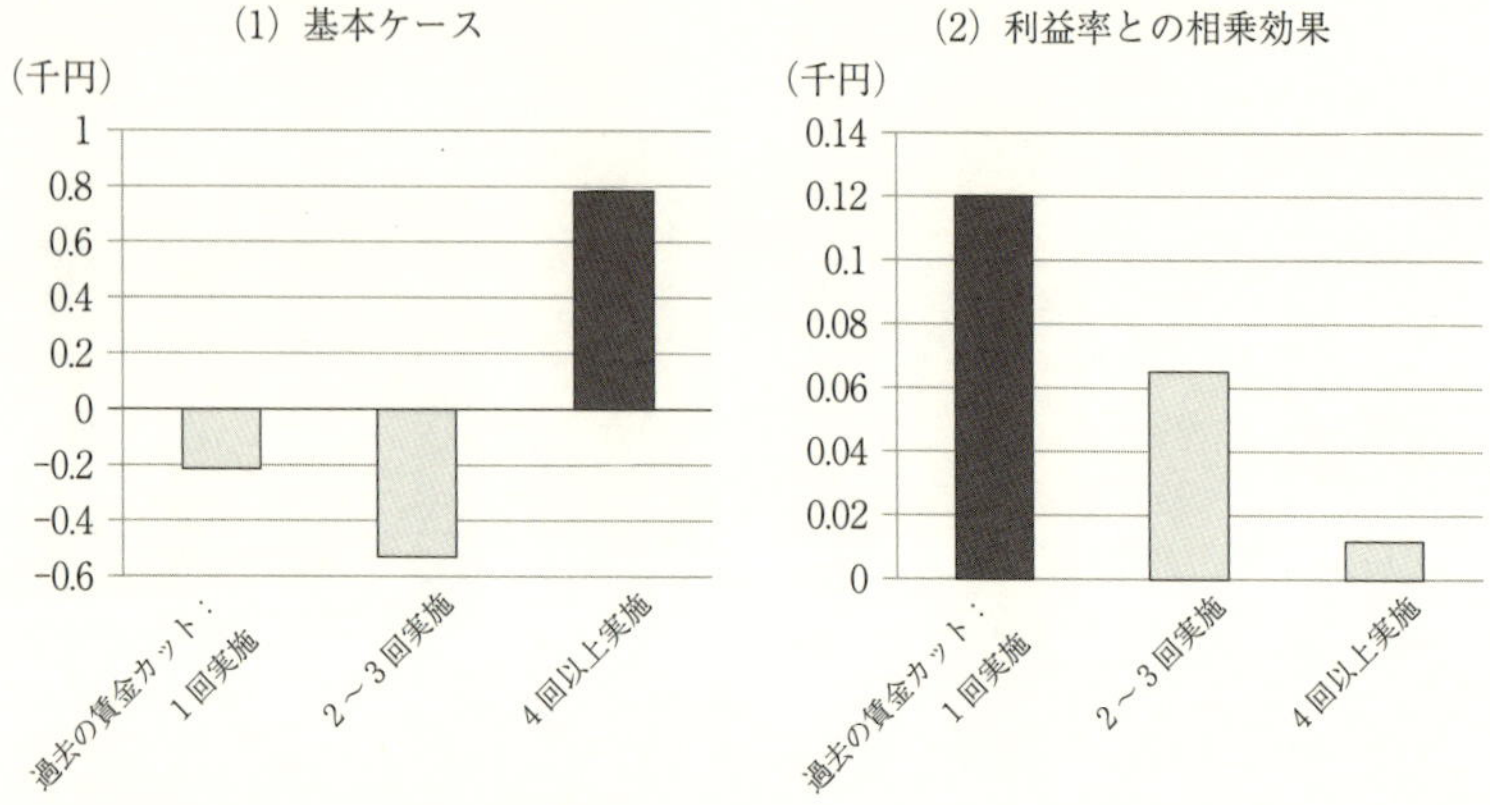

注：1) 濃いグレーは統計的に有意な影響を示す。
2) 基本ケースは変量効果モデル、利益率との相乗効果は固定効果モデルの推計結果。
3) 図中の棒グラフは、過去に賃金カットを実施した企業は、賃金カットを一度も実施しなかった企業よりも賃上げがどの程度大きく生じたかを示したものである。

を示している。

さらに、賃金カットの影響の大きさが統計的に有意にゼロと異なる場合は濃いグレー、それ以外のケースは薄いグレーで棒グラフを示している。なお、賃金カットの情報としては、非管理職の所定内給与の賃金カットの回数を用いた。

図5-3(1)で推計結果の基本ケースをみると、過去10年に所定内給与を4回以上カットした企業では、賃金カットの経験がない企業よりも所定内給与改定額が有意に高くなっていることがわかる。改定額への影響の大きさは780円程度であり、改定額の平均が3500円程度であることを踏まえると、影響は小さくないと判断できる。このことは、過去に所定内給与のカットを複数回実施したような企業では、名目賃金の下方硬直性による賃上げの不可逆性がなくなり、所定内給与を引き上げていることを示唆し

ている。

ちなみに、紙幅の制約上掲載していないが、本章で用いたデータをもとに産業と企業規模によって過去10年の賃金カットの回数がどの程度異なるかを観察したところ、製造業やサービス業、従業員１００～３００人の企業で賃金カットが相対的に多く行われていたことがわかった（詳細は、山本・黒田［２０１６］を参照されたい）。

さらに図5-3(2)には、利益率が改善する局面でより多く賃金に配分するような行動がとられているかを検証するため、利益率と過去の賃金カットの経験の相乗効果の推計結果を示している。(6) ここでは、利益率が高まると賃上げが実施されるが、その際には、過去に賃金カットを経験した企業ほど賃上げの度合いがより大きくなるかといった相乗効果の推計値が棒グラフで示されている。

図をみると、利益率が高くなった場合、賃金カットを１回経験している企業では賃金カットを経験しなかった企業に比べて、有意に賃金改定額を増加させる傾向があることがわかる。つまり、業績が改善する局面においても、過去に賃金カットを経験している企業では、賃上げの不可逆性が弱まり、賃上げが生じやすくなっていると解釈することができる。本章の結果は、賃金カットをしない企業が大勢を占める中、利益率が上昇した場合の賃上げを条件に、一回限りの賃下げを断行していることが示唆される。(7)(8)

4　日本の賃金変動の特徴と政策的な含意

本章では、賃上げや過去の賃金カットに関する情報を含んだ企業パネルデータを用いて、過去の不況期において所定内給与のカットが難しかったという企業ほど、景気回復後も賃上げに慎重になっている可能性（賃上げの不可逆性）があるかを検証した。

まず、リーマン・ショックなどの大規模なショックが生じた期間であったにもかかわらず、過去10年間で所定内給与自体の引き下げを実施した企業は2割弱と少なく、所定内給与は下方硬直的だったことが示唆された。１９９０年代末以降の日本では、年間給与に関しては下方硬直性が観察されなくなったことから、賃金調整は伸縮的となったとされているが、所定内給与については依然として下がりにくくなっている。

次に、過去に所定内給与の引き下げができなかった企業ほど、景気回復後の賃上げを躊躇する傾向にあるか、逆に過去に所定内給与を引き下げた企業ほどその後の賃上げに積極的になっているかを推計したところ、部分的ではあるが、そのような傾向が確認された。具体的には、過去10年間で所定内給与のカットを実施した企業ほど、所定内給与改定額が大きいほか、利益率の上昇に伴ってより多く所定内給与を引き上げていることが明らかになった。このことから、所定内給与の下方硬直性によって、日本企業の多くが賃上げの不可逆性に直面しており、それが賃上げを抑制する原因の一つになっていると指摘できる。

所定内給与の下方硬直性は、デフレの進行をマイルドな状態にとどめるという意味では望ましいともいえよう。しかし、その結果、企業にとって所定内給与の引き上げが不可逆的なものになってしまっており、賃上げやインフレが生じにくい構造が生じていると解釈することができる。

１９９０年代以降、多くの先進諸国では低インフレに直面し、経済学ではそうした環境下で生じるリスクの一つとして、名目賃金の下方硬直性が大規模な失業の発生を通じて労働市場の資源配分を歪める可能性について考えられてきた（Tobin［1972］, Akerlof *et al.*［1996］, 大竹［２００１］など）。本章で得られた結果は、名目賃金の下方硬直性は不況が起こったその時点のみならず、その後の景気回復局面においても賃金や価格の上方向の調整を遅らせる影響があることを示唆している。不況期における名目賃金の下方硬直性が、その後の景気回復局面にまで影響をもたらすということは、これまで必ずしも注目されてこなかった点であり、低インフレ・ゼロインフレのもう一つの弊害と指摘することもできる。

第５章【注】

（１）本章は山本・黒田（２０１６）を大幅に加筆修正したものである。詳しい分析結果については山本・黒田（２０１６）を参照されたい。
（２）損失回避特性等について日本語で解説した文献としては、たとえばカーネマン（２０１２）を参照。
（３）賃金の下方硬直性については、本書1章（近藤論文）、8章（佐々木論文）および14章（加藤論文）も参照されたい。
（４）それぞれのモデルの説明や分析の詳細については、山本・黒田（２０１６）を参照されたい。

（5）『賃上げの実態』（厚生労働省）によれば、2006～15年の10年間において1人あたりの平均所定内給与を引き下げたと回答した企業の割合が最も多かったのはリーマン・ショック後の2009年である。ただし、2009年においても引き下げ企業の割合は、従業員規模5000人以上で9・0％、1000～4999人で7・9％、300～999人で10・6％、100～299人で14・0％、30～99人で13・5％であり、図5-1の結果とほぼ整合的であるといえる。

（6）具体的には、利益率と過去の賃金カットの経験との交差項の係数を示している。

（7）時間を通じた労使の合意の必要性については、編者の玄田有史氏からご指摘いただいた。

（8）なお、図5-3（1）の基本ケースでは4回以上の賃金カットを実施した企業が賃上げに積極的との結果が出ているのに対して図5-3（2）の利益率との交差項を用いたケースでは、1回の賃金カットを実施した企業が賃上げに積極的であるとの結果となっている。このちがいが生じた背景については、サンプル数の少なさも関係している可能性があり、データの蓄積と再検証は今後の課題である。

【参考文献】

大竹文雄（2001）「賃金の下方硬直性を織り込んだ政策を」『エコノミックス』夏号、東洋経済新報社、80-82ページ。

カーネマン、ダニエル（2012）『ファスト&スロー　あなたの意思はどのように決まるか』村井章子訳、早川書房。

神林龍（2011）「日本における名目賃金の硬直性（1993-2006）擬似パネルデータを用いた接近」ワーキングペーパーシリーズ（日本経済の物価変動ダイナミクスの解明：ミクロとマクロの統合アプローチプロジェクト）No・74、一橋大学。

木村武（1999）「名目賃金の下方硬直性に関する再検証―ある程度のインフレは労働市場の潤滑油として必要か？―」ワーキング・ペーパー99-4、日本銀行調査統計局。

黒田祥子・山本勲（2006）『デフレ下の賃金変動――名目賃金の下方硬直性と金融政策』東京大学出版会、2006年。

山本勲（2007）「デフレ脱却期における賃金の伸縮性：国際比較の観点から」『三田商学研究』50（5）、1-14ページ。

――・黒田祥子（2016）「過去の賃下げ経験は賃金の伸縮性を高めるのか：企業パネルデータを用いた検証」、RIETI Discussion Paper Series 16-J-063。

Akerlof, G. A., Dickens, W. T. and Perry, G. L. (1996) "The Macroeconomics of Low Inflation," *Brookings Papers on Economic Activity* 2, 1–76.

Bewley, T. F. (1999) *Why Wages Don't Fall During a Recession*, Harvard University Press.

Daly, M., Hobjin, B. and Lucking, B. (2012) "Why has Wage Growth Stayed Strong?" *FRBSF Economic Letter*, 2012–10, Federal Reserve Bank of San Francisco.

Dickens, W. T., Goette, L., Groshen, E. L., Holden, S., Messina, J., Schweitzer, M. E., Turunen, J. and Ward, M. E. (2007) "How Wages Change: Micro Evidence from the International Wage Flexibility Project," *Journal of Economic Perspectives* 21 (2), 195–214.

The European Central Bank (2012) "Euro Area Labour Markets and the Crisis," *Structural Issue Report*, October.

Elsby, M. (2009) "Evaluating the Economic Significance of Downward Nominal Wage Rigidity," *Journal of Monetary Economics* 56, 154–169.

Fabiani, S., Lamo, A., Messina, J. and Room, T. (2010) "Firm Adjustment during times of Crisis," paper presented at 7th ECB/CEPR Labour Market Workshop "Unemployment Development after the Crisis."

Fisher, I. (1928) *The Money Illusion*, New York: Adelphi Company.

Friedman, M. (1968) "The Role of Monetary Policy," *American Economic Review* 58 (1), 1–17.

Kahneman, D. J., Knetsch, L. and Thaler, R. (1986) "Fairness as a Constraint on Profit Seeking: Entitlements in the Market," *American Economic Review* 76 (4), 728–741.

Kawaguchi, D. and Ohtake, F. (2007) "Testing the Morale Theory of Nominal Wage Rigidity," *Industrial and Labor Relations Review* 61 (1), 59–74.

Keynes, J. M. (1936) *The General Theory of Employment, Interest, and Money*, Macmillan and Co. Ltd.

Kimura, T. and Ueda, K. (2001) "Downward Nominal Wage Rigidity in Japan," *Journal of the Japanese and International Economies* 15, 50–67.

Kuroda, S. and Yamamoto, I. (2014) "Is Downward Wage Flexibility the Primary Factor of Japan's Prolonged Deflation?" *Asian Economic Policy Review* 9, 143–158.

Lechthaler, W. (2013) "Downward Wage Rigidity, Endogenous Separations and Firm Training," *Bulletin of Economic Research* 65 (4), 389–404.

Stüber, H. and Beissinger, T. (2012) "Does Downward Nominal Wage Rigidity Dampen Wage Increases?" *European Economic Review* 56 (4), 870–887.

Tobin, J. (1972) "Inflation and Unemployment," *American Economic Review* 62 (1/2), 1-18.

第6章 人材育成力の低下による「分厚い中間層」の崩壊

梅崎　修

ポイント
【制度】
【能開】

1 「欲しい人材」と「働きたい人材」のズレ

「人手不足なのになぜ賃金が上がらないのか」という問いに対するＨＲＭ（human resource management：人的資源管理論）からの一つの回答は、有効求人倍率が上がったとしても、「企業が欲しいと思っている人材」と「働きたいと思っている人材」が異なるならば、企業は賃金を上げないというものである。これは、労働市場における賃金決定だけではなく、企業内の賃金決定（評価・処遇制度）においても当てはまる。

企業は、欲しい人材でなければ、人手不足であろうとも賃金を上げない（上げる必要性を感じない）。もちろん、労使関係論の観点からみれば、労働者側の交渉力の弱体化も一つの要因として考えられる。しかし交渉力の低下は、人手不足でも賃金が上がりにくい理由にはなるが、上がらない理由にはならないといえる。つまり、労働者側に企業の求める技能がなければ、労使交渉力の源泉がないことを意味する。

企業は、必要な人材を入手しようとする場合、そのような人材を労働市場から適宜スポット調達を行う「Buy」だけでなく、長期雇用で内部育成する「Make」という選択肢がある。[(1)] 必要な人材であるならば、Buyでは労働市場において初任給が上昇し、Makeでは初任給は低くとも育成とともに賃金は上昇すると考えられる。なお、Buyの場合、初任給が高くなるには採用される前にどこかで育成（Make）されたと考えるべきであろう。

企業が、仮に賃金を上げても欲しい人材を獲得できない場合、労働市場にはそのような人材は少ないか、もしくは企業の中でも育成できないことを意味する。ではなぜ、このような採用と育成における「HRMの機能不全」が起こっているのであろうか。その理由を探ることが、HRMの観点から人手不足の中で賃金が上がらない原因を突き止めることになる。

ただし、その考察を始める前に、平均賃金の変化ではなく、賃金構造の変化について事実を確認しておく必要がある。

2 「分厚い中間層」の崩壊

賃金構造の変化に関する最新の研究成果として、Yokoyama, Kodama and Higuchi（2016）が挙げられる。この論文は、1989年から2013年までの日本の包括的な統計データを使って、男女それぞれの賃金（実質賃金率）格差がどの程度拡大しているか、また、その変化の背後にどのような要因があるかについて分析している。以下に示した統計分析の結果は、本章でＨＲＭの機能不全を考えるにあたって重要な発見事実である。

まず、１９９０年代は、男女とも、第１十分位（低賃金率層）、第５十分位（中賃金率層）、第９十分位（高賃金率層）のすべての十分位で賃金率は上がっており、賃金格差は拡大も縮小もしていなかった。その後、２０００年代は、中賃金率層の賃金は、高賃金率層、低賃金率層の賃金に比べて大きく低下した。

一方、かつて「分厚い中間層」[2]といわれた日本でも、２０００年代には、他の先進諸国同様、男女ともに中賃金率層の賃金が下落した。なお、ほとんどすべての労働者の一般的人的資本蓄積に対する評価は下がる一方で、高賃金層男性労働者の企業特殊人的資本に対する評価は上がっていた。見方を変えると、高賃金層男性労働者だけが企業特殊人的資本の投資に成功し、かつその価値を享受しているとも解釈できる。

これらの分析結果は、日本企業のＨＲＭの変化と関連づけて考えるべきであろう。この論文では、日本企業が、全労働者に人的投資をする余力がなくなったために、年齢にかかわらず少数精鋭の労働者に重点的に人的投資を行っていると解釈している。しかし、この時期のＨＲＭの変化を考えれば、人的投資の偏りは、余力の問題（予算制約）というよりも、そもそも人的投資の非効率性、もしくは人的投資の失敗によるものだと考えられる。もし企業が、育成（Make）に費用を超える便益を見出すならば、借金をしても人的投資を行うと考えるからである。

では、2000年代（または90年代以降）に日本企業はHRMの何を変えたのであろうか。

3 New Deal at Workのジレンマ

2000年代に何が日本企業のHRMに起こったかを知るためには、1980–90年代の米国企業で何が起こったかを確認すればよい。なぜなら、この時期の米国企業の変革が1990–2000年代の日本企業の人事制度変化に影響を与えているからである。

Cappelli（1999）は、米国企業の人事制度変化を次のように述べる。まず、80年代までの米国大企業の雇用制度は、コア人材の雇用を保障しつつ、長期勤続を促し、OJT中心の内部育成を行うための諸制度であった。外部の労働市場とは境界を持ち、企業内で配置と昇格・昇進、育成、評価や賃金決定などが行われる企業内の仕組みは、内部労働市場と呼ばれる。(3) 言い換えれば、米国大企業は、コア人材については終身雇用や年功序列といわれる日本的雇用慣行と似ている特徴を備えていた。だが、80年代以降に、外部の市場原理が企業内部に持ち込まれた結果、企業と従業員の関係も変化し、勤続は短期化し、企業は内部育成に力を入れなくなった。80年代までに拡大した組織内取引（伝統的な内部労働市場）は Old Deal at Work、それ以降の「市場原理に基づく雇用関係」（market-based employment relationships）は New Deal at Work と呼ばれた。

ところで、市場原理が企業経営や雇用制度に与える影響はさまざまであろう。本章では、分析の範囲を限定するために、資本市場、労働市場、製品・サービス市場の三つの分類に基づいて市場原理の影響力を整理しよう。

はじめに、資本市場では株主価値重視が増大し、経営も短期業績が求められるようになり、その結果として部門業績の評価や人事評価も短期で測られるようになった。

次に、労働市場では、より多くの人材を外部労働市場から獲得するために市場価値に連動した企業内賃金決定が行われるようになった。市場価値に基づきながら、契約社員や派遣社員、請負契約などの非正規社員の導入も進められた。そして、非正規化によって業績変動に応じた雇用量調整（数量的柔軟性）ができるようになった。

一方、製品・サービス市場では、短期的な市場の変動に対応するために、従業員の職務範囲を限定せずに、同じ従業員が幅広い役割を必要に応じて担える「機能的柔軟性」が求められるようになった。(4) 機能的柔軟性とは、需要の変動に応じて変化する求められる役割を即時に担える能力を意味する。他方、数量的柔軟性は需要変動に応じた人材の量的調整を意味する。

あわせて、米国企業にも生産性向上につながるQCサークル・改善活動（KAIZEN）、ジョブ・ローテーション、チーム・コンセプトが導入された。これらの取り組みは、日本の製造業における作業組織が理想とされて「高業績労働組織（high performance work organization）」と定義された。(5) 具体的には、米国企業の内部労働市場は、職務範囲が狭くて厳密に内容が規定されていた状態（ジョブ型）であったが、仕事の範囲を拡大し、内容を厳密に規定しない脱ジョブ化（dejobbing）が取り入れられた。(6)

この脱ジョブ化した高業績労働組織においては、自律的な人材が機能的柔軟性を発揮しなければならない。そのような機能的柔軟性を担う能力には企業特殊的技能が多分に含まれることになる。日本企業は、そのような人材を主に長期雇用に基づいて内部育成してきた。

以上のように米国企業の80-90年代の制度改革を整理すると、日本企業の90年代以降の制度変化も同時に整理される。つまり、資本市場と労働市場の原理を組織内に取り入れる制度変化は米国発で日本に取り入れられ、高業績労働組織に代表される製品・サービス市場の原理を組織内に取り入れる制度変化は日本発で米国に取り入れられたといえる。これらの制度変化は、それぞれの市場原理を組織内に取り込むことを目指していたといえよう。

ところが、磯谷（２００４）が述べたように、New Deal at Work にはジレンマがあった。資本市場と労働市場の組織内への影響は、短期業績重視、雇用契約の短期化、市場価値連動をもたらし、結果的に人材の流動化を促し、内部労働市場の範囲は縮小したと考えられる。しかし一方、高業績労働組織の導入は長期雇用による企業特殊的技能の育成を前提としている。つまり、高業績労働組織は短期の株主価値最大化を重視するガバナンスと折り合いが悪いのである。(7) その結果、短期業績重視を強め、さらに市場価値と連動して人材の流動性を高めながら、それと同時に人材定着を促す施策（リテンション施策）も行うという、アクセルとブレーキを同時に踏むような自己矛盾が生まれたのである。(8)

いくつかの実証研究も、このような自己矛盾を支持している。Osterman（1999）は、１９９２年に高業績労働組織の導入を行った企業はレイオフが増え、実質賃金の上昇もみられないという調査結果を提示している。

図 6-1　1980 年代以降の人事制度変化の概念図

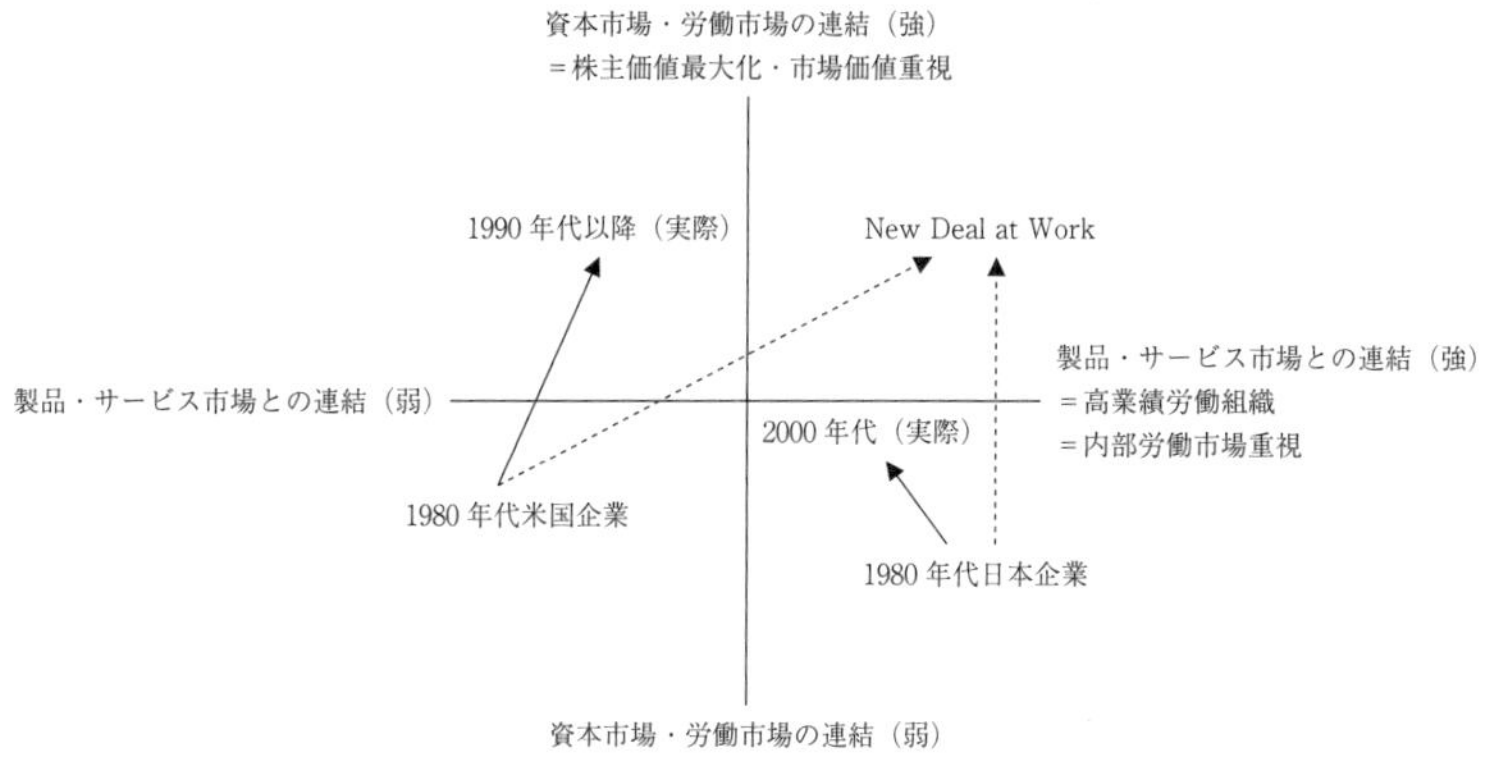

注：点線は意図を示し、実線は実際を示す。

また、日米の自動車工場の詳細な調査を行った石田・樋口（２００９）は、QCサークル・改善活動を導入しても、脱ジョブ化やブルーカラーへの人事評価制度導入などが進まなければ、それらは十分に機能しなかったことを確認している。つまり、職務を銘柄として価格を形成するほかない取引制度との調整の困難が生まれた。

90年代以降に多くの日本企業において導入された「成果主義」も、短期成果を評価するとか、賃金格差を広げるだけの単純な制度変化ではない。それは、資本、労働、製品・サービスの市場と整合性を取りつつ、それぞれの市場原理を組織内に取り込んだ人事制度改革であったといえよう。つまり、成果主義とは、正解が決まった改革ではなく、正解を模索する改革であった。それゆえに、２０００年代には、成果主義の失敗例も報告されるようになった[9]。

両国企業の人事制度変化の意図と実態を一つの解釈として図示すると、図6-1のようになる。第一象限の市場原理に基づく雇用関係は制度変化の理想（New Deal at Work）であったが、現実的には三つの市場を連結させることは難しく、米国企業は第2象限に寄り、日本企業は第4象限の中での制度改革にとどまっていると解釈できる。ただし、理想と現実の差はあるが、元の場所にいるわけではなく、米企業は80年代以降、日本企業は90年代以降、大きな方向性としては資本市場や労働市場との連結をより強めていると考えられる。

4　企業内ＯＪＴの衰退

（1）長期競争よりも短期競争

前節で述べたように、１９９０年代の日本企業人事制度の変化とは、高業績労働組織を維持しつつも、資本市場や労働市場との連結を強めるという両立困難に取り組むことであった。しかし、その試みは成功せず、現在も試行錯誤を続けているといえよう。たとえば小池（２０１５）は、１９９０年代以降、株主価値や市場価値の重視に基づく短期競争が高業績労働組織に代表される長期競争の利点を喪失させていると主張する。

企業組織が三つの市場を組織内に取り込もうとすれば、どの市場を重視するかによって組織内に対立が生まれると考えられる。短期で成果をあげられない部署やその成果を測定し難い部署は、その立場が弱くなると推測される。要するに、必要な人材の内部育成（＝企業内ＯＪＴ）の効果測定が難しければ、株主価値最大化の下では、その効果はあまり考慮されないといえよう。

(2)　経験の場の消失

企業内におけるＯＪＴの縮小に関しては、非正規化による影響もある。たとえば安田（２００８）は、企業調査と就業者調査を用い、非正規化が企業内ＯＪＴに与える影響を分析し、「非正社員を正社員に置き換えて活用している企業」では企業内ＯＪＴが円滑に行われていないことを確認した。

安田（２００８）は、非正規化によって企業内ＯＪＴに支障が出た場合の対応として、正社員が人材育成に携わる時間的・人的「ゆとり」が必要だと指摘している。この指摘は、日本企業に全労働者に対して人的投資をする「余力」がないと解釈した Yokoyama, Kodama and Higuchi (2016) と同じ解釈である。しかし、繰り返しになるが、人的投資不足は費用対便益の問題であって、余力やゆとりの問題ではない。

むしろ安田（２００８）の分析結果のうち、非正社員の数量的増加ではなく、非正社員による正社員の代替が企業内ＯＪＴ実施の阻害要因であったことにこそ注目すべきであろう。南雲・平井・梅崎（２０１７）は、大学職員を調査対象にした聞き取り調査によって非正規への代替が正社員の技能形成に与える長期的な影響を分析した。一職場の事例ではあるが、非正規が職場の仕事構造や人材配置をどのように変化させたかについての数少ない分析である。

この研究では、派遣社員や業務委託などの非正規化によって正社員は、難易度の低い定型業務や独立性と標準化の程度が高い業務を担当しなくなる。その一方で、非正規化が進んだ職場の管理業務という難易度の高い、新しい職務が任された。あわせて、非正規化の進んだ後に入社してきた若手正社員には、「周辺」の「易しい」仕事から徐々に「中心」の「難しい」仕事に挑戦するという企業内ＯＪＴの経験経路がなくなっていたのである。

このように、非正規化は、短期的には人件費を節約できるが、現在のベテラン・コア正社員が退職した後の後継者育成という長期競争に関しては欠点があった。ただ、この欠点が顕在化するのは、ベテランが定年退職してからなので、だいぶ時間がかかる。要するに、短期の見えやすい成果が長期の見えにくい成果の可能性を、いつのまにか奪っていたのである。

5　解決策は実現可能な希望なのか

「人手不足なのになぜ賃金は上がらないのか」という問いに戻ろう。ＨＲＭの観点からみると、内部労働市場、特に企業内ＯＪＴの衰退が必要な人材の供給を生み出さないから賃金が上がらないと答えられる。多くの会社が育成（Make）できないから、労働市場に人材が供給されることもないので採用（Buy）することもできない。

人的投資が長期の効果を持つと思っても、それを企業内で証明できない。そもそも育成しても定着施策に失敗すれば、人的投資は無駄になる。それゆえ、多くの企業が人材不足を感じつつも、育成には消極的になっているのかもしれない。このような個々の企業内のＯＪＴ機会の縮小は、ひいては社会全体のＯＪＴ機会の消失になる。

もちろん、従来のように経営側のキャリア管理の下で企業内ＯＪＴの機会に恵まれた人材は一定数いる。また、転職をしながらも自力で企業「外」ＯＪＴの機会を生み出せる人材もいるかもしれない。Arthur and Rousseau（1996）は、「伝統的な組織内キャリア」（organizational career）に対して、組織を越えて技能形成していく「境界のないキャリア」（boundaryless career）という転職しながらも仕事経験を積み上げてみずからの技能を育成していく人材像を提示した。

しかし、「境界のないキャリア」の典型例は、シリコンバレーの技術者が企業を横断的に移動する事例であり、そのような人材は限られている。たしかに「境界のないキャリア」は多くの人々にとってきわめて魅力的な提案である。しかし実際には「自分にはできないから」こそ、一つの願望として注目を浴び続けているのではないか。結果的には、ひと握りの高賃金率層の賃金が、さらに大きく上昇するだけではないか。だとすれば、全体的に賃金を上げるためには、社会の中に企業「外」ＯＪＴの機会を広く生み出す必要がある。

その一方で、職業訓練のようなOff-JTによって企業内ＯＪＴの衰退を補えばよいという提案もある。企業内Off-JTを増やすのみならず、高等教育も含めて公的な職業教育制度を拡充し、職業資格などによって職業別労働市場が整ってくれば、Off-JTの育成効果は高まるという意見である。しかし、このようなOff-JT施策は無駄とは言わないが、これまでの企業内ＯＪＴに匹敵するほどの効果を持つのは難しいであろう。

まず、ＯＪＴとOff-JTでは、その学習時間がまったく異なる。働く時間全体が訓練になるＯＪＴに比べると、仕事以外の時間で行われるOff-JTでは、どうしても時間が限定的になる。さらに、Kolb（1984）などの経験学習理論が概念化したように、「①具体的経験をして、②それを多様な観点から内省的に観察し、③そこで得られた教訓を他の場所でも応用できるように抽象化し、④新たな状況で積極的に実験するという学習サイクル」をOff-JTの中だけでつくり上げるのは、時間的のみならず、場所的・空間的にも限界がある。

そこで梅崎（２０１６）では、技能形成を個人責任や行政主導だけで行うのではなく、縮小する内部労働市場に代わる企業外ＯＪＴの中継地点を社会の中に広くつくれないかと問いかけた。つまり、一部の優秀な人材ではなく、普通の人たちがつながることで相互に教え合えるＯＪＴの「場」をつくっていけばよいのではないか。たとえば、地域企業グループや業界企業グループのメンバーが連携して人材交流を行い、従業員がみずからの仕事経験を内省し、抽象化できる対話の場が挙げられる。また、行政機関や教育機関が人と企業の媒介者となって、社会人のためのインターンシップの場を形成することも考えられる。

もちろん、このようなアイデアを具体化するにはいくつかの工夫が必要であろう。ただその具体化に向けた試行錯誤こそが、新たな人材育成と分厚い中間層の回復という社会目標の実現にとって、絶対に不可欠なのである。

第6章【注】

（1） Lepak and Snell（1999）は、Make か、Buy かの選択問題を説明する human resource architecture のモデルを提示し、平野（２００９）はその改良版の人材ポートフォリオ・モデルを提示した。後者のモデルでは、人材は、担当職務の人的資産特殊性と業務不確実性がともに高い「正規」，ともに低い「非正規」，さらに中間形態として「ハイブリッド」に分類される。そして，正規には人材を長期雇用で内部育成するMake，非正規には短期雇用で労働市場から適宜スポット調達を行うBuy，ハイブリッドには中間的なＨＲＭ方針をとるとしている。

（2）ただし「分厚い中間層」に対して厳密に定義した文献は少ない。たとえば厚生労働省（２０１２）では，次のような社会保障改革に関する有識者検討会報告（２０１０年12月）の記述が引用されている。「『活力ある中間所得層の再生』としてふつうに努力すれば，誰もが家族をつくり，生活できる社会を取り戻すべきである。これまでの日本で，分厚い中間所得層の存在こそが，安定した成長と活力の源であった」。

（3）内部労働市場については，Doeringer and Piore（1971）の古典的実証研究がある。

（4）機能的柔軟性は，多様な役割を必要に応じて担える従業員の能力を意味する。一方，数量的柔軟性は需要変動に応じて人材の数量的調整ができることを意味する。

（5）高業績労働組織については，論者によってその定義が異なる。本章では，作業組織に限定した狭義の意味でこの言葉を使っている。詳しくは，橋場（２００５）を参照。

（6）学問分野では，Cappelli（1999）が代表的であるが，一般読者への影響を考えると，Bridges（1994）が挙げられる。この本の副題は，「How to Prosper in a Workplace without Jobs」（下線筆者）である。

（7）橋場（２００９）73ページ参照。

（8）この自己矛盾をいち早く指摘した宮本（２００２）は，企業が，良質の人材を求めるためにエンプロイアビリティ（employability：他社に雇われる能力）を高めるサポートをしていることに注目し，「他企業への流失を前提とした手段をもって人材の獲得と定着を図るという，自己破壊的な行動が支配することになる」と指摘している。

（9）たとえば城（２００４）など。

【参考文献】

石田光男・樋口純平（２００９）『人事制度の日米比較─成果主義とアメリカの現実』ミネルヴァ書房。

磯谷明徳（２００４）『制度経済学のフロンティア―理論・応用・政策』ミネルヴァ書房。

梅崎修（２０１６）「教育とキャリアを繋げる政策はなぜ迷うのか？―取引費用から整理する教育・市場・雇用」『教育社会学研究』第98集、71-90ページ。

小池和男（２０１５）『なぜ日本企業は強みを捨てるのか』日本経済新聞出版社。

厚生労働省（２０１２）『平成24年版　労働経済の分析―分厚い中間層の復活に向けた課題―』。

城繁幸（２００４）『内側から見た富士通「成果主義」の崩壊』光文社。

南雲智映・平井光世・梅崎修（２０１７）「非正規化が正社員の人材育成に与える影響―A大学職員の事例分析」『大原社会問題研究所雑誌』（掲載予定）。

橋場俊展（２００５）「高業績作業システム（HPWS）の概念規定に関する一試論」『北見大学論集』第28巻第1号、9-26ページ。

――――（２００９）「『高業績パラダイム』の批判的検討」『三重大学法経論叢』第26巻第2号、63-78ページ。

平野光俊（２００９）「内部労働市場における雇用区分の多様化と転換の合理性―人材ポートフォリオ・システムからの考察」『日本労働研究雑誌』５８６号、5-19ページ。

宮本光晴（２００２）「セーフティーネットの罠―市場の補完か社会の自己防衛か」佐伯啓思・松原隆一郎編著『〈新しい市場社会〉の構想―信頼と公正の経済社会像』第4章、新世社、１４７-１９４ページ。

安田宏樹（２００８）「非正社員の活用が企業内訓練に与える影響―企業・就業者双方の視点から」『大原社会問題研究所雑誌』５９７号、19-37ページ。

Arthur, M.B. and Rousseau, D.M.（1996）*The Boundaryless Career: A New Employment Principle for a New Organizational Era*, Oxford University Press.

Atkinson, John（1985）"Flexibility, Uncertainty, and Manpower Management," *IMS Report*, No.89.

Bridges, W.（1994）*Jobshift: How to Prosper in a Workplace without Jobs*, Perseus Books（邦訳・岡本豊『ジョブシフト―正社員はもういらない』徳間書店、１９９５年）。

Cappelli,P.（1999）*The New Deal at Work: Managing the Market-Based Employment Relationship*, Harvard Business School Press.,（邦訳・若山由美『雇用の未来』日本経済新聞社、２００１年）。

Doeringer, P. and Piore, M.（1971）*Internal labor markets and manpower analysis*, Lexington, MA: Heath,（邦訳・白木三秀『内部

労働市場とマンパワー分析』早稲田大学出版部、２００７年）。
Kolb,D.A.（1984）*Experiential Learning: experience as the source of leadership and development*, New Jersey:Prentice-Hall.
Lepak, D. P. and Snell, S. A.（1999）"The Human Resource Architecture: Toward a Theory of Human Capital Allocation and Development," *Academy of Management Review* Vol. 24, No. 1, 31–48.
Osterman,P.（1999）*Securing Prosperity: American Labour Market: How It Has Changed and What to Do about It?* Princeton University Press.
Yokoyama, I., Kodama, N. and Higuchi, Y.（2016）"What Happened to Wage Inequality in Japan during the Last 25 Years? Evidence from the FFL decomposition method," *RIETI Discussion Paper Series* 16-E-081.

第7章 人手不足と賃金停滞の並存は経済理論で説明できる

川口大司
原ひろみ

ポイント

【正規】【需給】【能開】

1 問題意識——パズルは存在するか

既存理論では説明できない現象が頑健に観察されるとき、科学者はそれをパズルと呼び、そのパズルを解くために理論を発展させる。そのため、パズルの存在は、理論が飛躍するための契機となってきた。

それでは、今般の人手不足と賃金停滞の並存は、既存の経済理論の見直しを迫るパズルなのだろうか。そうではなく、測定上の問題と概念整理の不十分さが現下の状況をパズルにみせているだけであって、今般の状況は既存理論の枠組みの中で十分に説明がつく現象ではないだろうか。

本章では、人手不足と賃金停滞の並存が起こり得る状況仮説を提示し、賃金停滞から抜け出すために今何が必要かを議論する。

図7-1　賃金改定状況別、企業の割合

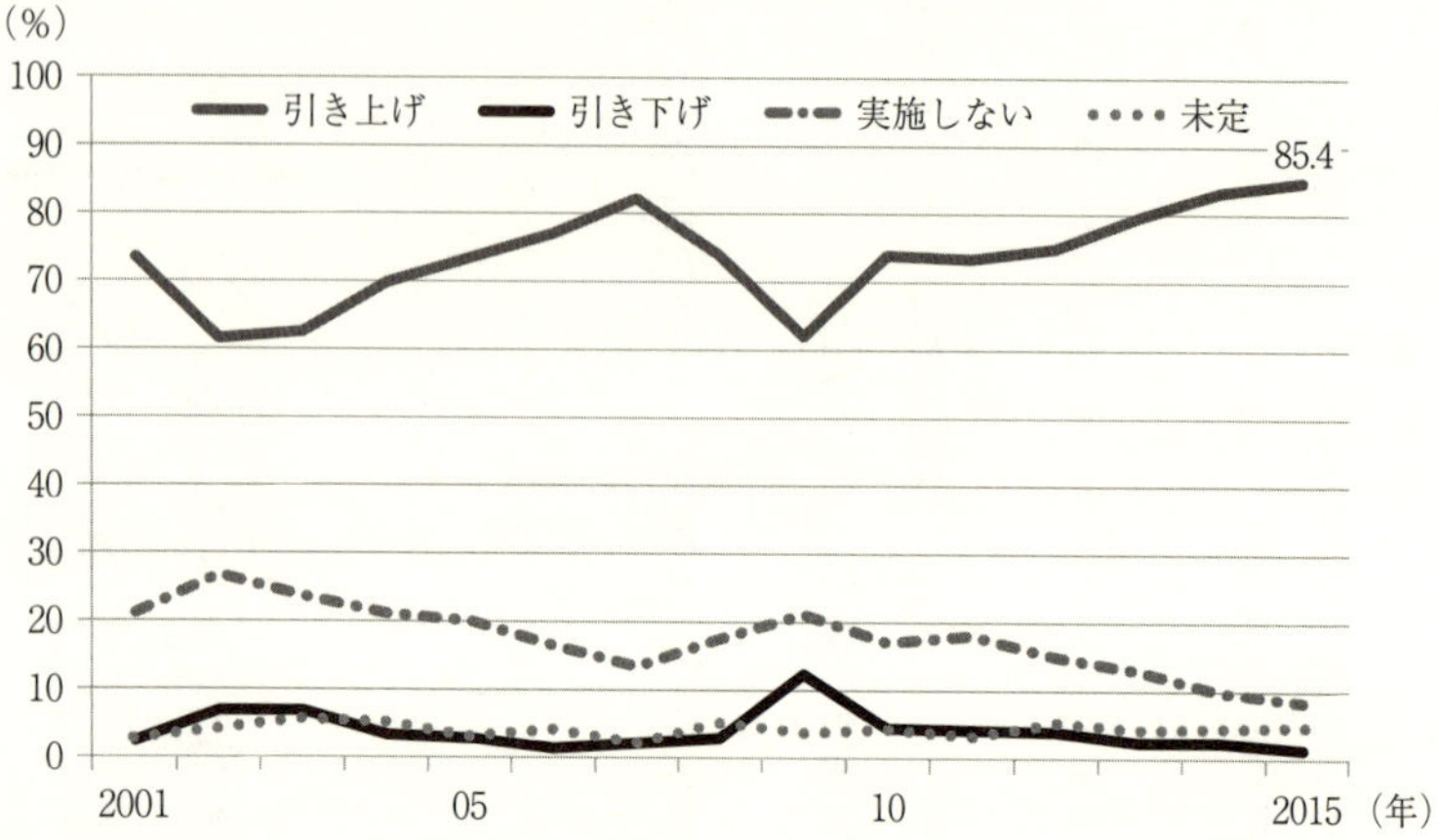

注：「引き上げ」は定期昇給、ベア、諸手当の改定等により常用労働者の平均所定内賃金が改定前に比べて上がった・上がる場合、「引き下げ」は下がった・下がる場合。
出所：厚生労働省『賃金引上げ等の実態に関する調査』

2　企業の賃金改定の状況とその理由

冒頭の基本データが示すように、２００８年の金融危機以降、日本の労働市場では「賃金が上がらなかった」という現象が観察された。しかし、その一方で、実は日本企業の多くは賃金を引き上げていた事実もある。

厚生労働省『賃金引上げ等の実態に関する調査』は、賃金の改定状況を毎年企業に調査している。[1] そのなかに、その年に定期昇給、ベースアップ、諸手当の改定等が行われ、雇用している常用労働者の平均所定内賃金が上がった（または上げる予定）か否かを尋ねる設問がある。

図７-１はその回答結果をまとめたものであるが、[2] １人あたり賃金を引き上げた企業の

割合は、2001年以降6割を切ることはなく、金融危機直後の2009年には60％程度に下がったものの、2010年には回復している。さらに2012年以降は高い伸びを示し、2015年には85・4％という最も高い割合の企業が賃金を引き上げたと回答している。すなわち、多数の日本企業がこの時期に賃金引き上げを行ってきたことを物語っている。

また、ここには図は掲載していないが、さきほどと同じ『賃金引上げ等の実態に関する調査』を使って、賃金改定の決定にあたり重視した要素を直近の2015年と2009年で比べると、2015年に増えているのは「労働力の確保・定着」を重視した企業の割合で、企業の業績に次いで2番目に高い理由となっている。これから、金融危機直後の2009年と比べて、2015年には労働力の確保、すなわち少なくとも人手を確保するという視点から賃金改定に関する意思決定を行う企業が増えていた様子がうかがえる。

3　労働者の構成変化が平均賃金に与える影響

それでは、多くの企業が賃金を引き上げているのに、なぜ労働者に支払われる平均賃金が上がらないという現象が観察されたのだろうか。

厚生労働省『毎月勤労統計調査』の実質賃金指数は常用労働者全体に支払われた月額給与から算出された指数である。これをみると実質賃金は上昇しておらず、最近になると緩やかな減少傾向がみられる（巻頭基本データ・図1参照）。しかし、これだけから、賃金は上昇していないと結論づけるの

図 7-2　1時間あたり所定内給与額

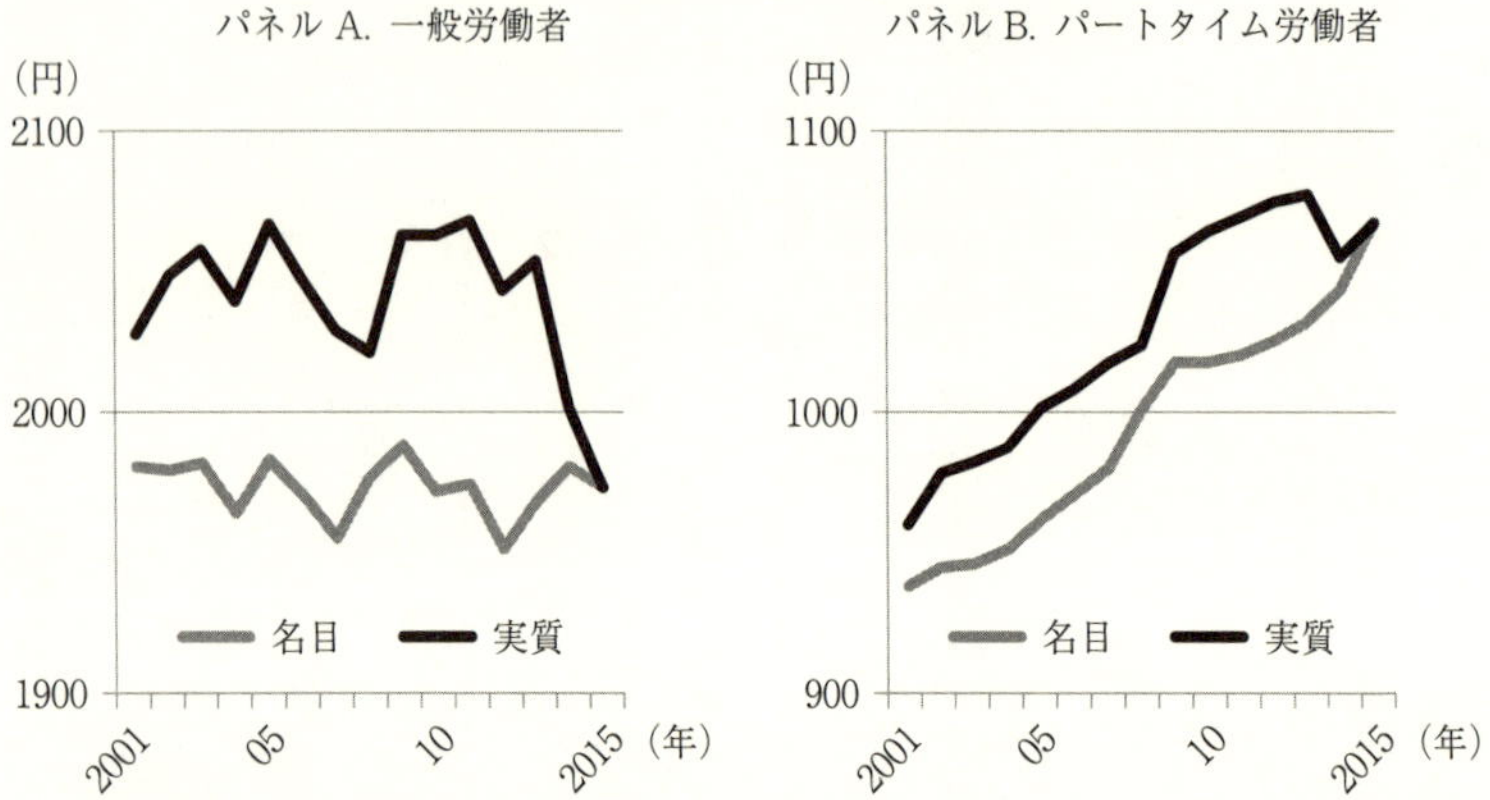

注：1時間あたり所定内給与額の名目値は、所定内給与額÷所定内実労働時間数で算出した。実質値は、平成22年基準消費者物価指数（持ち家の帰属家賃を除く総合）を用いて名目値を実質化したものである。
出所：厚生労働省『毎月勤労統計調査』

は性急であろう。ここでは、同じ『毎月勤労統計調査』を使って、2001年以降の賃金の変化を異なる角度から検証しよう。

まずは、常用労働者を一般労働者とパートタイム労働者に分けて[3]、それぞれの時間給の変化をみていこう。厳密さを欠くが、一般労働者は正社員を、パートタイム労働者は非正規雇用者を表していると考えても問題ないであろう。なお、月給には労働時間の長さのちがいが反映されてしまうので、賃金を表す指標として時間あたり賃金を使う。

図7-2は、1時間あたり所定内給与額の名目値と実質値を一般労働者とパートタイム労働者の別にまとめたグラフである。算出方法は図7-2の注のとおりである。

消費者物価指数（CPI）で実質化した実質賃金をみると、一般労働者に関しては、2014~15年の推計値はCPIが急激に上昇した影響を受けて低下傾向がみられるが、2001年以降ほぼ横ばいで推移してきている。また、安倍政権が成立し、1．金融緩和、2．積極的財政政策、3．供給側の構造改革を三つの柱に据えた、いわゆるアベノミクスが始まった2012年暮以降に着目すると、名目での賃金は上昇している。一方で、パートタイム労働者の賃金は名目・実質ともにほぼ上昇傾向にあったことがわかる。つまり、2000年代以降の大きな傾向としては、一般労働者の実質賃金は横ばい、パートタイム労働者は上昇したことが読み取れる。ここには掲載はしていないが、同様の傾向が、厚生労働省『賃金構造基本統計調査』からも確認できる。

それでは、なぜ常用労働者全体で算出された実質賃金指数は横ばいもしくは減少したのであろうか。要因の一つとして考えられるのは、非正規雇用者比率の増大である。『毎月勤労統計調査』に報告される常用労働者全体に占めるパートタイム労働者の割合は、2001年には27・7%であったが、それ以降上昇を続け、2015年には37・5%と、約10%ポイントも上昇した。そこで、仮に2001年のパートタイム労働者比率がその後も維持されていたならば、2002年以降の実質賃金はどうなったであろうか。ここでは1時間あたり実質所定内給与額を使って、パートタイム労働者比率の増大の影響を取り除いた仮想的な推計値を計算し、図7‒3に実質値とともに掲載している（推計方法は図7‒3の脚注を参照のこと）。

CPI上昇の影響を受ける前の2013年までの結果をみると、実質平均賃金（実質値）は2001年から2013年にかけて減少傾向となっている。しかし、労働者構成を固定した仮想的な実質平均賃金（推計値）は、緩やかではあるが上昇している。つまり、2000年以降の非正規雇用

図 7-3　常用労働者全体の 1 時間あたり所定内給与額の実質値と推計値

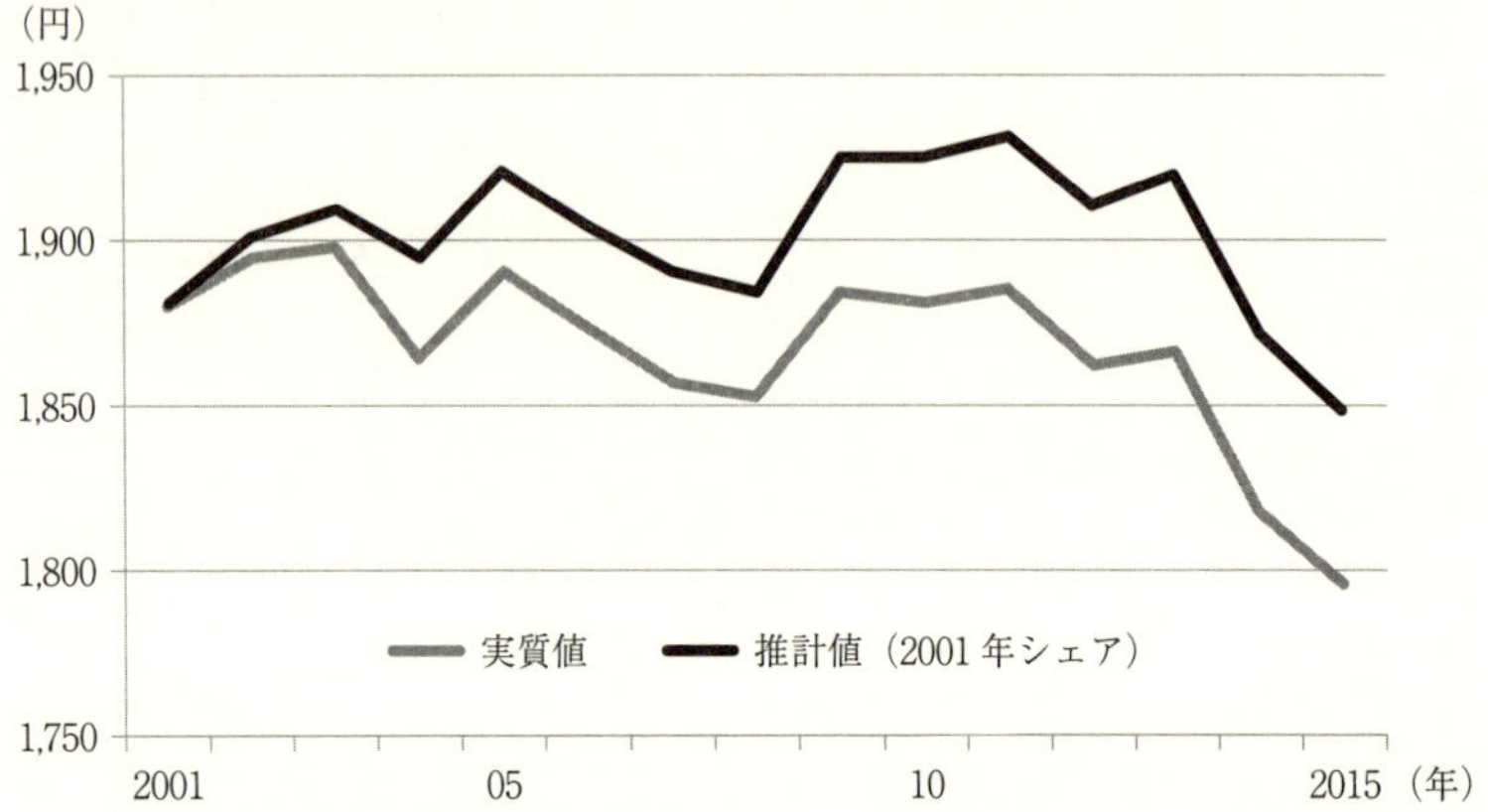

注：実質値は、平成 22 年基準消費者物価指数（持ち家の帰属家賃を除く総合）を用いて名目値（公表値）を実質化したものである。一般労働者とパートタイム労働者の構成比を 2001 年のものに固定した推計値は以下のように計算している。各年の常用労働者全体の 1 時間あたり所定内給与額は

$$\frac{(1/\mathrm{N})\Sigma E}{(1/\mathrm{N})\Sigma H}=\frac{\Sigma E}{\Sigma H}=\frac{\Sigma_f E+\Sigma_p E}{\Sigma H}=\frac{\Sigma_f H}{\Sigma H}\frac{\Sigma_f E}{\Sigma_f H}+\frac{\Sigma_p H}{\Sigma H}\frac{\Sigma_p E}{\Sigma_p H}$$

（E：所定内給与額、H：所定内労働時間数、N：労働者数。添え字の p：パートタイム労働者、f：一般労働者、添え字なしは一般・パート計を指す）で計算できるため、推計値（2001 年シェア）は 2001 年の総労働時間に占める一般労働者の労働時間シェア $\left[\frac{\Sigma_f H}{\Sigma H}\right]_{2001}$ とパートタイム労働者の労働時間シェア $\left[\frac{\Sigma_p H}{\Sigma H}\right]_{2001}$ に置き換えて計算した。各年の $\left[\frac{\Sigma_f E}{\Sigma_f H}\right]$ と $\left[\frac{\Sigma_p E}{\Sigma_p H}\right]$ は実質値である。

出所：厚生労働省『毎月勤労統計調査』

者の増大が常用労働者の構成を変え、そのため集計された常用労働者全体の実質賃金が減少したようにみえたと考えられる。

　このように、労働市場の労働者の構成変化が、労働者一人ひとりの賃金は変化していない、あるいは上昇しているのにもかかわらず、平均では賃金があたかも下がったかのようにみせかける現象を「構成バイアス」という。この構成バイアスの発生が、企業が従業

員の賃金を上げているると答えているのに、平均賃金が上がらないという状況を引き起こしたと考えられる。(4)

　ここでは構成バイアスの一例として、一般労働者とパートタイム労働者の構成比率を使って説明してきたが、労働力の職業構成や男女構成についても同様の議論ができる。たとえば、近年、低賃金の福祉・健康関連の職が増えたため、平均的な賃金は上昇していないと考えられる。また、女性比率の上昇は、女性のほうが男性よりも賃金が低いため、平均賃金を下落させる。さらに、賃金水準から賃金の伸び率に対する構成バイアスに目を転ずれば、賃金上昇率は年齢とともに逓減するため、労働者の年齢構成の高齢化は平均賃金の伸び率を低下させる。

　以上の議論をまとめると、多くの企業が賃金を引き上げているのに、なぜ労働者に支払われる平均賃金は上がらないのかという問に対する答えは、構成バイアスが存在するからである。構成バイアスの存在を考慮に入れることで、近年の日本の賃金の動向を整合的に説明できるのである。ただし、この現象は日本だけで観察されているわけではない。米国においても労働市場の逼迫と賃金上昇の鈍さは並存しており、Daly, Hobijn and Pyle（2016）は構成変化の影響が大きかったと論じている。

4　女性・高齢者による弾力的な労働供給

　それでは、構成バイアスの源泉である労働者構成の変化、すなわちパート労働者比率が上昇した構造的な要因は何であろうか。これには非正社員の労働市場において、労働需要側の要因と供給側の要因の双方が作用していると考えられる。

まず需要側に関しては、１９９０年代初頭以来、日本経済が成熟期に入りマクロ経済成長率が低下する中で、通常のソロー型経済成長モデルが予想するように物的・人的資本蓄積型の経済成長に陰りがみられるようになり、物的・人的資本の収益率が下がったことが要因として無視できない。いわゆる日本型雇用慣行の中で、正社員とは企業が長期雇用と企業内の賃金体系の中で人的資本蓄積に応じた賃金上昇を暗黙のうちに約束した存在である。企業がこの約束を破ると、労働者からの信頼を失い、そのような関係を築くことができなくなるという繰り返しゲームの評判メカニズムを通じて企業と労働者の協力関係が維持される中で、労働者は必ずしも市場で評価されるとは限らない技能の蓄積に励み、労働者に蓄積された技能から企業は高利潤を上げるという均衡が実現された。

しかしながら、人的資本の収益率が下がりつつあると考えられる経済環境の中で、人的資本蓄積の重要性が徐々に薄れ、暗黙の契約のカバー範囲が縮小したことが、雇用の非正社員化として顕在化したと考えられる。これがAsano, Ito and Kawaguchi（2013）が提示し、一部実証的な根拠を与えた仮説である。この仮説はKato and Kambayashi（2016）が報告する男性で正社員として新卒採用された労働者に関しては、雇用の安定性はあまり変化していないという発見とも矛盾しない。

このように、雇用管理区分としての正社員が構成比率を下げ、非正社員が増えていった。非正社員の定義の仕方はさまざまだが、短時間労働者であればパート労働者であるし、契約期間が短ければ有期労働者であるし、間接雇用であれば派遣労働者となる。いずれにせよ重要なことは、これらの労働者は企業との暗黙の長期契約を結ぶ関係にないということである。この需要側の変化が非正社員に対しての需要増として作用したのである。

需要側の要因によって非正社員の相対需要が強まったとしても、非正社員の相対供給が増えなければ、非正社員の賃金が上昇し、雇用の非正社員化は止まることになったであろう。図７－２のパート労働者の賃金上昇に現れているように、非正社員の賃金は上昇基調にあるものの、実質賃金上昇は２００１年から15年にかけて約10％と限定的であり、雇用の非正社員化を押しとどめるほどには非正社員の賃金は上昇しなかったという事情がある。

この点を考えるにあたって重要なのは、非正社員の賃金が上昇したときに、それに反応して非正社員の労働供給量を増やす人々が日本の労働市場には多数存在していたため、後に図７－５で示すように、非正社員の労働供給曲線が弾力的で傾きが緩やかだったことである。このことは非正社員の賃金上昇を限定的なものとし、結果として労働需要における非正社員から正社員への代替が起こりづらくなり、正社員賃金の上昇をも阻んだと考えられる。

弾力的な労働供給が多かったことを裏づけるのが図７－４の女性・高齢者の就業率の時系列である。まず女性についてみてみると、30－34歳女性の就業率は２０００年には54％にとどまっていたものの、15年には68％にまで14％ポイント増加し、26％もの上昇を見せた。少し上の35－39歳の層に関しても就業率は58％から68％まで10％ポイント、17％の増加だった。この前後の年齢層でみても女性就業率の上昇には目を見張るものがある。女性就業率の上昇には需要側、供給側双方の要因があろうが、供給側の要因としては女性の高学歴化、晩婚化、社会規範の変化などの要因があるだろう。

高齢者の就業率の増加に目を転じると、60－64歳の就業率は２０００年の50％から15年の63％まで

図7-4　女性ならびに高齢者の就業率

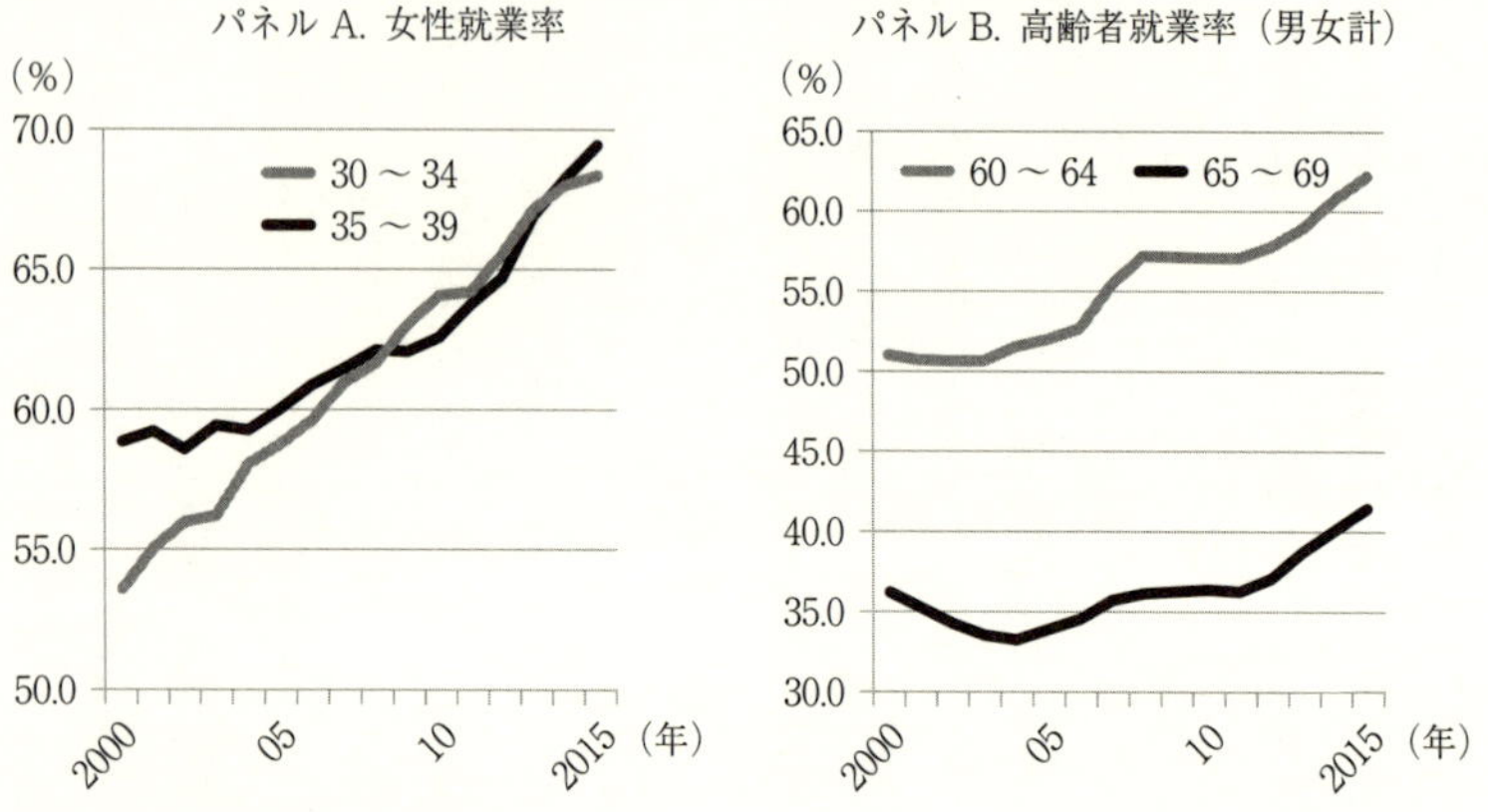

出所：総務省統計局『労働力調査』

13%ポイント、26%もの上昇が観察された。これには２００６年より施行された改正高年齢者雇用安定法が、企業に原則として65歳までの雇用確保を求めた影響が反映されているとみることができる。少し上の年齢層である65-69歳の年齢層に関しても就業率は35%前後から40%強まで約15%程度増加している。

これらのグラフは女性・高齢者といった伝統的には就業率が低かった層の就業率が２０００年以降の15年間で大幅に増加した姿を映し出している。なお、これらの層の労働者は非正規労働者という立場で就労しているものが比較的多いことが知られている。

このように、30歳代を中心とする既婚女性や60歳を超える高齢者といった伝統的に就業率が低かった層の就業率が、今世紀に入り着実に上昇してきた。図7-5のような非正規労働者の労働市場を念頭に置くと、低成長期に入り経済環境が変わる中で非正規労働者に対する需要が増加し、需要曲線が右側にシフトする中で、女性や高齢者といった就業していなかった労働力

図 7-5　非正規労働市場の需給均衡

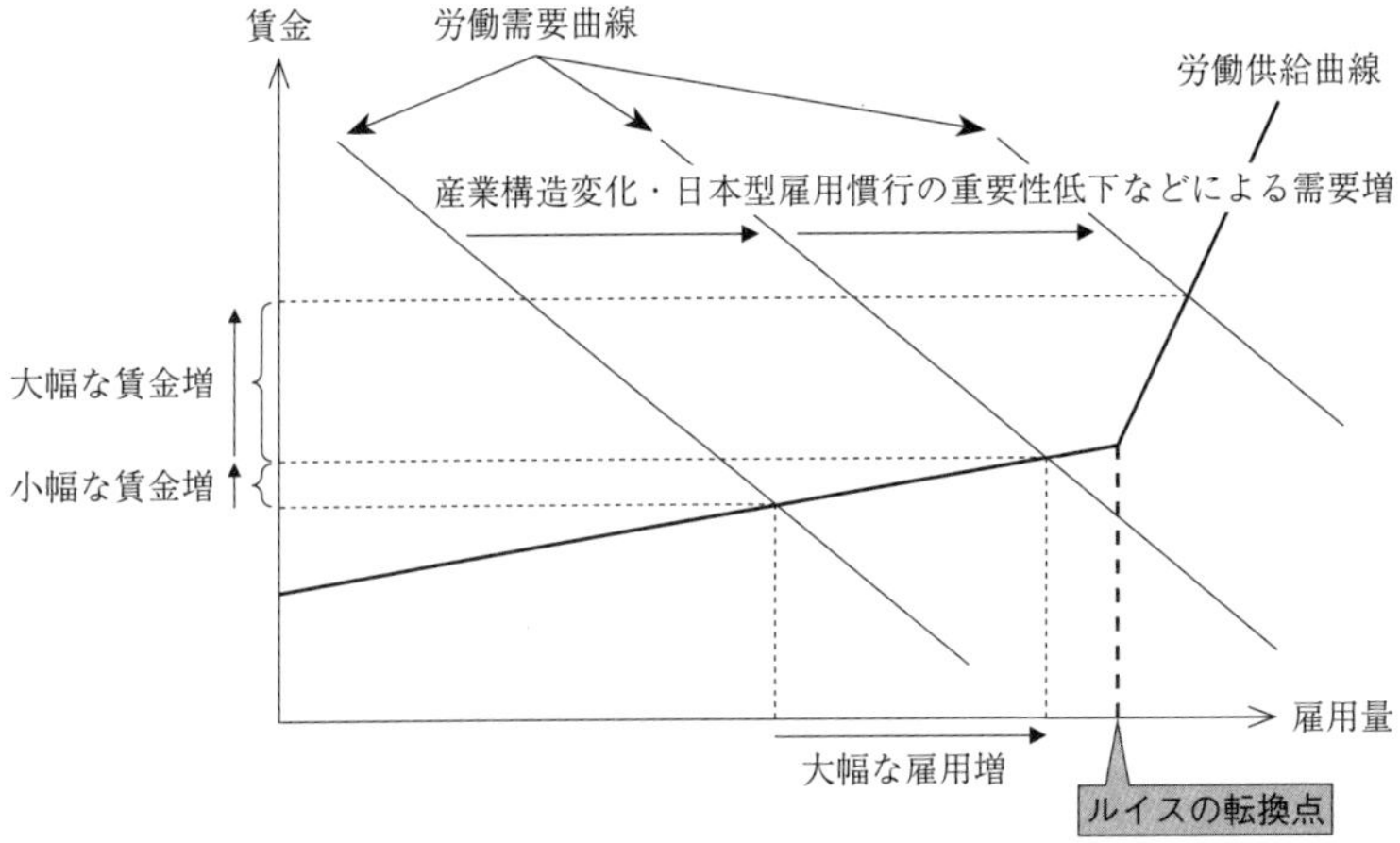

が経済に多数存在したため、労働供給量は若干の賃金上昇にも感応的で、結果として労働供給は図7–5に示すように弾力的になっていたと考えられる。非正規労働者の労働供給が弾力的で労働供給曲線が水平に近ければ、労働需要曲線が右シフトしても均衡賃金の上昇は限定的になる。

仮に非正規労働市場の労働供給が非弾力的で労働供給曲線が垂直に近いような形状であったとするならば、非正規労働者に対する需要増に応じて彼らの賃金が跳ね上がり、それに対応して労働需要の非正規から正規への代替が起こり、正規労働者に対する需要が増加し、彼らの賃金も増加していたはずである。このように考えると、２００９年以降の中期的な景気回復局面に顕在化した労働需要増に対して、目に見えるかたちで賃金上昇が起こらなかった根本的な原因は、非正規労働市場における弾力的な労働供給曲線にあったといえる。

図７–２のパネルBを見ると、２００１年から15年

までのパートタイム労働者の実質賃金上昇率は10％前後である。供給のシフトが大きかったと考えられるので、供給の賃金弾力性は計算できないが、均衡における賃金上昇が10％であるときに10％を大きく超える雇用増がみられたということは、供給弾力性が大きかったことが示唆される。なお、女性や高齢者の供給弾力性については、子供のいる既婚女性の労働供給の賃金弾力性が高いこと、若年者や高齢者の労働供給の賃金弾力性が高いことなどがよく知られている（Blundell［2014］）。

5　労働供給構造の転換点と賃金上昇

ここまで、現下の「人手不足」と「賃金停滞」の併存は構成バイアスによって説明することができ、そして構成バイアスは弾力的な労働供給によってもたらされたという仮説を提示してきた。この仮説が本当に正しいのかどうかは、より厳密な計量分析に基づいた評価が必要である。しかし、仮にこの仮説が正しいとすれば、今後、賃金上昇が起こっていくための条件は明らかである。それは、女性や高齢者といった伝統的に就業率が低かった層の枯渇である。これが起これば、賃金は上がり始めることになる。

開発経済学や経済史を勉強したことがある人にとっては、この説明は既視感をもたらすものかもしれない。そう、この話はイギリスの開発経済学者アーサー・ルイスの転換点の話に似ている。

ルイスは発展途上国が農業国から工業国に転換していく中での労働市場を考えた。彼が考える経済には労働移動が自由な都市部の工業セクターと農村部の農業セクターの二つがあり、何らかの理由によって農村には余剰労働力が存在し、農村の労働供給はとても弾力的である。この経済が工業化を始めると都市部門の労働需要は拡大する。しかし、農村の労働供給は弾力的なので、農村から都市への労働移動は起こるものの、賃金は上昇しない。さらに工業化が進展し都市部門の労働需要が拡大を続けると、いつか農村の余剰労働力が枯渇して、賃金を上げなければ農村から都市への人口移動を促すことができなくなる。つまり、工業化が十分に進展して、農村の余剰労働力を吸い尽くさない限り、賃金上昇が起こらないというのがルイスの議論で、この賃金上昇が起こり始める点が「ルイスの転換点」である。図7-5における労働供給曲線の屈曲点が現代版の「ルイスの転換点」である。

ルイスの転換点の議論に対する主要な批判は、そもそもなぜ農村に余剰労働力が滞留しているかが明らかでないというものである。同じ批判は筆者たちの議論にも当てはまるかもしれないが、ここでの余剰労働力がなぜ発生したのかは、高度成長期に強固なものとなった性別による固定的役割分業や急峻な賃金カーブと定年退職制度といった社会規範や雇用管理制度が、女性や高齢者の就業率を比較的低い水準に押しとどめていたからであるということはできるかもしれない。産業構造の転換や高齢化に伴う年金財政の危機といった社会的なプレッシャーが原因となり、規範や制度が変化を余儀なくされる中で、女性や高齢者の労働供給は増加し、このことが弾力的な労働供給関数につながったと考えることができよう。つまり、２０１６年時点の日本経済は一種の転換点を迎える前の状態だといえるだろう。

ここで注意が必要なのは、安倍政権が経済政策の中心に掲げ、あらゆる層の就業率を上げようとする一億総活躍政策は労働供給を一層弾力的にするための政策であるということだ。日本社会の人口構造が転換し社会保障の持続可能性を高めるためにも必要な政策であることに間違いはないが、政権が目指している賃金上昇には阻害要因として作用する可能性は否定できない。

この点に留意をするならば、政権の経済政策の成否を賃金上昇の一点のみから評価することに対しては慎重でなくてはならない。経済政策によるものかどうかは別としても、日本経済は既婚女性や高齢者の就業率の大幅な引き上げという、今後の少子高齢化社会を迎える日本にとっては重要な転換を成し遂げつつある点は評価されるべきで、今後、既婚女性を補助的な労働者として捉える税制や社会保障制度を改革し、一層の供給拡大を図ることが必要であろう。

もちろん就業率の向上といった量的改善だけで労働市場の成果を測ることはできず、賃金上昇や雇用の安定性の向上といった質的な改善も必要だとの指摘は正しい。ただ、これに対しては賃金が上がらない理由には弾力的な労働供給があり、常用労働者全般の平均賃金上昇がみられるようになるにはもう少し時間がかかるということを認識し、今後の推移を見守る必要がある。賃金動向だけが政策論議の争点と化して、最低賃金の引き上げなど労働市場の賃金決定メカニズムをゆがめる介入がなされる事態は慎重に避けるべきである。

6 賃金が上昇する経済環境を整えるために——人的資本投資の強化

それと同時に、現下の若年人口の減少を考えると、供給が非弾力的な領域に入り賃金が上がり始めると、供給制約が深刻化する可能性が高い。この問題を回避するためには、1人あたりの生産性を高めて供給制約を緩和する必要がある。具体的に求められるのは、人的資本投資の強化である。

経済学の基礎的な理論である人的資本理論に拠れば、人的資本投資を行えば、スキルや知識等の労働者の人的資本量が増大し、労働者の生産性が上昇し、その結果として賃金も上昇することが予想される。人的資本投資は労働者が仕事に関連するスキルや知識等を身につけるための行動であるから、学校教育や職業訓練、職場での諸々の経験などが含まれる。この経済理論が成り立つとすれば、人的資本投資の一つである職業訓練を受ける機会が減れば、賃金は上昇しないことになる。

実際、人的資本理論が成り立つことを示す実証分析の結果が、諸外国だけでなく、日本でも報告されている。たとえば日本では、職場外訓練（Off-JT）を受講した人はそうでない人よりも高い賃金を受け取っていることが、女性労働者と正社員で示されている（Kawaguchi [2006], Hara [2014]）。これは、Off-JT の受講が賃金引き上げにつながっていることを示すものである。

職場内訓練（ＯＪＴ）を計量的に統一的な基準で捕捉することは難しいため、ＯＪＴの効果についての計量的な分析はこれまで十分にはないものの、ヒアリングを通じた事例調査の成果に基づけば、体系的な知識の付与を目指す Off-JT と、知識を実践に移し実践的にスキルを身につける機会であるＯＪＴは相互補完的な関係にあることは間違いないであろう。

ここで、日本の労働者の人的資本投資の実態をデータで確認しよう。厚生労働省『能力開発基本調査』は、２００５年度以降については比較可能な情報を提供してくれる。図7-6は、研修やセミナー、実習等の職場外で行われる訓練の Off-JT と、労働者が自身で行う訓練である自己啓発のそれぞれについて、受講した労働者の割合の推移を正社員と非正社員（正社員以外）の別にまとめたもので

図7–6　訓練を受講した労働者の割合

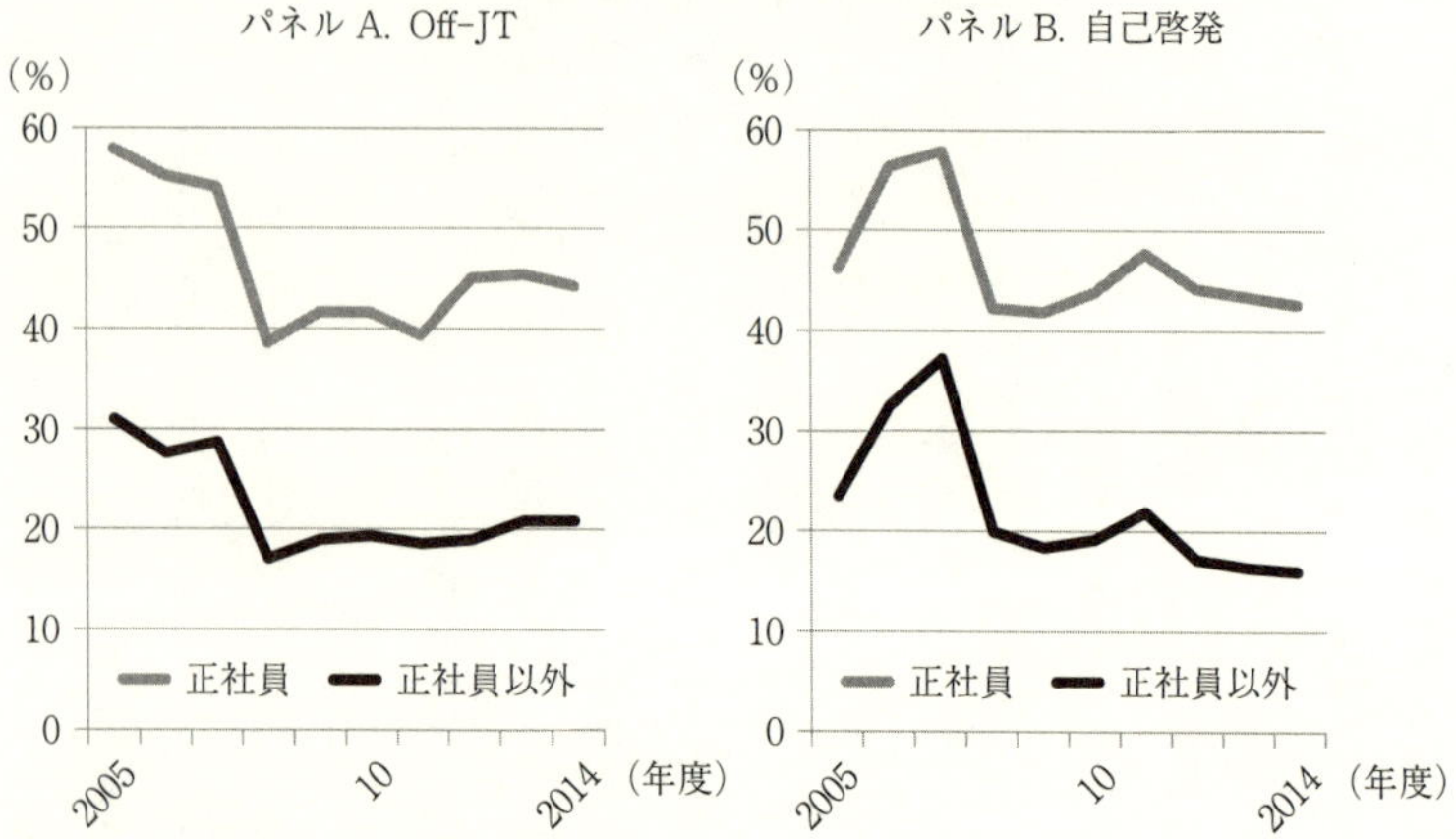

注：「正社員以外」とは、直接雇用の非正社員を指す。比較可能なのは2005年度以降であるため、ここでは2005年度以降の値のみを掲載している。
出所：厚生労働省『能力開発基本調査』

ある。図7−6・パネルAから、金融危機が起きた２００８年度にOff-JT受講者の割合が大きく低下し、それ以降も金融危機以前の２００５～07年度と比べて、正社員と非正社員ともにOff-JT受講者の割合は10%ポイント程度低い水準で推移していることがわかる。

また、企業の訓練支出額をみても、金融危機を境に低下していることが示されている。同じ『能力開発基本調査』では、企業の従業員１人あたりのOff-JT支出額も調べられているが、２００７年度には２・５万円であったが、金融危機のあった２００８年度には１・３万円へとほぼ半減し、それ以降も同じ低水準にとどまっている。

次に自己啓発をみていこう。図7−6・パネルBから、２００６～07年度は正社員で60%近く、正社員以外でも40%近くと高水準であったが、２００８年度に急低下し、金融危機以降も回復することなく、正社員と非正社員ともに低い水準にとどまっている。

以上のデータの確認から、日本の労働市場では、企業が主体的に行う企業内訓練も個人が主体的に行う自己啓発もともに、以前よりも低下していることがわかる。理論的にも実証的にも、今の人的資本投資は将来の生産性と賃金アップにつながることが示されている。言い換えると、職業訓練が少なければ、将来の賃金は上昇しづらくなる。(5) よって、日本における観察事実と経済理論から導き出される重要な政策は、人的資本投資の強化である。

労働者に占める非正社員比率の増大の流れは今後もしばらく変わらないことが予想されるが、相対的に正社員より訓練機会の少ない非正社員だけでなく、訓練機会が以前よりも減少傾向にある正社員に対する人的資本投資の強化も不可欠である。また、若年の就業率低下が低学歴の者に集中して起こっている一方で、ＩＴ分野などで新しいスキルが次々に生み出されていて、在職中の労働者もより高度な新しいスキルを身につける必要性が高まっている。よって、人的資本投資の強化にあたっては、低学力層の学力の底上げから、大学院等における専門職業教育を充実させるといった政策まで、幅広い層を対象にした人的資本投資政策が必要であろう。

たとえば、２０１４年10月に従来の教育訓練給付金が拡充され、厚生労働大臣が専門的・実践的な教育訓練として指定した講座（専門実践教育訓練）を修了した場合は、給付金の給付割合の引き上げや追加支給が行われる「専門実践教育訓練給付金」が導入された。受給資格は、雇用保険の被保険者期間が原則10年以上ではあるが、(6) より高度なスキルの獲得を支援し、正社員・非正社員がともに中長期的なキャリアアップを可能にすることを目指した政策である。導入されて間もないので、政策に対する評価は確定していないが、このような政策は突破口になるかもしれない。

こうした人的資本政策は、高スキル労働者の供給増を通じて技能価格の騰貴を抑えることになるが、労働者一人ひとりが持つ技能が増加するため、労働者1人あたりの賃金を向上させることに貢献する。つまり、人的資本投資を促進することを通じて、雇用の量と質の両方の拡大を目指すことができるのである。

今政府に求められているのは、賃金決定に介入し労働市場をゆがめることではなく、なぜ賃金が上がらないのかを正しく国民に説明し、幅広い層の労働者に技能蓄積機会を与えるような政策を構築することである。

第7章【注】

（1）調査対象企業は、主たる産業が15の産業に属し、会社組織の民営企業で、製造業および卸売業、小売業については常用労働者30人以上を雇用する企業、その他の産業については常用労働者１００人以上を雇用する企業から、産業および企業規模別に層化無作為抽出されている。
（2）「1年間（その年の1~12月）に賃金の改定を行いましたか、または行いますか」という問で、選択肢は、1：1人平均賃金を引き上げた・引き上げる、2：1人平均賃金を引き下げた・引き上げる、3：賃金の改定は行わない、である。
（3）ここでいう常用労働者とは、①期限を決めずに、または1カ月を超える期間を定めて雇われる者、②日々または1カ月以内の期間を定めて雇われている者のうち、調査期間の前2カ月にそれぞれ18日以上雇い入れられた者、のいずれかに該当する者のことであり、契約期間と雇い入れ日数に基づく定義である。一方で、一般労働者とは通常の時間・日数働く労働者であり、労働時間に基づく定義である。パートタイム労働者とは一般労働者よりも短い時間・日数働く労働者である。正確な定義は厚生労働省『毎月勤労統計調査』の各年報告書を参照されたい。

（４）本書第16章（神林・上野論文）でも、『賃金構造基本統計調査』による疑似パネルデータを用いて構成変化の影響を論じている。

（５）本書第４章の黒田論文では、就職氷河期世代の20代での訓練不足が現在の中高年賃金低下を招いていると指摘している。

（６）初めての受給の場合は、講座の受講開始日までに通算して２年以上の雇用保険の被保険者期間を有していることが受給資格となる。業務独占資格や名称独占資格の取得、専門職大学院や専門学校の職業実践専門課程、大学等における職業実践力育成プログラムの受講や、ＩＴ技術に関する高度な資格取得等が対象である。制度の詳細については、http://www.mhlw.go.jp/stf/seisakunitsuite/bunya/0000058556.html を参照のこと（最終アクセス日：２０１６年11月21日）。

【参考文献】

Asano, H., Ito, T. and Kawaguchi, D.（2013）“Why Has the Fraction of Non-Standard Workers Increased? A Case Study of Japan,” *Scottish Journal of Political Economy* 60, 360–389.

Blundell, R.（2014）“How Responsive Is the Labor Market to Tax Policy?” *IZA World of Labor* 2.

Daly, M.C., Hobijin, B. and Pyle, B.（2016）“What's Up with Wage Growth?” *FRBSF Economic Letter*, March.

Hara, H.（2014）“The Impact of Firm-provided Training on Productivity, Wages, and Transition to Regular Employment for Workers in Flexible Arrangements,” *Journal of the Japanese and International Economies* 34, 336–359.

Kambayashi, R. and Kato, T.（2017）“Long-Term Employment and Job Security over the Past 25 Years A Comparative Study of Japan and the United State,” *Industrial Labor Relations Review* 70（2）, 359–394.

Kawaguchi, D.（2006）“The Incidence and Effect of Job Training among Japanese Women,” *Industrial Relations* 45, 469–477.

第8章 サーチ＝マッチング・モデルと行動経済学から考える賃金停滞

佐々木勝

ポイント

【需給】

【行動】

1 日本だけの問題なのか

2012年12月にスタートした第2次安倍政権が打ち出した経済政策（いわゆる、アベノミクス）により、株価は急速に上昇し、日本経済が上向き始めた。労働市場の状況を示す指標をみると、完全失業率は、安倍政権発足以前の2009年秋以降一貫して減少し、有効求人倍率は上昇し続けている。

このように需要を喚起するような経済ショックの到来によって景気が拡大すると労働需要が増加するので、労働市場は逼迫状態になる。教科書レベルの簡単な労働需給分析によると、生産需要の増加に伴い労働需要は増加するので、労働需要曲線は右にシフトする。その結果、労働市場で取引される賃金水準（均衡賃金）は上昇する。しかし、実際には労働市場が逼迫しているにもかかわらず、賃金の上昇圧力は弱い。これに業を煮やしたのか、安倍政権は経団連に賃金を引き上げるように要請し、経団連はその要請に応えるためにベースアップすることを容認した。さらに、中小企業の収益が改善し、その従業員にも賃金上昇の恩恵が行き渡るようにするために、安倍政権は働き方改革の一つとして、下請け企業との取引条件の改善を元請け企業に求めている。

昨今、上述のように労働市場が逼迫し、人手不足の状態にもかかわらず賃金水準が上昇しない状況が続いているが、実のところ、これは日本に限った話ではない。Blanchflower and Oswald（1994）は、失業率に対する賃金の弾性値は、検証した15カ国のほとんどでマイナス０・１であると報告している。これは、景気拡大により失業率が１％低下しても賃金は０・１％しか上昇しないことを意味する。

また、Nijkamp and Poot（2005）は、過去の研究文献から得られた２０８の弾性値を使ってメタ分析をし、統計的なバイアスを除去した上で弾性値を推定した。その結果、平均の弾性値はマイナス０・07とさらに小さくなることを示した。(1) 経済全体に影響を与える需要ショックは賃金よりもむしろ失業率に大きな影響を与えることがわかる。失業率は景気に対して反循環的に変化し、その変化幅も大きいのと対照的に、賃金は景気に対して循環的に変化するが、その変化幅は小さいのである。

日本に関する研究としては Poot and Doi（2005）によると、バブル前（１９８１–90年）の弾性値はマイナス０・０４６、そしてバブル後（１９９１–２００１年）はマイナス０・０５３となり、景気への感応度が高まったものの、80年代、90年代とも失業率の変化に対して、賃金はそれほど変動しなかったことがわかる。

本章では、需要ショックに対する賃金変動がなぜ硬直的なのかを探る。そこでまず失業を明示的に取り入れた標準的なモデルであるサーチ＝マッチング・モデルを紹介し、このモデルの分析から得られる賃金と失業率の循環的特性を紹介する。そしてモデルから予想される失業率の循環的特性と実際のデータから観察される循環的特性との整合性を確認し、標準的なモデルでは実際の労働市場の循環的特性を再現できないことを示す。

さらに、そこで労働市場の循環的特性を包括し、賃金の硬直性を説明するモデルを分析したKoenig, Manning and Petrongolo（2016）を紹介する。最後に標準的なサーチ＝マッチング・モデルに行動経済学的アプローチである参照点依存型選好（reference dependent preferences）を導入したコーニングらの研究を踏まえ、景気変動に対して、労働者の留保賃金（受諾してよい最低の賃金）、さらには賃金水準が変動しないことを示す。

2　標準モデルから予想できること

まずはサーチ＝マッチング・モデルのエッセンスを簡潔にまとめる。[(2)] サーチ＝マッチング・モデルを開発し、均衡失業の分析に大きな貢献をもたらした経済学者は、ピーター・ダイアモンド、デール・モーテンセン、そしてクリストファー・ピザリデスの三人の教授である。[(3)]

ここで想定される市場の特徴は「分権的」であり、多くの求職者と求人企業が存在するが、どこに誰がいるのかお互い完全に把握していないような状況の中で労働の取引が行われる。したがって、

「中央集権的」な労働市場とちがって、求職者はすぐに求人企業に出会うことができないし、また求

人企業もすぐに求職者に出会うことはできない。互いに相手と出会うには金銭的なコストだけでな

く、時間というコストを支払わなければならない。求職者と求人企業が出会う確率は有効求人倍率に

依存するように設定される。[4] 以上のような分権的な労働市場では、失業者が常に存在することにな

る。

相手に出会うのに時間がかかるような「摩擦」のある労働市場では、賃金は次のように決められる。労働者が失業状態から就業状態になることで獲得する便益と企業が欠員状態から充足状態になることで獲得する便益を足した全体の便益を、ある一定の割合で企業と労働者で分けて、労働者の取り分が賃金として支払われる。

賃金の水準は、雇用関係が成立した両者による生産性、失業時に支給される雇用保険給付額、そして有効求人倍率に依存する。有効求人倍率が高い時、求職者に出会いにくい求人企業は欠員を充足するのに時間がかかり、欠員が続くことによる費用負担は増加する。求人企業は求職者を惹きつけるために賃金を引き上げることを選択する。失業率も、賃金水準と同様、労働市場の有効求人倍率に大きく依存し、有効求人倍率が上昇すれば、失業率は低下する。したがって、賃金と失業率には負の関係が生まれることになる。

このモデルで重要なのは、労働者と企業は生産性などの外生的なショックが到来するたびに瞬時に賃金の再交渉ができることである。景気の回復によって生産性が高くなれば、すぐにそれが反映されて賃金は増加する。このとき、賃金調整に柔軟性があるなら、賃金上昇の圧力が即座にかかり、人件

費が増加するため、企業は新たな求人募集をあきらめる。その結果、人手不足がそれほど深刻化することはない。しかし、賃金調整が硬直的ならば、人件費の高騰を気にする必要のない企業は新たな求人募集を始める。その結果、大幅に失業率が低下するが、未充足求人数が大幅に増加することになり、人手不足の問題が深刻になる。すなわち、賃金調整が柔軟に機能しない分、雇用調整にしわ寄せがくることになる。

３　モデルは循環的特性を再現できるか

賃金調整が柔軟に行われるように設定された標準的なサーチ＝マッチング・モデルを使ったシミュレーションから得られる賃金や失業率の循環的特性は、実際のデータから観察される循環的特性と整合的だろうか。反対に、賃金調整が機能しない場合、その分雇用調整でカバーされるため、景気変動に対する失業率の循環的変動の幅は大きくなるだろうか。以下ではそれらの質問に答える研究を紹介する。

まずは、失業率の循環的変動の変遷をみる。そのため、総務省「労働力調査」が公表する完全失業率を一定の方法により月次ベースから四半期ベースに集計し直し、景気循環要因による変動だけを抽出した(5)。図８－１は、佐々木・宮本（２０１６）で使われた完全失業率の循環的変動の変遷を示す。予想どおり、景気が低迷している時に失業率は高く、景気回復期では失業率が低くなっている。

では、サーチ＝マッチング・モデルによるシミュレーションの結果は、実際のデータと整合的であ

図 8-1　完全失業率の循環的変動の変遷

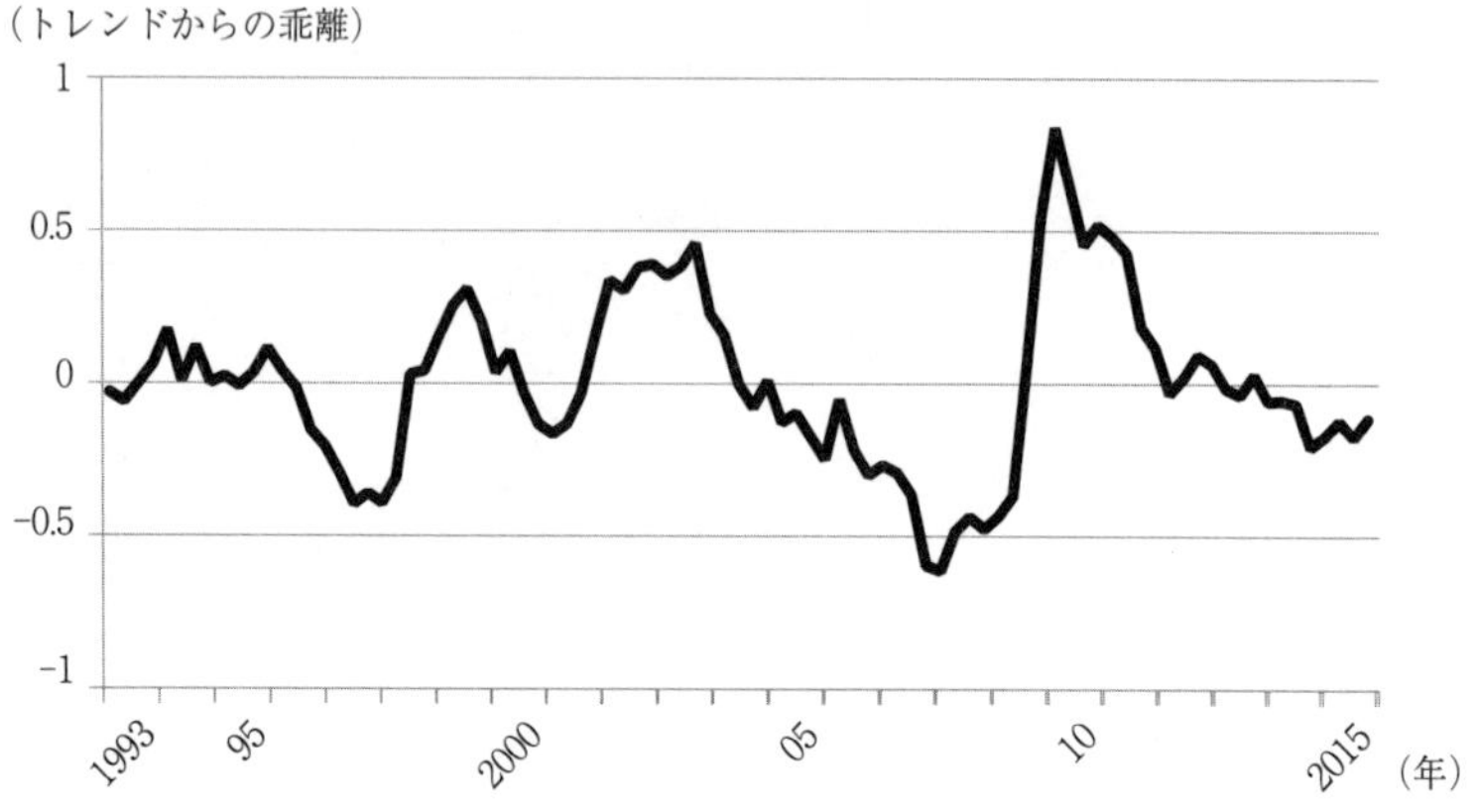

出所：佐々木・宮本（2016）より抜粋

ろうか。佐々木・宮本（２０１６）では、前節で紹介した標準的なサーチ＝マッチング・モデルを発展させ、労働市場が二部門（正規部門と非正規部門）から構成された、より現実的なモデルを構築した。既存研究で推計されたパラメータの推計値を利用して直接観察できないモデルのパラメータを調整し、そして生産性の変動に対して失業率がどれくらい変動するのかをシミュレートする。[6] 表８－１は佐々木・宮本（２０１６）で分析された定量的な結果である。

　表８－１の最後の列の結果から、モデルでは生産性の変動に対して失業率の変動は２・１倍であった。それに対し、厚生労働省「毎月勤労統計調査」を使った実際の推計では４・６倍、労働力調査を使った場合では５・１倍と、モデルから推計された比率の約２倍以上の大きさとなった。この結果は、生産性の変動に対してモデルでシミュレートされた失業率の変動は小さく、景気低迷期になってもそれほど上昇しないし、景気回復期でもそれほど低下しないことを意味し、実際

表 8-1　シミュレーション結果：変動の相関関係

	Y	e_r	e_n	u	u/Y
モデル	0.014	0.0026	0.0025	0.0295	2.13
データ（毎勤、1994Q1-2015Q3）	0.014	0.01	0.284	0.064	4.57
データ（労調、2002Q1-2015Q3）	0.014	0.008	0.016	0.071	5.07

出所：佐々木・宮本（2016）より抜粋

のデータとは整合的でないことを示す。それは、標準的なサーチ＝マッチング・モデルから同様のシミュレーション分析をした Miyamoto (2011) とも整合的である。

このような状況は、日本の労働市場だけで起きているわけではない。米国でも同様な結論が示されており、この現象を最初に説いた研究者の名前に因んで「シャイマー批判」（Shimer's critique）と呼ばれる (Shimer [2005])。

モデルがデータと整合的に循環的特性を示せなかった理由は、賃金決定の過程で生産性のショックが到来するたびに賃金の再交渉ができると仮定しているからである。景気回復により生産性が高くなっても、それに伴って敏速に賃金が上昇すれば、事業拡大を画策する企業は求人募集を断念するので、失業率はそれほど低下しないし、人手不足になることもない。

毎日勤労統計調査や労働力調査による失業率の循環的変動がモデルの予想以上に大きい結果は、実際の賃金調整が全体的に硬直的であることを暗示する。景気回復により生産性が高くなっても、賃金は上昇しなければ、企業は事業拡大のため求人募集を始める。求職者はすぐに就職できるので失業率は大きく低下することになるが、求人募集をした企業はなかなか採用できないため、人手不足問題に悩まされるのである。

4 なぜ賃金調整は硬直的なのか

では、なぜ賃金調整は硬直的なのだろうか。賃金の再交渉に必要な時間的・金銭的費用が高かったり、制度的な制約があったりと、さまざまな理由が考えられる。ここでは、伝統的な経済学の考えからではなく、行動経済学の見地から検討した Koenig *et al.*（2016）を紹介する。

通常、伝統的な経済学では、賃金（消費量）が増加するに従って効用水準は増加するが、その増加分（限界効用）は次第に減少すると仮定してきた。それに対し行動経済学の分野では「参照点依存型選好」（reference dependent preferences）を持つ価値関数が、しばしば採用される。それは、労働者は参照点となる賃金水準を持ち、参照点よりも賃金が高い局面では、限界効用が逓減する効用関数を形成しているが、参照点よりも賃金が低い局面では限界効用が逓増するような選好を持つというものである。（図8-2を参照）。

言い換えると、賃金の獲得局面（図8-2の右側）ではギャンブルで一攫千金を目指すよりも堅実に収入を獲得することを好むリスク回避的な選好を持つ一方で、賃金の減少局面（図8-2の左側）では確実に収入を減らすよりも一か八かで損失を失くすようなギャンブルを好むリスク愛好型の選好を持つ。

このように参照点を中心に、もらえるなら確実にもらうことを好み、失うのならギャンブルまでし

図 8-2　プロスペクト理論における価値関数

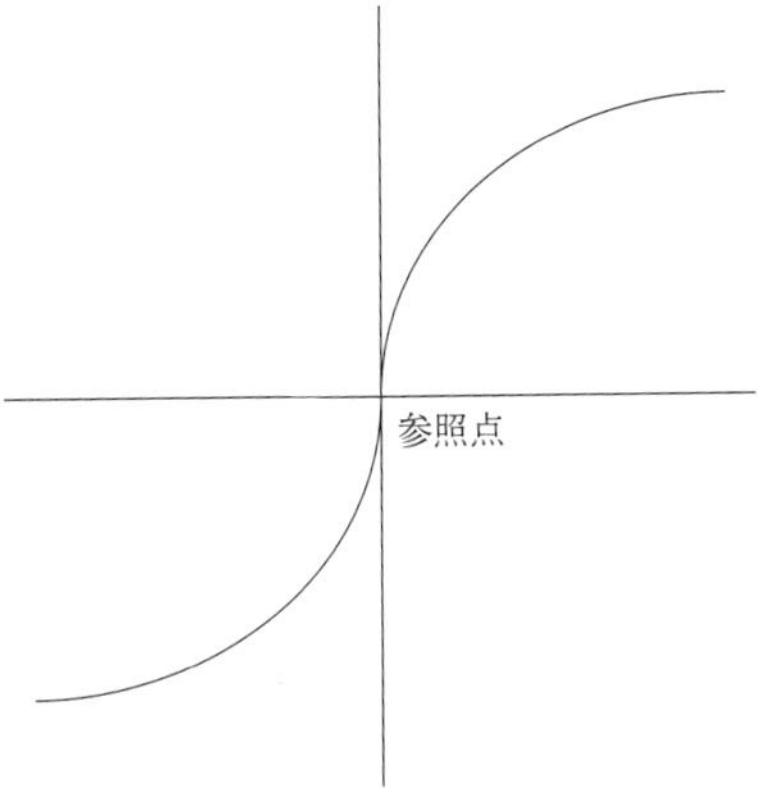

て回避しようとする損失回避的な選好を人々が持つことを唱えた理論を「プロスペクト理論」と呼ぶ（Tversky and Kahneman [1991]）(7)。そして、参照点は、将来発生する事象（就職活動の場合、生産性ショックや仕事のオファーが到来する確率）ではなく、むしろ過去の経験や自分が置かれてきた周囲の環境（ピア効果）に影響されると考えられる（Akerlof and Yellen [1990]）。

以上のような参照点依存型選好を持つ労働者は就職活動の際に決める留保賃金（受諾してもよい最低の賃金）は景気変動の影響を受けないし、それを見越した企業との交渉の結果、賃金水準も景気変動の影響を受けることはない。あくまでも参照点となる留保賃金は過去の経験や周りの環境によって規定されるのであって、これから期待する生産性のショックや仕事のオファーが到来する確率に依存しない。

景気低迷期に失業した労働者は、留保賃金を決めた上で職探しを始める。伝統的な経済学のフレームワークでは、景気が低迷しているので、求人企業と出会う確率は低いと想定し、留保賃金を下げると考えられる。しかし、参照点依存型選好を持つ労働者の場合、失職したことで失った収入を取り戻そうと考えるので、労働市場の状況を考慮せずに失職前の賃金と同額の賃金を取り戻すことに固執してしまう。景気回復期に失業した労働者の場合、伝統的な経済学のフレームワークでは、労働市場が逼迫しているので、高い賃金を求めて留保賃金を高めに設定する。しかし、参照点依存型選好を持つ労働者は、仕事のえり好みをすることで求職期間が長くなるリスクを避けて、失職以前と変わらない留保賃金を設定し、それを少しでも上回る賃金で満足し、それを受諾する。

Carmerer *et al.*（1997）は、ニューヨーク市のタクシードライバーの労働供給を調査したところ、需要の多い雨の日やイベントがある日には、限界労働収入（もう1時間働くと稼げる追加分の収入）が晴れの日よりも高いにもかかわらず、早く切り上げることがわかった。この結果から、タクシードライバーは目標とする収入（参照点）を設定しており、もっと長く働けばもっと楽に稼げたとしても、目標額に達すると仕事を終えると結論づけた。同様に、参照点となる留保賃金をあらかじめ設定した失業者は、景気回復期だから留保賃金を引き上げて、もっと高い賃金オファーを獲得することは求めず、当初に設定していた留保賃金を少しでも超える賃金オファーがあればそれを受諾する。

このような状況においては、労働者の留保賃金、そして賃金は景気に対して循環的に変動しないので、景気が回復しても賃金を高くする必要がない企業は大量に求人募集を始める。その結果、求職者はすぐに就職できるので失業率は低下するが、充足できない欠員数が多くなり、人手不足に悩む企業が増えることになる。

表8-2　サーチ＝マッチング・モデルによる循環的特性のシミュレーション

就職確率（ハザード率）	[1] Cox	[2] Weibull	[3] Cox	[4] Weibull
前職勤続年数（対数）	− 0.118***	− 0.121***	− 0.160***	− 0.160***
	(0.008)	(0.008)	(0.007)	(0.007)
前職賃金（対数）	0.068***	0.068***	0.060***	0.063***
	(0.016)	(0.017)	(0.016)	(0.016)
Dependency		0.935		0.959
Log-likelihood	− 674074.5	− 151057.9	− 810688.5	− 174887.2
WaldChi2	4334.69	4512.32	5923.91	5806.78
F-value				
サンプル・サイズ	119115	119115	135347	135347

注：***1%　**5%　*10%有意

出所：Sasaki *et al.* (2013) Table5から一部抜粋。カッコ内の数字は標準誤差を示す。[1]［2］では、求職の始まりをハローワークに求職登録時点とする。[3]［4］では、求職の始まりを離職した時点とする。[1]［3］はセミパラメトリック法で推計したのに対して、[2]［4］はパラメトリック法で推計した。

次に、過去の経験や周りの環境が個人の留保賃金に影響を与えるのかを、実証的に検討する。ここではSasaki, Kohara and Machikita (2013) の研究結果を紹介する。Sasaki *et al.* (2013) では、厚生労働省の雇用保険業務統計と職業安定業務統計から、2005年8月中に離職した被保険者の個票データを使って労働市場の状況や個人属性が就職確率に与える影響を推定した[8]。過去の経験や周りの環境を示す個人属性として「前職の賃金」と「前職の勤続年数」に着目する。勤続年数が長いほどその職場の環境に影響されると考えられよう。

Sasaki *et al.* (2013) のTable 5から一部を抜粋した結果を表8-2に示す。注目する前職勤続年数（対数）と前職賃金（対数）の係数の横に記載されているアスタリスクは統計的な有意性を示す。その数が三つの場合、統計的な有意性が高いと解釈する。その横のカッコ内の数字は係数の標準誤差を示す。
勤続年数（対数）の係数は負であり、統計的に有意であることから、前職の勤続年数が長いほど就職確率が低く、背景として留保賃金が高いことを示唆する。しかし、この解釈には注意しなければいけない点がある。というのも、前職の勤続年数が長く、それだけ年齢が高くなったり、他の職場になじむことが難しくなったりすれば、留保賃金が高くなくても、仕事のオファーの頻度が少なくなることで、就職確率が低くなった可能性もある。

次に前職賃金（対数）の係数に目を向けると、統計的に有意であるが、前職勤続年数（対数）とは逆に係数は正の値となり、前職の賃金が高いほど、就職する確率が高くなっている。前職勤続年数（対数）の結果の解釈と同様に、前職の賃金は、失職後の職探し前に設定する留保賃金に影響を与えている可能性が、ここからも示唆される。

ただし厳密には、前職の賃金と留保賃金の関係を決める要因は複数あり、それらの効果を識別する必要もあるだろう。識別に際しては第一として、先ほど述べたように、就職する確率が高かったのは、留保賃金を低く設定したのではなく、むしろ仕事のオファーが多かったからかもしれない。特に、前職の賃金が高いということはもともとの生産性が高いと考えられるので、多くの仕事のオファーが到来したと考えられる。

第二は、推計値のバイアス（正確性）に関することである。前職の賃金は研究者が観察できない個人特有の能力や働く姿勢によって影響を受けている。そして、能力や働く姿勢は留保賃金の水準や求職期間にも影響を与える。そうなると、前職の賃金と就職確率との因果関係が明確ではなくなる。その結果、表8-2の推定値にバイアスがあり、正確に推定されていない可能性がある。

第三は、賃金水準の識別に関することである。求職者と求人企業は雇用関係を結んでから生産活動を始める。その生産活動から発生する便益を交渉によって、企業と労働者で分割し、労働者が獲得する分が賃金となる。その賃金水準は労働者の能力と交渉を通じて得る余剰に依存する。

伝統的な経済学のフレームワークでは、前職と次の職は別物と考えるので、前職の余剰は次の職探しの際に設定する留保賃金に影響を与えないが、参照点依存型選好を持つ求職者は前職の余剰を参照して留保賃金を決めると考えられる。本来は、前職の賃金を構成する余剰の部分が次の職の留保賃金に影響を与えるのかを推定すべきであるが、余剰だけを抽出することは困難なので、前職の賃金を採用した分析に留めている。(9)

このように識別に関して推計上に問題がまだ残るものの、日本のデータからも前職の状況が新たな就職確率を左右している事実は、過去の経験が留保賃金に影響を及ぼしている可能性を少なからず物語っている。

5　賃金硬直性の帰結と背景

本章では、労働市場が逼迫しているのになぜ賃金が上昇しないのかを、行動経済学的なアプローチから考察した。まずは、サーチ＝マッチング・モデルを使ったシミュレーションと実際のデータを比較することで、シミュレートされた失業率の循環変動の幅が実際の失業率のそれよりも小さいこと示した。

サーチ＝マッチング・モデルでは、外生的なショックに対して賃金は柔軟に対応できることが前提となっているので、失業率に対する外生的なショックの影響は軽減される。しかしながら、実際の失業率の循環的変動幅がモデルからの予想以上に大きいことは、外生的なショックによる賃金調整が硬直的であり、その分雇用調整にしわ寄せが来ていると解釈できる。

次に、なぜ賃金調整が硬直的なのかを行動経済学のアプローチから考察した。ここで着目したのは「参照点依存型選好」である。参照点依存型選好を持つ労働者は、参照点が過去の経験や周りの環境によって規定される。その場合、労働者が就職活動の際に決める留保賃金は景気変動の影響を受けないし、それを見越した企業との交渉の結果、賃金水準も景気変動の影響を受けることはなくなる。

間接的であるが、実証結果からは、過去の経験や周りの環境は、留保賃金に影響を与えることが示唆された。今後は実証分析における推計上の識別問題を解決するべく、より精微な研究が求められる。

第8章【注】

（1）メタ分析とは、複数の統計分析を統合した上でいろいろな角度から新たに分析する統計的な手法である。
（2）佐々木（2016）でも初学者を対象にサーチ＝マッチング・モデルを紹介している。
（3）彼らはサーチ＝マッチング・モデルの研究の功績が認められ、2010年にノーベル経済学賞を受賞した。サーチ＝マッチング・モデルの入門書としてPissarides（2000）がある。
（4）正式には「有効求人倍率」ではなく、「労働市場逼迫率」と呼ぶ。有効求人倍率は、新規求職者数と既存の求職者数を足したものを新規求人数と既存の求人数で足したもので割った比率を示す。労働市場逼迫率は、新規求職者数や新規求人数のようなフロー変数を除外して、ストック変数である既存の求職者数を既存の求人数で割った比率を意味する。
（5）具体的にはCensus Bureau X12フィルターによって季節調整を行った。加えてホドリック・プレスコット（ＨＰ）フィルターから構造的要因による完全失業率の変動を除去し、景気循環要因による完全失業率の変動だけを抽出した。
（6）カリブレートとは、観察可能なパラメータの値を利用して、モデルの観察できないパラメータの値を特定することである。その一方で、この場合のシミュレーションは、一階の自己回帰過程（ＡＲ（1））に従う生産性に1期だけプラスのショックを与えることでモデルの変数がどのように変化するのか、そしてどれくらいの期間で元の均衡に収束するのかを観察し、実際のデータの変動とモデルの変動が整合的かを検証する。
（7）Daniel Kahneman は Vernon Smith とともに、行動経済学や実験経済学のような新たな研究分野の開拓が認められて２００２年ノーベル経済学賞を受賞した。
（8）正確には「就職確率」ではなく「ハザード率」である。時間ｔまで失業状態にあり、ｔ＋▷ｔに失業状態から抜け出し就業状態になることを示す関数をハザード関数と呼び、それを▷ｔ→0にした極限値をハザード率と呼ぶ。
（9）Koenig *et al.*（2016）はこの問題を解決するために操作変数法を採用した。前職の賃金に相関し、なおかつ個人の生産性に相関しない変数として産業レベルの賃金を操作変数とした。

【参考文献】

佐々木勝［２０１６］「モーテンセン＝ピザリデス『失業が存在し続けるメカニズム—雇用創出・喪失を内生的に考慮したサーチ＝マッチング・モデル』」『日本労働研究雑誌』4月号（No.669）16～19ページ。

———・宮本弘曉［２０１６］「景気動向が賃金格差に与える影響」『経済分析』第１９１号、35～61ページ、内閣府経済社会総合研究所。

Akerlof, G. and Yellen, J. (1990) "The Fair Wage-Effort Hypothesis and Unemployment," *Quarterly Journal of Economics* 105: 225–283.

Blanchflower, D. and Oswald, A. (1994) *The Wage Curve*, Cambridge: MIT Press.

Carmerer, C., Babcock, L., Loewenstein, G. and Thaler, R. (1997) "Labor Supply and New York Cab Drivers: One Day at a Time," *Quarterly Journal of Economics* 112: 407–441.

Koenig, F., Manning, A. and Petrongolo, B. (2016) "Reservation Wages and the Wage Flexibility Puzzle," *IZA Discussion Paper* No. 9717.

Miyamoto, H. (2011) "Cyclical behavior of unemployment and job vacancies in Japan," *Japan and the World Economy* 23: 214–225.

Nijkamp, P. and Poot, J. (2005) "The Last Word on the Wage Curve?" *Journal of Economic Surveys* 19: 421–450.

Pissarides, C. A. (2000) *Equilibrium Unemployment Theory*, 2nd edition, Cambridge: MIT Press.

Poot, J. and Doi, M. (2005) "National and Regional Wage Curves in Japan 1981–2001," *Review of Urban and Regional Development Studies* 17 (3), 248–270.

Sasaki, M., Kohara, M. and Machikita, T. (2013) "Measuring Search Frictions using Japanese Micro Data," *The Japanese Economic Review* 64 (4): 431–451.

Shimer, R. (2005) "The cyclical behavior of unemployment and vacancies: evidence and theory." *American Economic Review* 95: 25–49.

Tversky, A. and Kahneman, D. (1991) "Loss Aversion in Riskless Choices: A Reference-Dependent Model," *Quarterly Journal of Economics* 106: 1039–1361.

第9章 家計調査等から探る賃金低迷の理由——企業負担の増大

大島敬士
佐藤朋彦

ポイント

【年齢】【正規】【制度】

1 世帯の側からの視点

本章では、主に世帯側から調べた「家計調査」[1]（総務省）の結果を中心に、2000年以降の賃金の低迷の要因を考えていく。

まず、家計調査の概要やその結果の特徴について述べた後、世帯主が勤め先から受け取る収入の年齢階級別結果から、最近増加している高齢雇用者などの影響をみていく。

さらに、企業など雇主が雇用者に支払う賃金に加えて、雇主が別途負担している社会保険料を含めた経費（人件費）に着目し、家計調査の結果を用いて簡易的に試算した雇主負担（社会保険料）も含めた金額増の変化から、増加する賃金以外の雇主負担による影響を考える。

2 世帯主の勤め先収入

2010年から15年までの5年間における賃金や収入をみると、事業所側から調べた「毎月勤労統計調査」（厚生労働省）の「現金給与総額（就業形態計、5人以上）」は名目1・0％の減少となっている。また、世帯側から調べた「家計調査」の「世帯主の勤め先収入（勤労者世帯）」でも名目1・9％の減少となっており、いずれの結果からも、労働市場の需給の好調ぶりに反して、賃金や収入の伸びはみられない。(2)

このうち家計調査は、世帯主の年齢階級や年間収入階級といった世帯属性別に収入と支出の内訳が把握できるなど、さまざまな角度から家計の実態を月次で把握することが可能な統計調査である。家計調査の収入項目には「世帯主の勤め先収入」やその内訳である「定期収入」「賞与」および「臨時収入」などがあり、1世帯あたりの平均金額が公表されている。なかでも「世帯主の勤め先収入」は、世帯全体の収入を決定づける重要な要素である。このため、家計調査における「世帯主」は名目上の世帯主ではなく、その世帯の家計上の主たる収入を得ている者としている。

以上から、単身世帯を含む勤労者世帯（いわゆるサラリーマン世帯）における「世帯主の勤め先収入」の動きに着目してみよう。

図 9-1　勤労者世帯の世帯主と雇用者全体の年齢階級別分布の比較（2015 年）

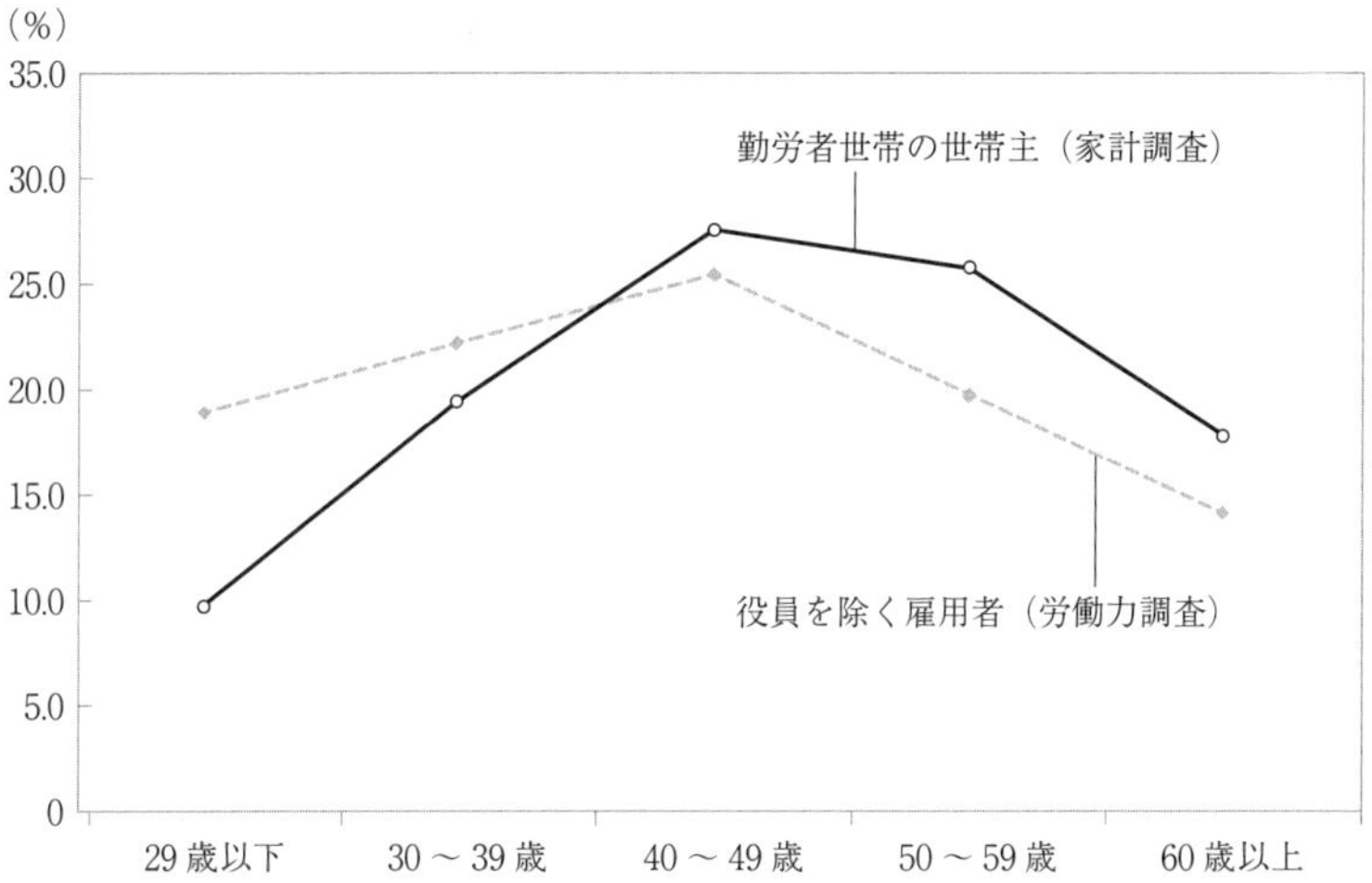

出所：家計調査（総務省）、労働力調査（総務省）

3　世帯主の年齢分布

「世帯主の勤め先収入」をみていくにあたり、「勤労者世帯の世帯主」と「雇用者全体」が対象とする範囲のちがいについて触れておく。

両者を比較すると、勤労者世帯における世帯主の年齢階級別分布は、雇用者全体と比べ、若年層の割合が低く、中高齢層の割合が高い（図9-1）。

このような年齢分布のちがいにより、世帯主に関する収入の結果は、雇用者全体の結果と比較して、中高齢層の動向の影響を受けやすく、逆に若年層の動向の影響を受けづらいという特徴が存在する。たとえば、中高齢層においては賃上げ抑制に対して、若年層では賃上げの動きがみられる状況下では、家計調

図 9-2　世帯主の年齢階級別勤め先収入（名目）の推移、勤労者世帯に占める世帯主が 60 歳以上の世帯割合

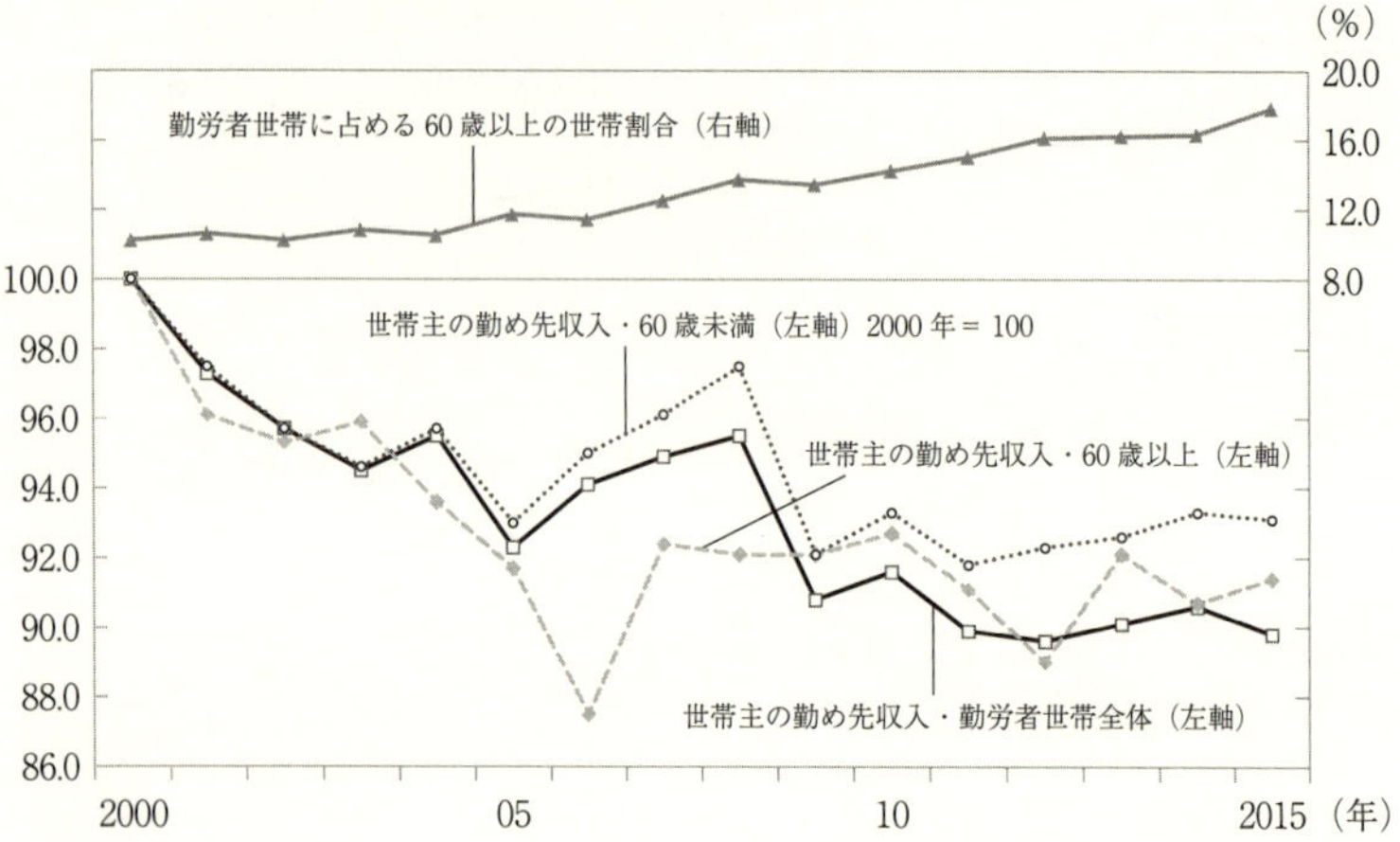

出所：家計調査（総務省）

査の勤労者世帯全体の「世帯主の勤め先収入」からだけでは賃上げの動向は捉えにくい場合がある。このため、必要に応じて世帯主の年齢階級別結果をみるなど、さまざまな世帯属性別の結果から家計の動向を捉える必要がある。

4　高齢化・非正規化の影響

図9-2は、「世帯主の勤め先収入」の2000年の年平均額を100とした指数である。これをみると、勤労者世帯全体の「世帯主の勤め先収入」は10年以降、12年にかけて低下した後、13年から上昇に転じたが、15年は再び低下となっている。

次に、勤労者世帯全体を世帯主の年齢が「60歳未満」と「60歳以上」に分けると、60歳未満では、勤労者世帯全体とおおむね連動

表9-1　勤労者世帯における世帯主の年齢階級別世帯分布（2015年）

（%）

	計	2人以上の世帯	単身世帯
計	100.0 (100.0)	71.7 (74.4)	28.3 (25.6)
60歳未満	82.2 (85.8)	57.5 (62.9)	24.7 (22.9)
60歳以上	17.8 (14.2)	14.2 (11.5)	3.6 (2.7)

注：(　) 内は2010年。
出所：家計調査（総務省）

した動きをしているものの、両者の水準差は年々拡大傾向にある。一方、60歳以上では、10年以降12年にかけて低下した後は、上昇、低下を経て、15年は再び上昇となっている。

また、勤労者世帯全体に占める「60歳以上」の世帯割合をみると、趨勢的に上昇が続いている。特に、06年4月の改正高年齢者雇用安定法施行以降[3]、「60歳以上」の世帯割合の上昇傾向が強くなっており、15年は10年と比べて3・6ポイント上昇している（図9-2および表9-1）。この結果、勤労者世帯全体の世帯主の平均年齢は5年間（10~15年）で45・5歳から46・9歳となっており、世帯主の高齢化[4]が進展している。

次に「世帯主の勤め先収入」の金額水準（15年）をみると、60歳未満では平均約42万円であるのに対して、60歳以上では平均約24万円と、両者の水準は大きく異なる。このため、勤労者世帯全体における「世帯主の勤め先収入」は、相対的に収入水準の低い「60歳以上」の世帯割合の上昇による下押し圧力が働いている。

また、「全国消費実態調査」[1]（総務省）の14年の結果から世帯主の雇用形態の変化をみると、勤労者世帯全体に占める世帯主が「正規の職員・従業員以外」の世帯の割合は5年間（09~14年）で3・9

ポイント上昇している。この上昇には、60歳以上を中心とした中高齢層における「パート・アルバイト」といった「正規の職員・従業員以外」の世帯の増加が寄与している。さらに「世帯主の勤め先収入」をみると、勤労者世帯全体では、5年間で名目2・8％の減少となっている。これを雇用形態別にみると、賃金水準が高い（平均約37万円）「正規の職員・従業員」の世帯は微減（0・5％の減少）であるのに対して、相対的に賃金水準が低い（平均約15万円）「正規の職員・従業員以外」の世帯では2・5％の増加となっている。

以上のように、勤労者世帯全体の「世帯主の勤め先収入」は、相対的に賃金水準が低い高齢雇用者世帯や「正規の職員・従業員以外」の世帯の割合が上昇することにより、中長期的にみると、平均値の下押し圧力が働いており、収入が伸びづらくみえる要因となっている。

5 増加する賃金以外の雇主負担

前節までは、勤労者世帯の世帯主（雇用者）が受ける収入の動きをみてきた。本節では、収入（賃金）を支払う企業など雇主が負担する人件費という点に注目していく。

雇用者は雇主が支払う賃金を受け取り、そこから所得税や個人住民税などの税、健康保険料、厚生年金保険料、雇用保険料、介護保険料などの社会保険料を支払っている（一般には天引きされている）。一方、雇主は、雇用者への賃金支払いのほかに別途、雇用者と労使折半となっている健康保険料や厚生年金保険料等の社会負担が存在する。

図９-３　社会保険料率の推移

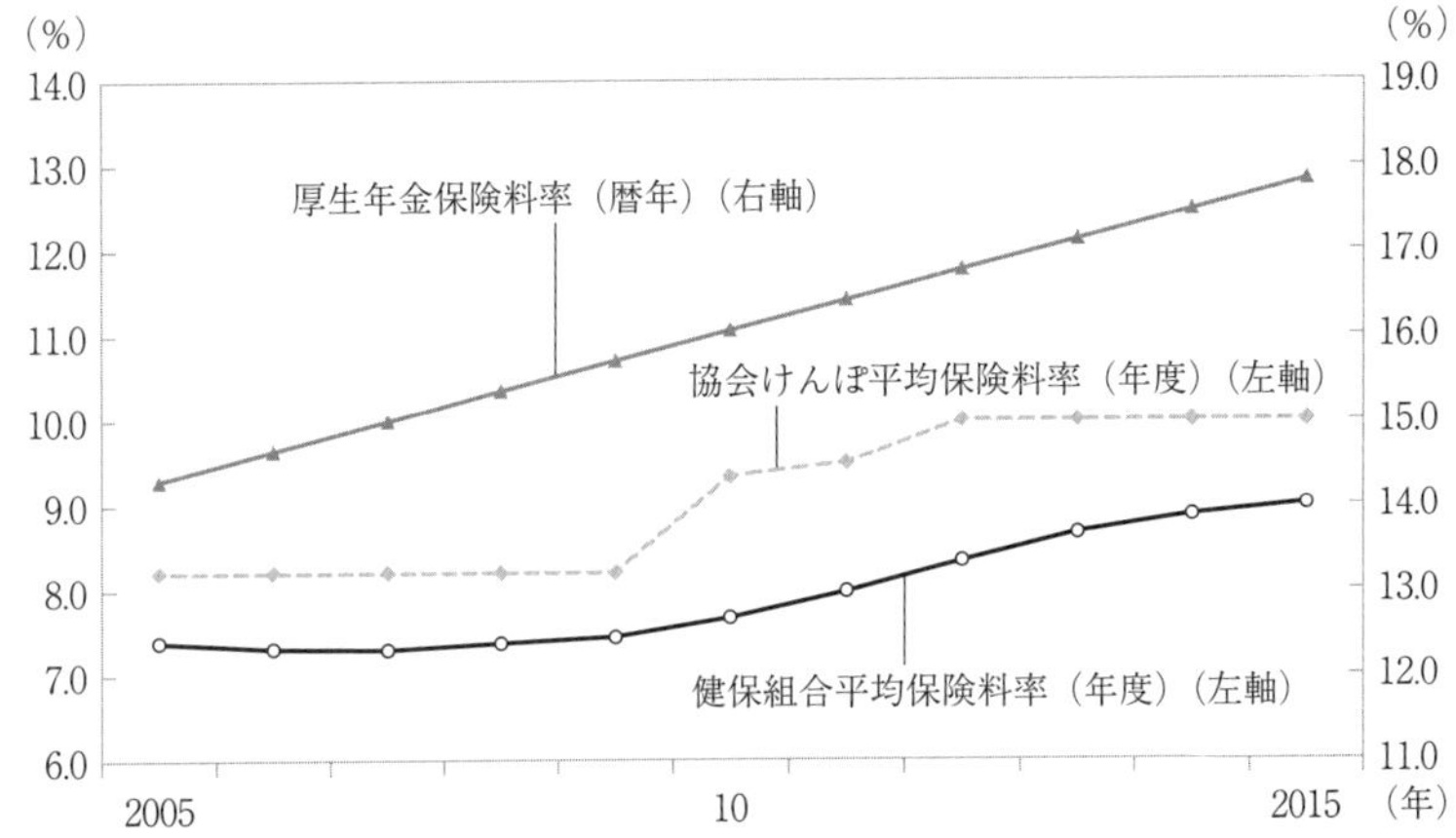

出所：平成28年度健保組合予算早期集計結果の概要（健康保険組合連合会）、協会けんぽ（政府管掌健康保険）の健康保険料率等の推移（全国健康保険協会）、厚生年金保険料率の変遷表（日本年金機構）など

（１）上昇する社会保険料率

まず、社会保険料率の推移をみると、少子高齢化の進展等に伴って、健康保険料や厚生年金保険料の保険料率の引き上げが続いている（図9−3）。

健康保険については、主に大企業のサラリーマンが対象の組合管掌健康保険の「健保組合平均保険料率」をみると、高齢者医療への拠出金負担増による財政の悪化から引き上げが行われている。特に、２０１０年度以降保険料率の上昇幅が拡大しており、10年度から15年度にかけて、７・７％から９・０％まで引き上げられている。また、中小企業のサラリーマンが対象の全国健康保険協会（協会けんぽ）の「協会けんぽ平均保険料率」も10年度以降上昇幅が拡大し、12年度には10・０％となっている。

さらに、厚生年金保険料率も04年10月以降、

図 9-4　「世帯主の勤め先収入」に対する「非消費支出」の比率
（勤労者世帯（有業者 1 人）のうち世帯主が 60 歳未満）

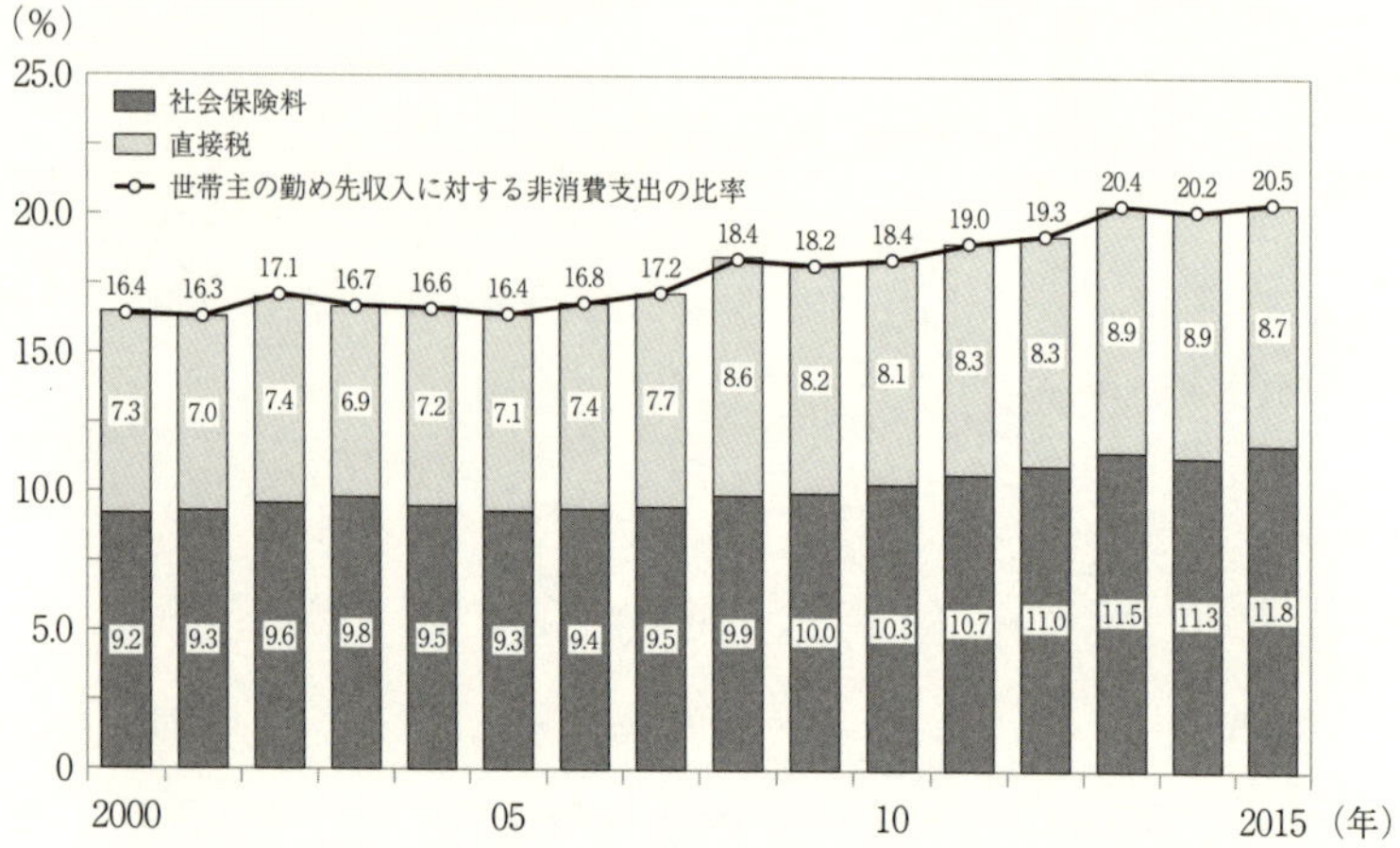

出所：家計調査（総務省）の特別集計結果

毎年0・354%ずつ引上げられており、15年は17・8%に達している。

(2) 非消費支出比率の上昇

次に、家計調査の結果から、世帯が負担している社会保険料や所得税などの「非消費支出」の動きを確認しておこう。家計調査の勤労者世帯全体における「非消費支出」については、世帯主だけでなく、配偶者や他の世帯員による分も含まれている。また、勤労者世帯のうち60歳以上の世帯については、定年後の継続雇用（再雇用）や定年の引き上げ（延長）の世帯、年金を受給しながら働いている世帯が含まれている。そこで、ここでは勤労者世帯のうち、世帯主が60歳未満で世帯主のみが有業者の世帯の結果をみていく（図9-4）。

同世帯の「世帯主の勤め先収入」に対する「非消費支出」の比率[5]をみると、健康保険料や厚生年金保険料などの社会保険料率の毎年の引き上げ等を背景として、2000年の16・4%以降、趨勢的に上昇が続いている。特に、08年以降の上昇が大きく、10年から15年までの5年間では、18・4%から20・5%と、2・1ポイントも上昇している。

（3）世帯主の勤め先収入

先述のとおり、雇主が負担する人件費には、雇用者に支払う賃金（税込み）のほか、雇主が雇用者と労使折半となっている健康保険料や厚生年金保険料などの経費も含まれる。

世帯側の調査である家計調査の結果から雇主が負担する経費のすべてを把握することはできないが、雇用者が負担している社会保険料は把握可能である。そこで、家計調査の結果から雇主が負担する経費も含めてみることにする。

具体的には簡易的に雇主負担分の社会保険料[6]を推計し、それを「世帯主の勤め先収入」に加算した。その結果（図9-5）をみると、世帯主が60歳未満の「世帯主の勤め先収入（雇主負担を含む）」と「世帯主の勤め先収入」の水準差は、特に2010年以降拡大している。10年から15年までの5年間の「世帯主の勤め先収入」の伸びをみると、0・2%の減少であるのに対して、雇主負担を含めてみた場合は1・3%の増加となっている。特に、12年以降の増加のペースは、同期間の「世帯主の勤め先収入」の伸びを大きく上回る状況が続いている。

この結果は、世帯の収入（賃金）が仮に横ばいであっても、社会保険料率の引き上げにより、雇主の社会保険料の負担は増加するため、人件費全体は増加となることを示している。つまり、社会保険

図9-5　世帯主の勤め先収入（名目）の推移
（勤労者世帯のうち世帯主が60歳未満）

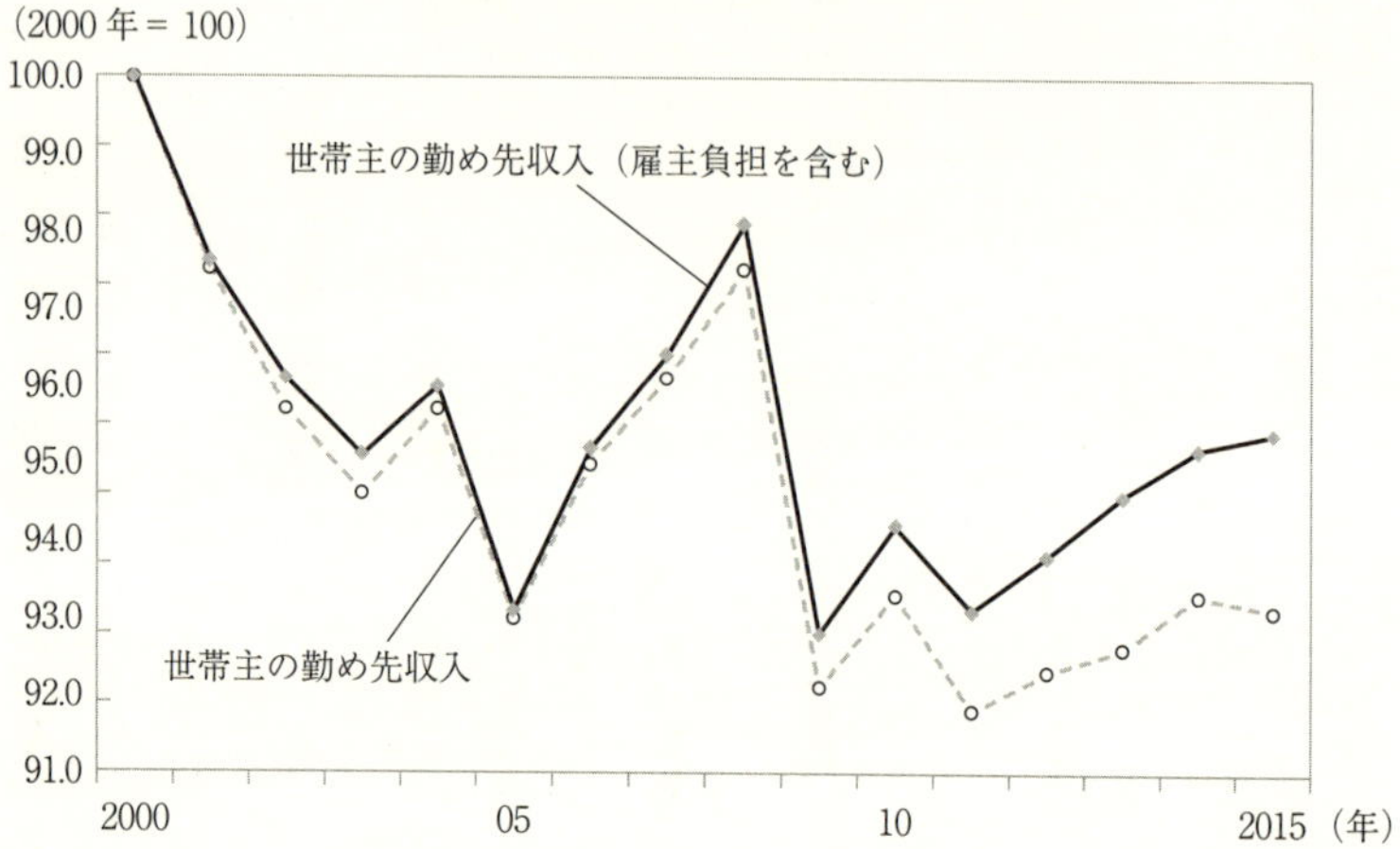

出所：図9-4に示す結果をもとに推計

料率の毎年の引き上げに伴う雇主の負担増は、賃金の伸びを抑制する要因となっているのではないかと考えられる。

(4)　1人あたり雇主の社会負担

家計調査など世帯側から捉えた統計は、1世帯あたりの平均金額である。このため、たとえば「世帯主の勤め先収入」などの収入関係の結果からは、雇用者総数の増減も含めた賃金（収入）総額の動きは捉えきれない。そこで、マクロ統計「国民経済計算」（内閣府）からみた雇主が雇用者に支払った賃金の総額を示す「雇用者報酬」の動きを最後にみておこう（図9-6）。

「雇用者報酬」は、2010年以降、増加が続いており、10年から14年までの4年間[7]で、3・3％の増加となっている。この内訳をみると、現金給与（税込）などの「賃金・俸給」は、

図9-6　雇用者報酬（名目）の寄与度分解（前年比）、雇用者数（国民経済計算ベース）

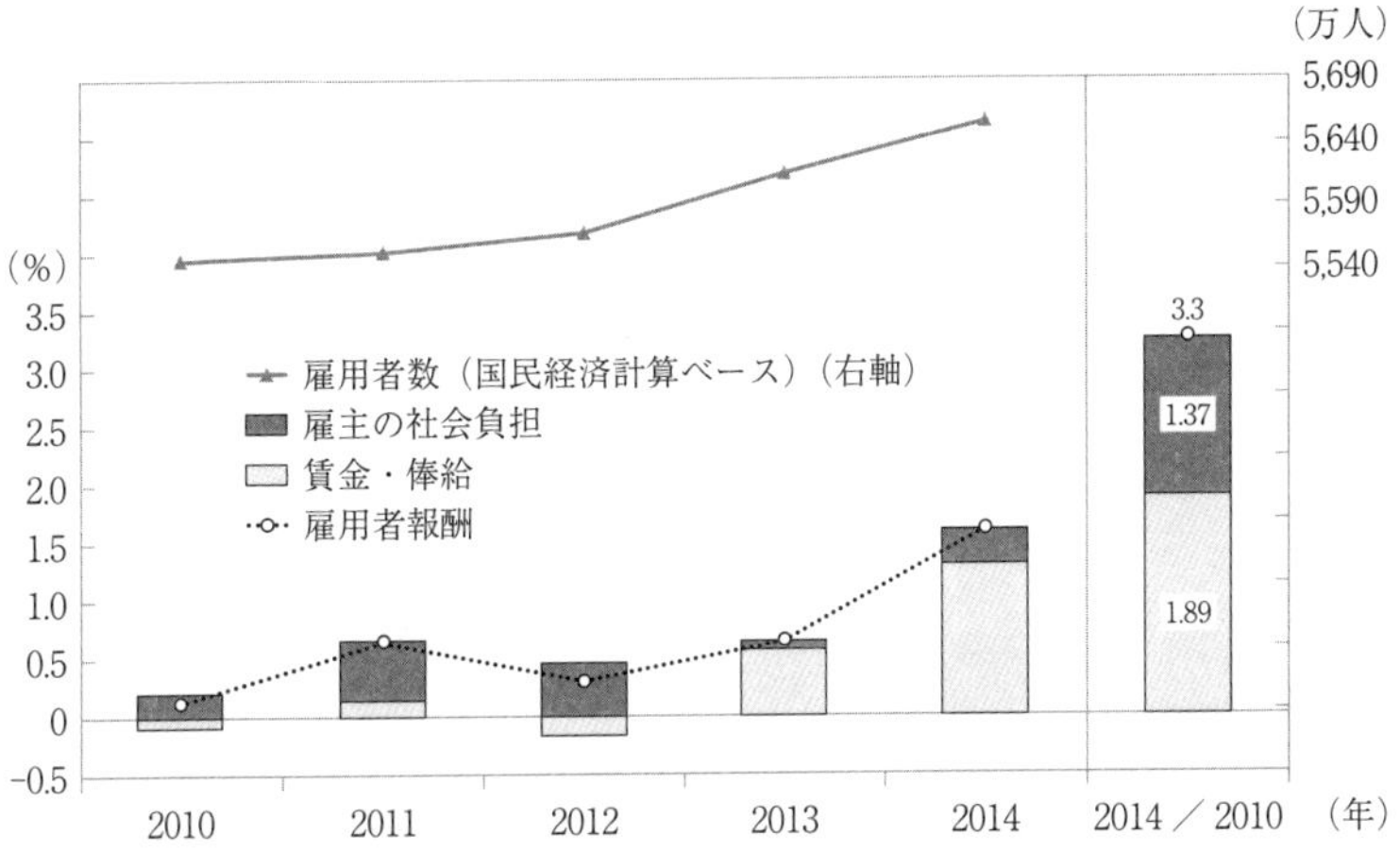

出所：国民経済計算確報　2014年度確報（内閣府）

2・2%の増加（雇用者報酬に対する寄与度[8]＋1・89%）、雇主の健康保険や厚生年金等の社会保障基金への負担金などの「雇主の社会負担」は、8・9%の増加（同寄与度＋1・37%）となっている。

次に、「雇用者報酬」を雇用者数（国民経済計算ベース[9]）で除した「1人あたり雇用者報酬」をみると、4年間で1・3%の増加と「雇用者報酬」の伸び率（3・3%の増加）よりも低くなっている（図9-7）。これは、「雇用者報酬」の増加は雇用者数の増加（4年間で109万人増加）が大きく寄与していることを示している。

雇用者数の増加の状況について、「労働力調査」（総務省）の結果から役員を除く雇用者数の内訳をみると、「正規の職員・従業員」は96万人の減少、「非正規の職員・従業員」は199万人の増加となっている。したがって、

図9-7　1人あたり雇用者報酬（名目）の寄与度分解（前年比）

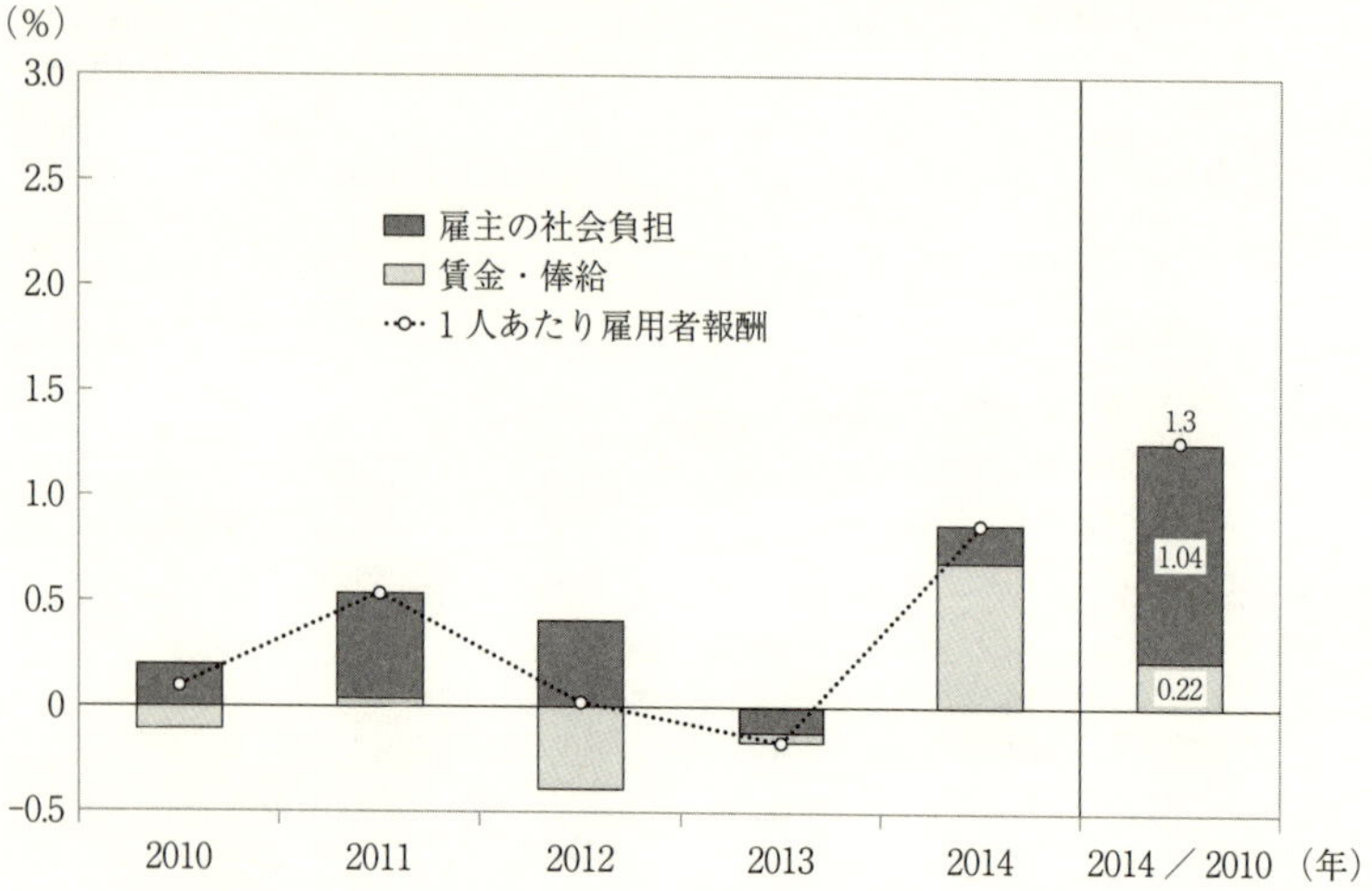

出所：国民経済計算確報　2014年度確報（内閣府）から作成

「雇用者報酬」の増加は、雇用者のうち「非正規の職員・従業員」の増加が寄与していることがわかる。

さらに、「1人あたり雇用者報酬」の内訳をみると、4年間で「賃金・俸給」は0・3%の増加（1人あたり雇用者報酬に対する寄与度＋0・22%）とほぼ横ばいになっているのに対して、「雇主の社会負担」は6・8%の増加（同寄与度＋1・04%）となっている。つまり、「1人あたり雇用者報酬」の増加は、「賃金・俸給」ではなく、主に「雇主の社会負担」の増加によるものであることがわかる。これは、雇主が社会保険料の算定の基礎となる各雇用者の賃金の上昇を抑制することで、保険料率の毎年の引き上げに伴う社会保険料負担の自然増に対応しているためとみることもできる。

６　社会保険料率等の引き上げの影響

以上、みてきたように、少子高齢化に伴い、勤労者世帯全体に占める世帯主が60歳以上の割合は、趨勢的に上昇し続けてきた。相対的に収入水準の低い高齢勤労者世帯の増加は、勤労者世帯全体の平均収入の下押し圧力となっている。

また、「世帯主の勤め先収入（雇主負担を含む）」の２０１２年以降の伸びは、社会保険料率の毎年の引き上げが大きく寄与しており、これにより雇用者が受け取る賃金の上昇の余地が奪われていると考えられる。少子高齢化はさらに進展することから、現行の社会保障制度を維持するためには社会保険料率のさらなる引き上げが必要となる可能性が高い。そのため、人手不足であるかどうかにかかわらず、今後も企業は単純には賃金を引き上げづらい状況が続くのではないだろうか。

第９章【注】

（１）家計調査は、世帯における家計収支の実態と消費の動向を家計簿によって毎月把握する調査であり、標本規模は約９０００世帯（２人以上の世帯８０７６世帯、単身世帯６７３世帯）である。また、家計調査と同様に家計簿等による調査として、全国消費実態調査（総務省）がある。この調査は５年に１度、約６万世帯（２人以上の世帯５１６５６世帯、単身世帯４６９６世帯）を抽出し、家計消費等の実態を構造面から詳しく捉えることを目的とした統計調査である。

（２）ただし、２０１０年から15年までの世帯主の配偶者（女）の有業率は41・４％から47・４％と６・０ポイント上昇しており、

15年の配偶者の勤め先収入（女）は10年に比べて名目12・4％の増加となっている。

（3） 高齢者雇用に関しては、2006年4月の改正高年齢者雇用安定法で、事業主に(1)定年の引き上げ、(2)継続雇用制度の導入、(3)定年の定めの廃止、のうちいずれかの措置（高年齢者雇用確保措置）を講ずる義務を課している。

（4） 勤労者世帯全体に占める「60歳以上」の世帯割合は、2015年半ばまでは上昇傾向にあったが、それ以降は低下傾向がみられる。これに伴い、勤労者世帯全体における世帯主の平均年齢は低下し始めている。これは、いわゆる団塊の世代が60代後半に達し、雇用者から無職者になっていることによるものとみられる。この分布の変化（60歳以上の世帯割合の低下）は、勤労者世帯全体の「世帯主の勤め先収入」の押し上げに寄与する。

（5） 非消費支出のうち滞納金などの「他の非消費支出」は少額であるため、ここでは除いている。

（6） 勤労者世帯（世帯主が60歳未満）の「世帯主の勤め先収入」をY、勤労者世帯のうち世帯主が60歳未満で世帯主のみ有業者の世帯における「世帯主の勤め先収入」に対する「社会保険料（雇用保険料は除く）」および「雇用保険料」の比率をそれぞれa、b、「雇用保険料」の雇用者負担に対する雇主負担の比率（一般の事業の比率とする）をcとし、ここでは雇主負担分の社会保険料を「Y＊（a＋b＊c）」としている。

（7） 執筆時点（2016年9月）では、『国民経済計算確報』2015年度確報は公表されていない。

（8） データ全体の変化に対して、データを構成する各項目がどれだけ影響（寄与）しているかを示す指標。

（9） 雇用者（国民経済計算ベース）は、経済活動別を問わず、あらゆる生産活動に従事する就業者のうち、個人事業主と無給の家族従業者を除くすべての者であり、法人企業の役員、特別職の公務員、議員等も雇用者に含まれる。また、同雇用者には2つ以上の仕事に従事し、かつ事業所も異なる場合はそれぞれ1人と数える副業者分の概念が存在する。したがって、労働力調査の雇用者数とは一致しない。

第10章

国際競争がサービス業の賃金を抑えたのか

塩路悦朗

ポイント
【規制】【需給】

1 高齢化社会と「あり得たはずのもう一つの現実」

本章では介護や看護など（ここではこれらを対人サービス職業と呼ぶことにする）で働く日本の若者の賃金が、どのような要因で決まっているかを考察する。

その出発点は、少子高齢化が進行する下で、「本来ならば日本の若者、特に対人サービス職業に就く労働者の賃金は大幅に上昇したはずではないのか」という疑問である。

筆者はかつて、この問題意識を玄田ほか（2016）の中で提起したことがある。単純に需給要因だけで考えるならば、少子化は日本の労働供給全体に占める若手労働者の比率を下げるから、これは彼らの賃金を押し上げる方向に働くはずである。一方で人口に占める高齢者の割合が上昇してくると、この層が必要とする介護や看護などのサービスに対する需要が増加するから、これらの職業に従事する労働者の賃金は引き上げられるはずである。

この効果は高齢者のほうが平均的にみれば資産額が多い（ただし同じ年齢層の中でのばらつきも高齢者のほうが大きい）という事実によってさらに強められるであろう。事実、本書巻頭基本データの図6にみられるように、「医療、福祉」の分野は近年の新規求人の増加に対して多大な貢献をしてきたのである。

以上のように、需要・供給の両面からみて、少子高齢化が進むにつれて、こうした労働者の賃金が加速度的に上昇してきていても不思議ではないように感じられる。ところが実際には、同じく巻頭基本データの図6に明らかなように、「医療、福祉」分野の実質賃金は近年、むしろ下がってきている。他の分野と比べてもその上昇率は明らかに低い部類に入っている。どうしてこんなことになってしまったのだろうか。

考えられる仮説のひとつは、「市場がゆがんでいるから」というものである。労働市場そのものに機能不全が生じている可能性もあるが、医療や介護といったサービスの価格形成がゆがんでいる可能性が重要である。すなわち、仮に労働市場そのものは需給調整機能を果たしており、賃金がミクロ経済学でいう価値限界生産性（労働投入の1単位の追加がどれだけ新たな価値、つまりサービス価格とサービス量の積を生み出すかということ）に一致していたとしても、公的規制によってサービスの価格がその真の（利用者の効用ベースの）価値よりはるかに低い水準に固定されていれば、賃金はなかなか上がらないだろう。たとえばよく言われているように、介護労働者の賃金は、政府が定める介護報酬が低く設定されていることで、需給条件を反映しないような低い水準に抑えつけられている可能能性がある。このことは本書第1章（近藤論文）でも指摘されている。

2　パズルは本当にパズルなのか――国際競争に注目する理由

もし本当に低賃金が日本経済のゆがみの現れならば、それは正されなくてはならない。しかしそのような結論に早急に飛びつく前に、同じ現象について別の説明が可能かどうかを慎重に考えてみようというのが、本章の趣旨である。

前節の議論においては一つの暗黙の前提が置かれていたことに注意しよう。それは、これら労働者の賃金は国内要因だけで決まるというものである。これは自然な想定にも思える。たとえば日本のホームヘルパーが提供するサービスが「輸出」されることは、今のところほとんどないと考えてよいだろう。介護への移民の導入もまだ限定的である。両面で、わが国のホームヘルパーの市場は国際競争から遮断されている。

一方で製造業、特に外国企業との厳しい競争にさらされている分野は話が別である。たとえば、ある家電メーカーを考えよう。最近、主力製品の米国での売れ行きが上向いてきた。そこで社長としては値上げをして、儲かったお金のうちのいくらかで、日本の工場で働く組立工の給料アップをしようと考えた。ところが、この会社は新興国企業の挑戦を受けている。このライバルは自国の低賃金を武器に、米国市場でしきりに安値攻勢をかけてくる。この状況では日本のメーカーも値段を上げるに上げられない。結果として組立工の給料も据え置かざるを得ない――。このように貿易財生産に従事する労働者の市場と非貿易財・サービス関連のそれでは賃金の決まり方も異なると考えられる。

しかし、上の例において、ホームヘルパーの市場と組立工の市場が別々に存在しているのではなく、労働者が二つの間を自由に往き来できるとしたらどうだろうか。あるときホームヘルパーの賃金に上昇の兆しがみえたとしよう。そのとたん、これまでは組立工の職に応募しようと思っていた求職者がホームヘルパーの職にターゲットを変えて参入してくるようだとすれば、供給側からは賃金を元に引き戻す圧力が働くことになる。ホームヘルパーの賃金がこのような需給の変化に反応するならば、当初の賃金上昇はかなり弱められることになる。こうして、ホームヘルパーの賃金も組立工の市場を通じて間接的に国際競争の圧力を受け、国内労働需給が賃金に及ぼす影響力は限定的になる。

以上のような仮説はどのくらい現実的なのだろうか。そのことを考えるカギは二つある。「第一のカギ」は二つの部門で働く、あるいは働こうとしている労働者が技能や選好の面でどの程度似通っており、どのくらい容易に部門間を移動できるかである。経済学の用語を用いるならば、二部門の労働の代替性の程度ということになる。

「第二のカギ」は、実際に労働者が対人サービス部門に流入してきたときに賃金が本当に押し下げられるのかという、賃金の伸縮性の問題である。以下ではこの二つの妥当性を検証していこう。

3 イベント分析の対象としてのリーマン・ショック

前節で述べた二つのカギとなる仮説を検証するため、以下では厳密な統計分析に代えてイベント分析を試みる。この分析は、輸出志向型の製造業に大きなマイナスのショックが加わった過去の事例を見つけるところからスタートする。その上で第一に、就業の機会を失った大量の労働者・求職者が対人サービス労働市場に流入していく傾向があったかどうかを検討する。

もしそのような傾向が認められたとしたら、第二に、労働供給圧力の増大によって対人サービス部門の賃金が押し下げられたかを検証する。イベントとして取り上げるのはリーマン・ショック（２００８年9月）である。

リーマン・ショック直後に起きた不況は日本経済全体を部門横断的に襲ったものの、やはり輸出産業の受けたダメージが大きかった。総務省「労働力調査」によれば、２００８年から09年にかけて就業者数は６３８５万人から６２８２万人へと、１０３万人（1・64％）減少した。職業別統計をみると、このうち「製造・制作・機械運転及び建設作業者」が１４０１万人から１３０５万人へと96万人（6・85％）減少しており、単独で全体の減少をほぼ説明できる。産業別統計をみても、製造業・建設業だけで全体にほぼ匹敵する就業者数の減少を生み出しているが、なかでも金属製品製造業に各種機械器具製造業を合わせたものが５３８万人から４９３万人へと45万人（9・13％）減少しているのが目を引く。

では、この部門で職を得られなかった労働者はどこを目指したのだろうか。

4　検証1：求職者は対人サービス部門に押し寄せたか

本節ではこのときの東海4県、すなわち岐阜・静岡・愛知・三重の動向に注目して、「第一のカギ」である労働の代替性を検証する。この地方には輸出志向型製造業が集中的に立地している。たとえば総務省「国勢調査」によれば、2005年10月において全国の金属加工作業者および各種機械器具組立・修理作業者のうち20・46％が同地方で働いていた。全就業者に占めるこれら労働者の比率でみても、全国では7・05％だったのに対し、同地方では11・55％だった。それだけ輸出急減ショックの影響を強く受けたと考えられ、イベント分析に向いている。

ここでは塩路（2016）でも用いた都道府県別・職業別の求人・求職データを利用して、この地方の労働市場で何が起こったかを跡づけていきたい[1]。なお、ここで用いるのは「有効」求人・求職、つまり前月からの繰り越し分を含んだデータであり、当該月に登録された件数だけを含む「新規」求人・求職とは異なるので注意されたい。

図10-1、図10-2はそれぞれ、東海地方の有効求人と有効求職の推移を職業別にみたものである。データは2005〜2011年の各6月、およびリーマン・ショック後の動向を詳細にみるため、2008年6月と09年6月の間の各月について取っている。職業としては輸出志向製造業関連として「一般機械器具組立修理」「電気機械器具組立修理」「輸送用機械組立修理」を取り上げた。また対人サービス関連として「社会福祉専門の職業」「家庭生活支援サービス」「保健師、助産師、看護師」を

図10-1　有効求人の職業別推移、東海地方（2008年6月＝100）

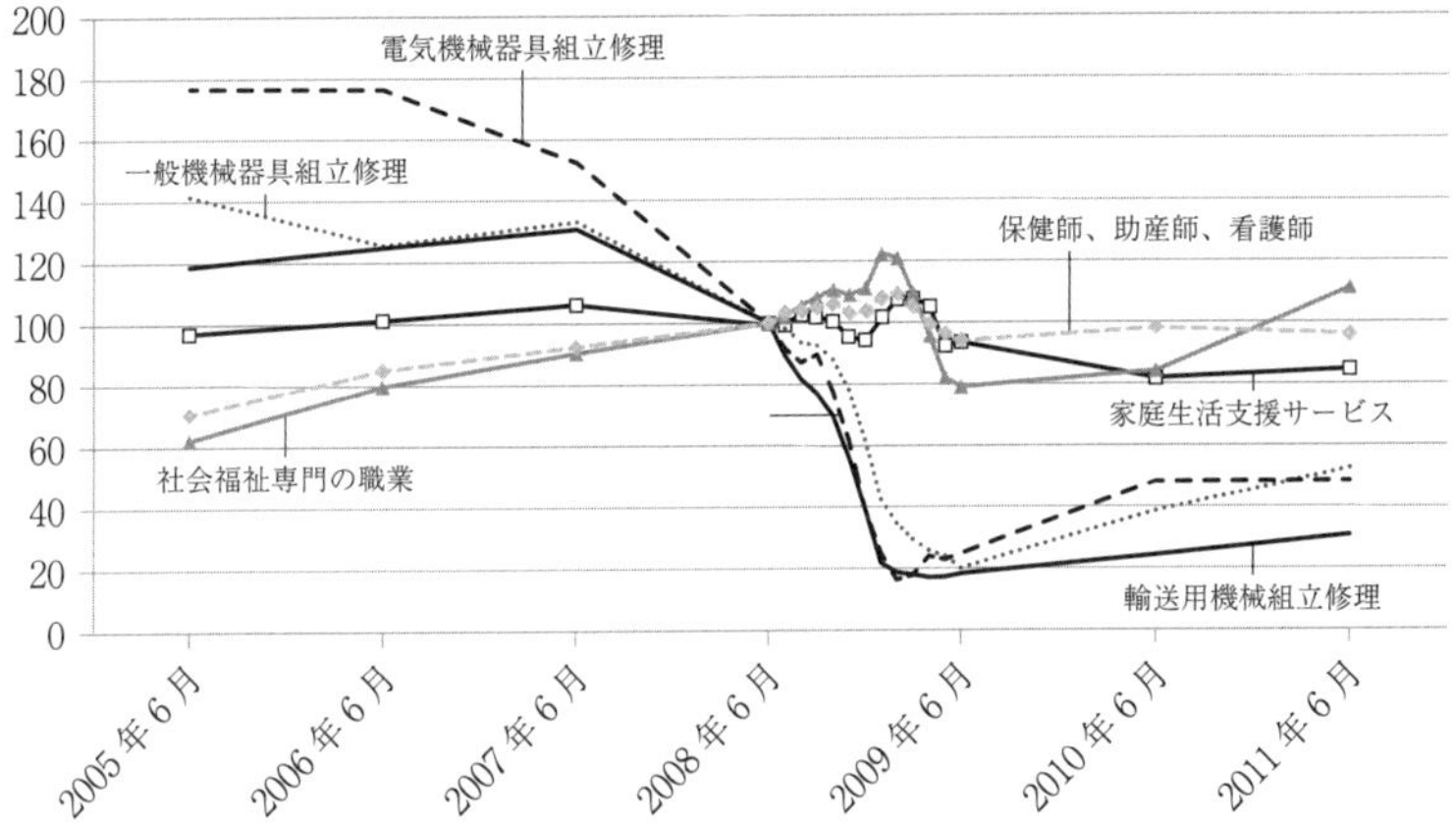

注：厚生労働省「一般職業紹介状況」（職業安定業務統計）より筆者作成。データは2005～2011年の各年の6月および2008年7月～2009年5月までの各月について取っている。

取り上げた。

図10-1は求人の動向を示している。輸出関連職業についてみると、いずれもリーマン・ショック前から低下の傾向は見せているものの、ショック以降急激に落ち込み、5~6か月で80%近く減少したことが確認できる。一方、対人サービスの求人はさほど落ち込んでいない。よって労働需要面でみれば、不況の波は対人サービスまでは伝わらなかったことが確認できる。

他方、図10-2は求職の推移を示している。輸出関連職業については、これら職業における求人の急減（図10-1）を受け、職を得られない求職者のストックが急増したことがわかる。

問題はこうした労働者がどこに流れたかである。対人サービスのうち「社会福祉専門の職業」と「家庭生活支援サービス」についてはリーマン・ショック後に求職の急増が観察される。唯一「保健師、助産師、看護師」の求職だ

図 10-2　有効求職の職業別推移、東海地方（2008 年 6 月＝100）

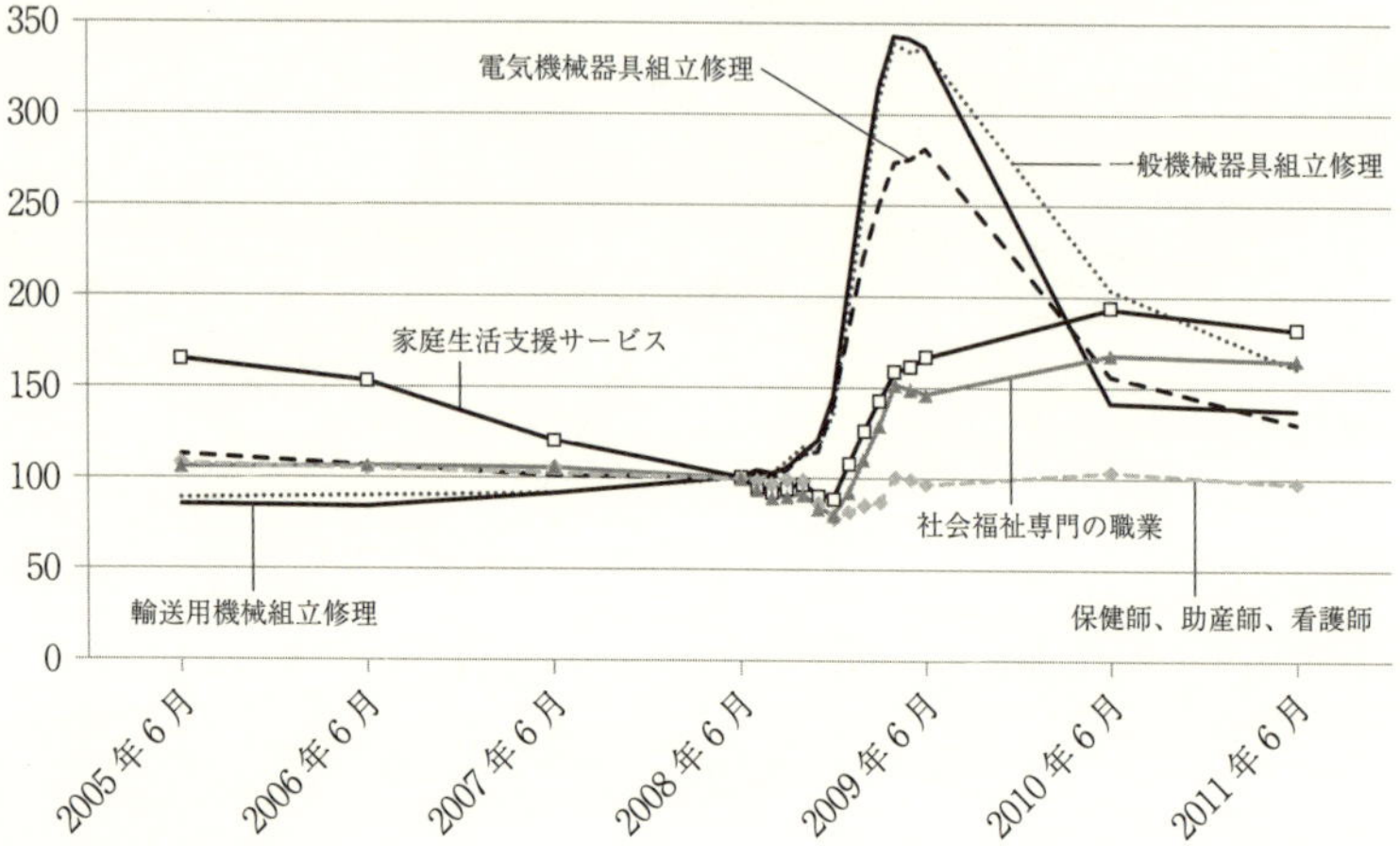

注：図 10-1 の注参照。

けがショックに無反応で、ほぼ一定を保っている。

以上の結果は、対人サービス関連の労働市場といえども他の労働市場とつながっており、輸出産業に発生したショックから無縁ではいられないことを示している。その意味では、輸出関連部門と対人サービス部門との間の労働の代替は、少なくとも労働者の観点からはある程度可能と考えられていたのだろう。

5　検証2：求職者の波に対人サービス賃金は反応したか

そこで「第二のカギ」の検証に移ろう。前節でみた求職者の波が押し寄せたとき、対人サービス部門の賃金はそれに反応して低下したのだろうか。ここでは厚生労働省「賃金構

図10-3　きまって支給される現金給与額の職種別（一般労働者、男）推移、全国、企業規模計、20-39歳平均（2008年＝100）

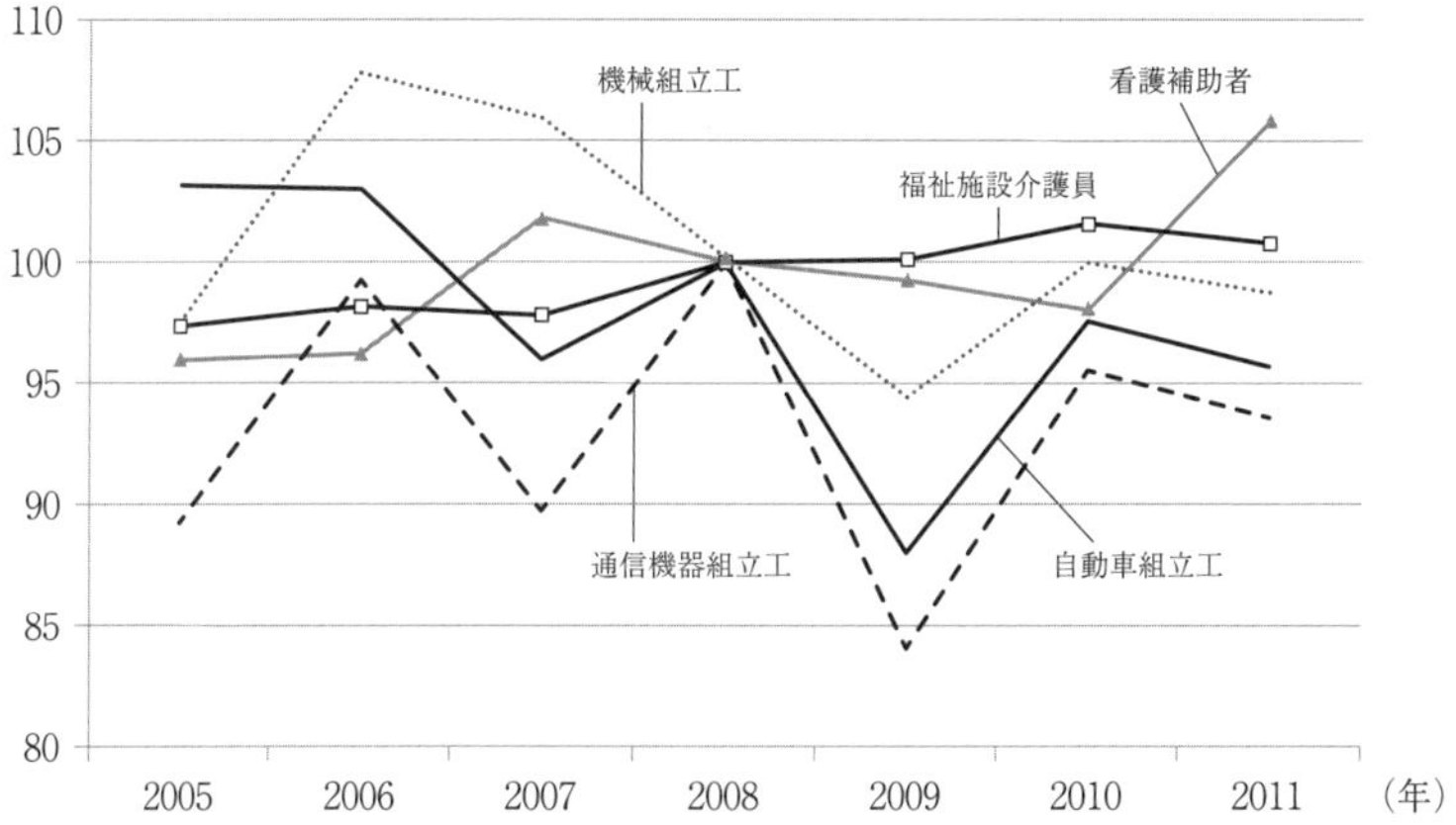

注：厚生労働省「賃金構造基本統計調査」をもとに筆者作成。

造基本統計調査」の職種別賃金データをもとに、この時期の輸出志向型製造業および対人サービス部門の賃金の推移をみてみよう。同統計には都道府県別レベルのデータも存在している。しかしサンプル数が少ないために数値の振れが大きい上、対人サービス関係の職種に関する統計があまり多くない。そこでやむを得ず、全国レベルのデータを用いることにした。

図10-3は輸出関連職種として「機械組立工」「通信機器組立工」「自動車組立工」を、対人サービス職種として「福祉施設介護員」「看護補助者」を取り上げている。若手に焦点を当てるため、20-39歳に限定して男性賃金（きまって支給される現金給与額）の平均を計算した。なお同調査は年次統計で、毎年6月分の賃金を調べるものである。比較のため、すべての職種について2008年水準を100として基準化している。

輸出関連の3職種については年ごとの振れが大きいものの、２００８年から09年にかけての大幅な賃金下落がはっきりと表れている。それに対して対人サービスの2職種についてはそのような傾向はまったくみられない。不況に陥った輸出関連部門からの労働供給の増加圧力増大にもかかわらず、対人サービス業の賃金は伸縮的に下落しなかったのである。

6 検証結果のまとめ

以上をまとめるならば、「第一のカギ」についてはリーマン・ショック時のデータは肯定的である。輸出志向型製造業からあふれ出た求職者・労働者の波は、たしかに対人サービス型職業にまで到達していた。したがって少なくとも求職者側つまり労働供給側においては、対人サービスの労働市場は外部の動向から完全に遮断されているわけではない。

しかし「第二のカギ」については否定的な結果が得られた。つまり、労働供給側からのプレッシャーにもかかわらず、同部門の賃金は低下する傾向をみせなかった。

したがって、同部門の賃金水準は製造業部門における国際競争と労働の部門間移動によって間接的に抑えられているのではないかという、本章で取り上げた仮説は妥当ではないと結論づけられる。低賃金の理由はやはり、対人サービス部門における賃金調整の不全に求められるべきである。

図10-4　製造業・対人サービス業の労働市場

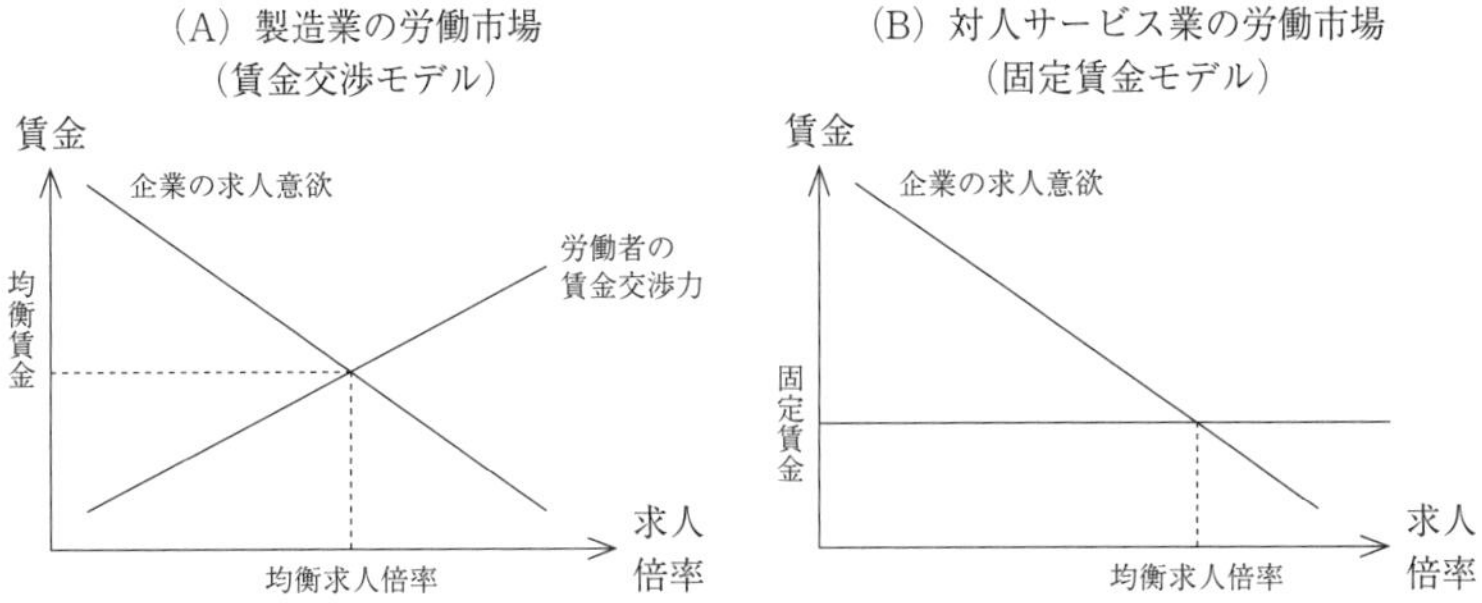

7　労働市場で何が起きているのか？　図解

これまでにわかったことを、経済モデルを使って理解することを試みよう。ここで用いるのは塩路（2016）でも紹介したサーチ・モデルである。詳細については同論文を参照されたい。ただし同論文では1部門モデルを扱ったのに対し、ここではこれを製造業と対人サービスの2部門からなるものに拡張している。

サーチ・モデルでは、企業は賃金だけでなく、労働者を見つける確率を考慮して求人を出す。求職者の行動にも、職に就いたときに得られる賃金だけでなく、職が見つかる確率が影響を及ぼす。図10-4のパネルAは製造業、Bは対人サービス業の労働市場をイメージしたものである。いずれも縦軸が賃金、横軸は求人倍率（需給逼迫度）を測っている。求人倍率が高いほど企業にとって労働者は見つけにくく、求職者は職を見つけやすくなる。「企業の求人意欲」と記された線は両パネル共通である。この線は一定の求人意欲を持つ企業の行動を表している。企業としてはたとえ賃金が高くなっても、それに見合うだけ労働者を見つける確率が上がれば求人広告を出す価値があると考える。これがこの線が右下がりになる理由である。

パネルAの製造業では、(標準的サーチモデルと同様に)企業と労働者の交渉で賃金は決まると考えている。労働者としては、交渉のテーブルを蹴って職探しに戻った場合に次が見つけやすいほど、つまり求人倍率が高い場合ほど、強気で交渉に臨める。その結果、高めの賃金を勝ち取ることができる。この関係を表すのが右上がりの「労働者の賃金交渉力」線である。製造業では2本の線の交点で賃金と求人倍率が決まることになる。

パネルBの対人サービス業では、賃金は何らかの外的要因で固定されていると考えている。しかもその水準は製造業の水準に比べ、かなり低く抑えられている。これが水平の「固定賃金」線である。この線と「求人意欲」線の交点で求人倍率が決まる。

失業者はどちらかの部門を選んで職探しするものとしよう。対人サービスでは求人倍率は高いが賃金が非常に低いので、(緩やかな条件の下で)平均的な求職者は製造業で探したほうが効用が高くなる。結果として、対人サービスに対する選好の強い人(その仕事が好きな人や向いている人)だけがそちらで求職することになる。

図10-5は製造業で企業の求人意欲が低下した場合(たとえばリーマン・ショック)の変化を示している。パネルAでは「求人意欲」線が左下に落ち込むので、賃金と求人倍率がともに悪化する。そこで製造業での求職者が減って対人サービス業に流れ込むことになる。パネルBにおいて、賃金は外生的に固定されているので変わらない。したがって求人倍率も不変である。つまり外部からの求職者の流入は一時的に求人倍率を悪化させるかもしれないが、これはいずれ元に戻る。しかし新しい均衡

図10–5　製造業におけるマイナス労働需要ショックの影響

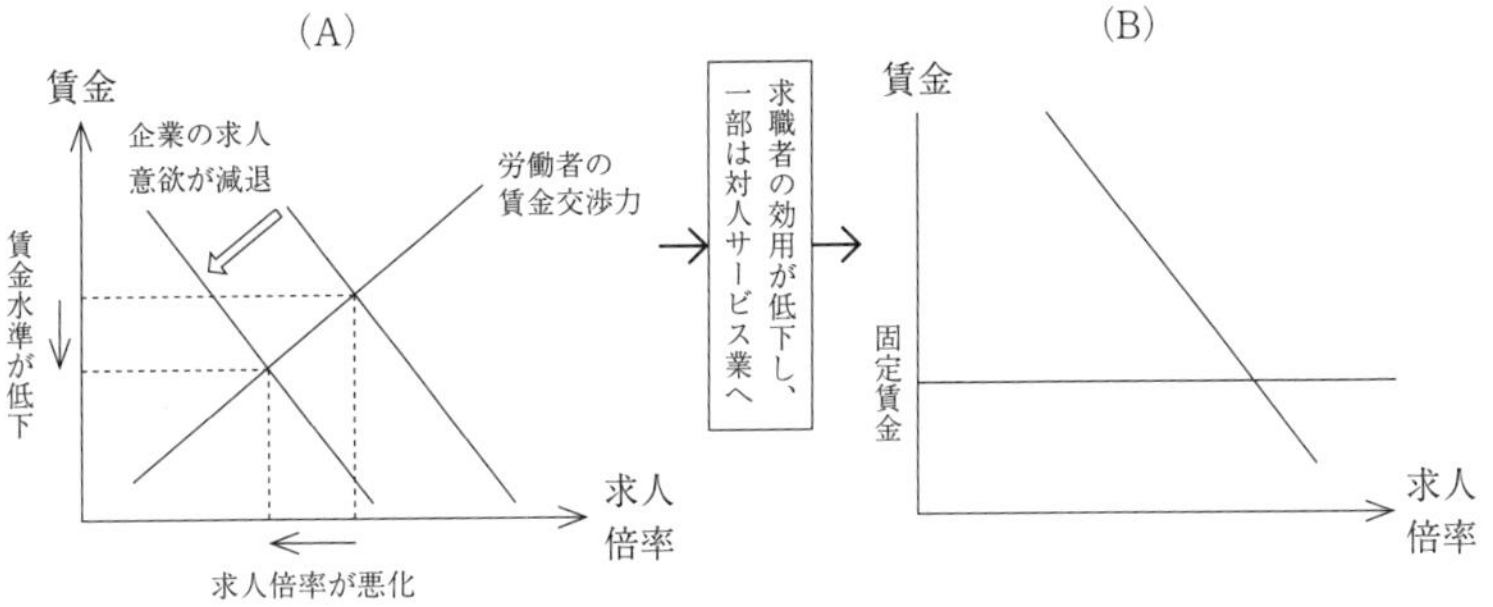

では対人サービスへの選好がより弱い求職者も同部門に流入しているから、この部門の求職者の平均的な効用水準は下がっている。

8　今後の課題：なぜ対人サービス賃金は硬直的なのか

本章では対人サービス業における賃金硬直性が確認された。今後検討すべき課題は、その原因である。当該部門が強い公的規制下にあるのは確かなのだが、規制のあり方は分野によってさまざまであるし、必ずしも賃金水準に直接規制が加わっているわけでもない。規制がどのように賃金硬直性につながっているのか（あるいは本当にその原因なのか）、将来の研究課題としたい。

第10章【注】

（1）データ収集にあたっては厚生労働省職業安定局雇用政策課調査係から多大なご協力をいただいた。

【参考文献】

玄田有史・大竹文雄・岩本康志・澤田康幸・大橋弘・塩路悦朗（2016）「石川賞10周年パネル　日本の経済問題と経済学　パネル討論」照山博司・細野薫・松島斉・松村敏弘編『現代経済学の潮流2016』（東洋経済新報社）第7章、201-245ページ。

塩路悦朗（2016）「付加価値生産性と部門間労働配分」『経済分析』第191号、63-93ページ。

第11章 賃金が上がらないのは複合的な要因による

太田聰一

ポイント

【正規】【需給】【年齢】

1 原因は一つではない

2016年7月の完全失業率（季節調整値）は3・0%と、きわめて低い水準を記録した。この水準は、20年以上前の1995年5月に並ぶものだ。これで2年以上も3%台の失業率水準が継続しており、なおかつ全体に低下傾向すら示してきた。にもかかわらず、賃金水準の伸びは停滞している。厚生労働省「毎月勤労統計」によると、2012年から15年にかけての雇用者1人あたり平均現金給与総額の伸びは1%のマイナスであった。

筆者は、こうした事態が生じた理由は必ずしも単純なものではなく、いくつかの要因が複合的に作用していると考えている。そこで、賃金の統計を徐々にブレークダウンしてみていくことで、現在の状況をもたらした可能性の高い要因を探っていきたい。とりわけ、非正規労働者比率の上昇、物価水準および生産性成長の低迷、平均勤続年数の低下、そして「世代効果」に着目する。

2 非正規雇用者の増大

最初のブレークダウンは、正規と非正規の関係だ。正規雇用と非正規雇用には、賃金水準に大きなギャップがある。先ほどの「毎月勤労統計」は、正規雇用者と非正規雇用者というかたちではないが、それに比較的近い区分として一般労働者とパートタイム労働者別の給与水準が示されている。2015年における一般労働者の現金給与総額（月額）は平均40万8000円であった。それに対してパートタイム労働者は平均9万8000円であり、その差は非常に大きい。

仮に、給与水準の相対的に低いパートタイム労働者のシェアが高くなると、たとえ正規雇用と非正規雇用のそれぞれの給与水準が上がっていたとしても、全体の平均給与水準が低下する可能性がある。2012年から15年にかけて全体の平均的な現金給与総額は1％低下したが、これもパートタイム労働者が一般労働者以上に増えた結果である。実際、その間の一般労働者数が1・9％増にとどまったのに対し、パートタイム労働者はわずか3年の間に10・6％も増加した。これが全体の平均給与水準を大きく押し下げたことは間違いない。そして、その背後では一般労働者とパートタイマーのそれぞれの給与水準は1・7％と、0・6％伸びていたのである。(1)

非正規雇用者の伸びがなぜそれだけもたらされたかについては、需要側と供給側の要因がそれぞれあるように思われる。仮に企業が必ずしも将来の業績に明るい見通しを持っていないものの、短期的

図11-1　年齢階級別非正規雇用者数

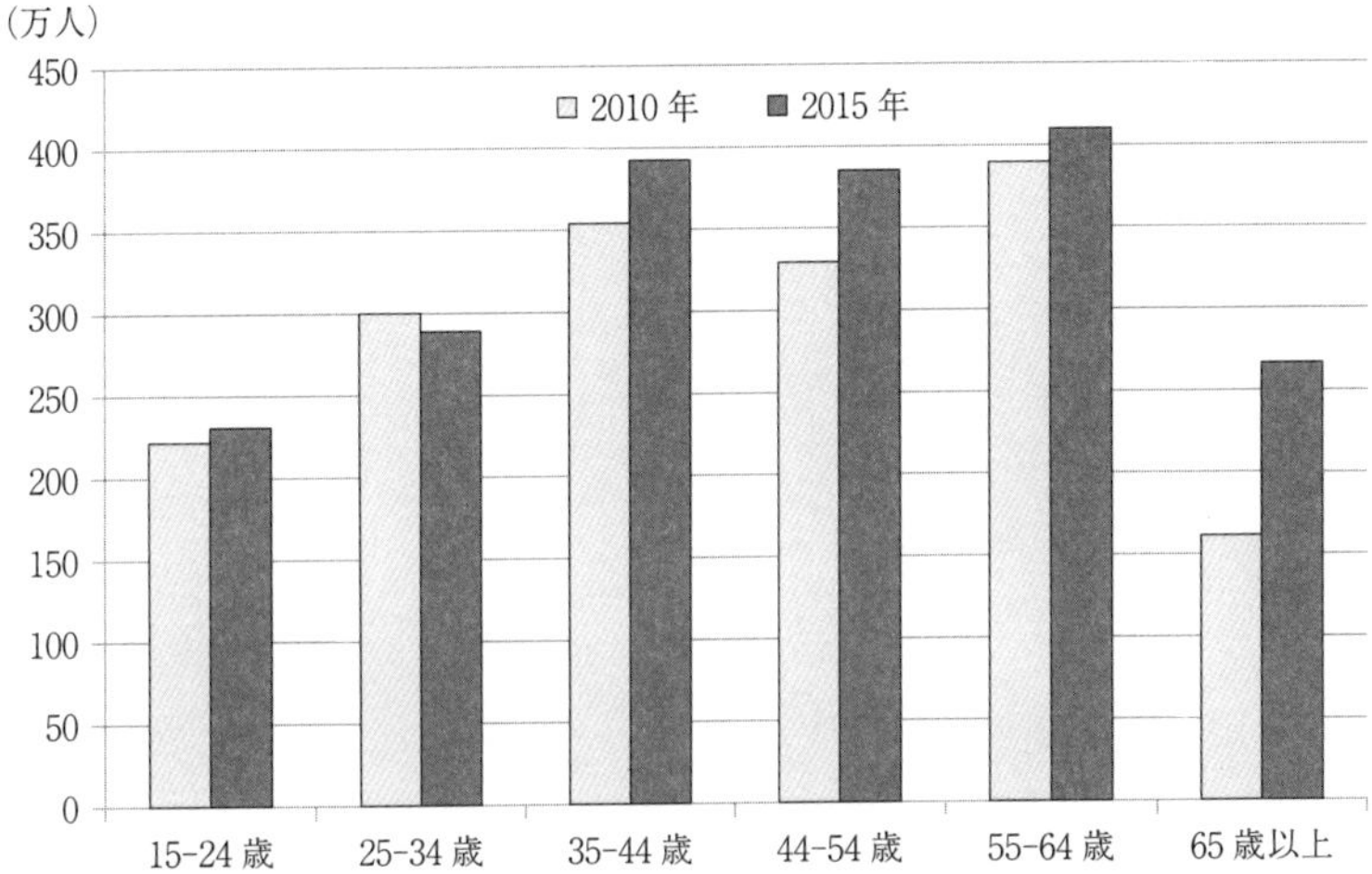

出所：総務省統計局「労働力調査（詳細集計）」

に雇用を増やす必要に迫られた場合には、雇用調整を行いやすい非正規雇用者の活用を目指してもおかしくない。それと同時に最近の非正規雇用の伸びをもたらした供給要因として、１９４７年から49年生まれのいわゆる「団塊の世代」が、65歳以上になってからも労働市場への参加を続けていることが挙げられる。

この点を端的に示す統計は、年齢階級別の非正規雇用者数だ。図11-1では、２０１０年と15年の非正規雇用者数を比較しているが、たしかに65歳以上の年齢層で顕著な伸びが観察される。この世代が強い就労意欲を維持していることから、このところ長期的な低下傾向を示していた全体の労働力率が12年を底に反転し、その後3年連続で上昇している。就業者数でみても、12年から15年にかけて65歳以上の高齢就業者が１３５万人も増加し、それが日本全体の就業者数を増やした。

このようにみると、人口構成の変化、すなわち高齢化が賃金上昇を抑制した側面があることがわかる。また、パートタイム労働者の賃金水準の伸びが必ずしも顕著でないことの背景にも、高齢者による労働供給増が関与していたとみるべきだろう。

3 賃金版フィリップス曲線から

人口構成の変化に伴う非正規雇用の増大が賃金抑制の一因であったとしても、正規雇用者の賃金の伸びもそれほど高いわけではない。その背後に何があるのだろうか。

こうした問題を考える際に、マクロ経済学ではフィリップス曲線を想起することが多い。フィリップス曲線にはいくつかのタイプがあるが、最も単純なものは縦軸に賃金上昇率、横軸に失業率をとった場合に右下がりの関係がみられるという賃金版フィリップス曲線だ。失業率が高いときには労働の超過供給が発生しているから賃金の伸び率は低かったり、マイナスであったりする。逆に失業率が十分に低いときには労働の超過需要が生じていることになるので、賃金上昇率は大きいという関係である。

この点からすれば、失業率が十分に低い昨今では、もっと賃金上昇率が高くなってもおかしくはない。しかし、ポイントは賃金上昇率が失業率のみによって決まるわけではないということだ。賃金上昇率を規定する他の要因としては、物価上昇率と生産性上昇率が挙げられる(2)。失業率が変わらなくとも、物価水準が上昇すれば賃金上昇圧力が働く。たとえば、労働組合はしばしば物価水準が高いときには大幅な賃金アップを企業に求める。そうしなければ労働者の生活水準を維持することができないからだ。(3) 逆に、物価上昇率が低いときに大幅な賃金アップを実現することは、企業利益に大きなダメージをもたらすことから非常に困難となる。

もうひとつの生産性についても、労働生産性の伸びと賃金上昇率のバランスが問題となってくる。企業と労働者は生産活動で生み出された「パイ」を分け合うが、その「パイ」が労働生産性と考えられる。もしも「パイ」が大きくなれば、企業も労働者も取り分は増えるだろう。つまり、賃金上昇が実現可能になる。しかし、「パイ」の大きさがほとんど変わらないときには、労働者側だけが大幅な賃金アップを実現することは難しくなる。無理にそのようなことをすれば、企業利益を過度に圧迫することを通じて将来の雇用が縮小してしまうリスクが生じ、かえって労働者にとって不利になりかねない。

こうした議論を踏まえて、実際の賃金上昇率を①消費者物価上昇率、②完全失業率、③労働生産性上昇率、④勤続年数伸び幅、によって推定してみる。勤続年数を導入するのは、制度的に勤続年数が長いほど賃金水準が高くなる設定をしている企業が多いことから、その伸びによっても一般労働者の賃金上昇率が左右されると考えられるからである、なお、この変数を利用することから、ここでの賃金は「賃金構造基本統計調査」（厚生労働省）の「きまって支給する現金給与額」を利用することにした。(4)

推定の前に、賃金版フィリップス曲線を確認しておこう。図11-2には1982年から2015年にかけての賃金上昇率と失業率の関係を示している。ここからわかるように、両者は大まかに右下が

図 11-2　賃金版フィリップス曲線（1982 ～ 2015 年）

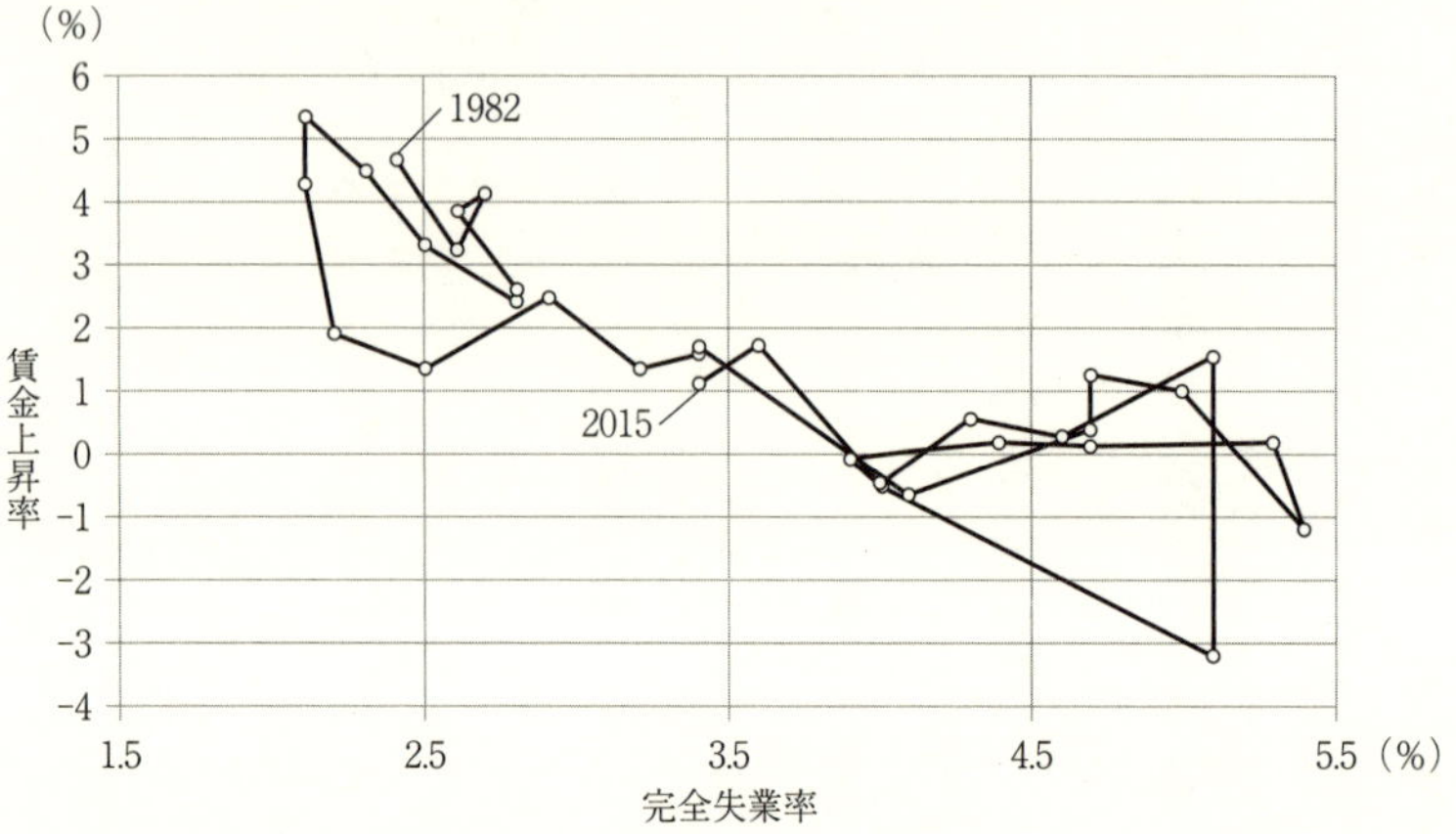

注：「きまって支給する現金給与額」の t-1 年から t 年までの上昇率と、t 年の完全失業率との関係を表したもの。
出所：総務省「労働力調査」、厚生労働省「賃金構造基本統計調査」

りの関係にあり、失業率が高い時期には概して賃金上昇率は低くなっている。2015年の完全失業率は、1996年および97年と同じだが、賃金上昇率は両年よりも少し低くなっている。

賃金版フィリップス曲線を推定すると、次のような関係式が得られた[5]。

賃金上昇率＝0.03＋0.44×物価上昇率
　　　　　　(4.72)(3.52)
　　　　　−0.79×完全失業率＋0.024
　　　　　(−4.79)　　　　　(3.47)
　　　　　×勤続年数伸び＋0.36
　　　　　　　　　　　　(5.40)
　　　　　×労働生産性上昇率
決定係数＝0.92、（　）内はt値

決定係数の値からわかるように、賃金上昇率の92％はこれらの変数によって説明される。図

図11-3　賃金上昇率の動き

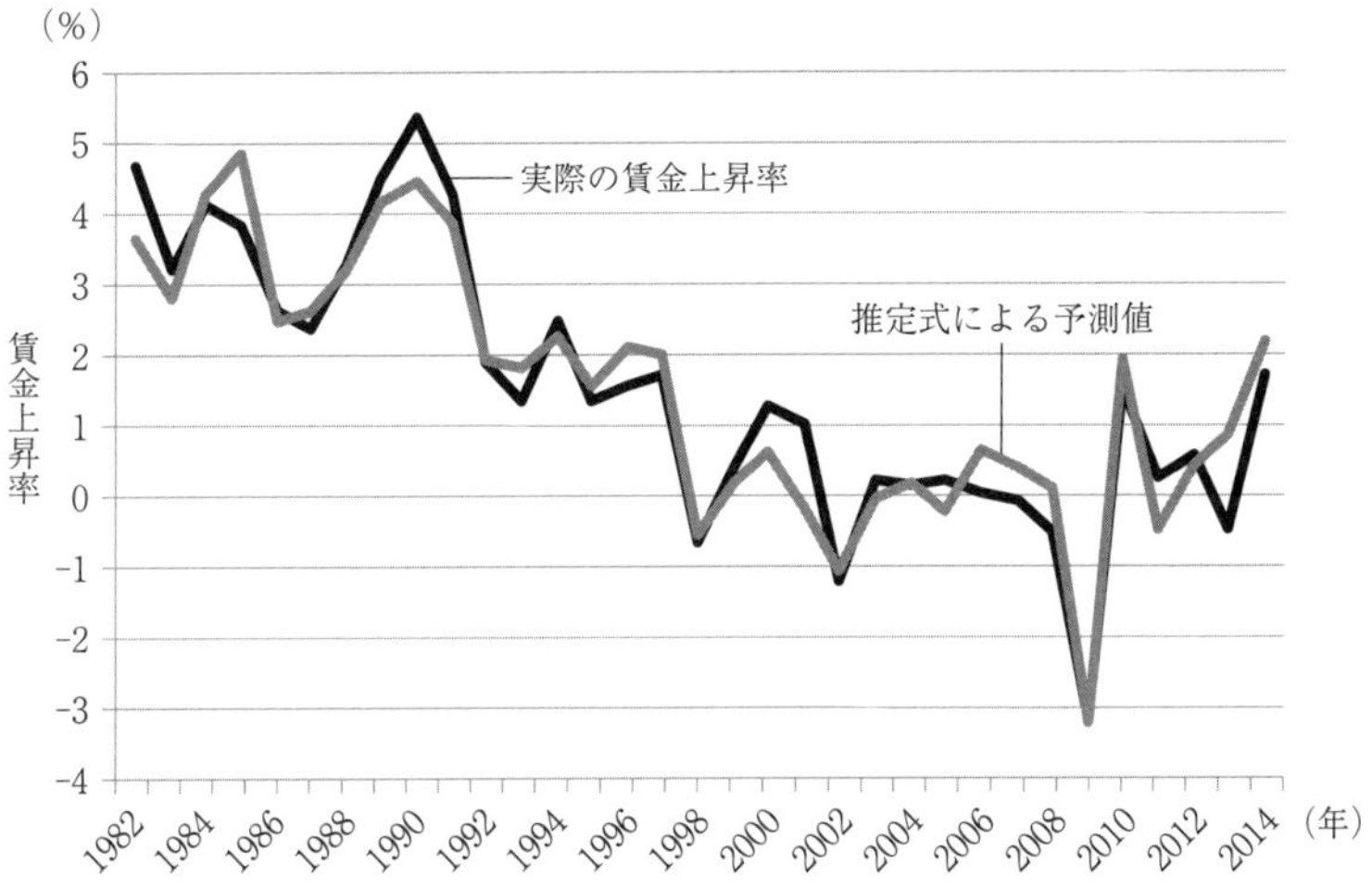

注：賃金は「賃金構造基本統計調査」（厚生労働省）の「きまって支給する現金給与額」による。

11－3は、実際の賃金（給与）上昇率と、上記推定式による予測値の関係をみたものだ。両者は大きな乖離を示していないので、妥当であるとみなしてよいだろう。この図からわかるように、直近の賃金水準はある程度の伸びを経験している。これには推定式から予想されるとおり、完全失業率が低下したことが大きい。ただ、これ以上の上昇を求めるならば、それ以外の要因が改善しなければならないだろう。物価上昇率は直近の年次で1％程度、勤続年数の伸びも労働生産性上昇率もほとんどゼロ近辺にあるので、失業率の低下だけで何とか1％を超える上昇率が実現できているともいえる。

とくに労働生産性上昇率の低迷は、今後の賃金上昇の見通しを暗くする問題だと思われる。賃金上昇率が生産性上昇率と密接に連動している以上、賃上げのための必要条件は生産性の向上であるはずだ。少なからずの正規雇用者が、これまで能力開発を通じた生産性向上の機会を逸してきたとすれば、そのことは全般的な賃金上昇を現在抑制している要因となっているかもしれない。そこで次節では、正規雇用者の賃金上昇率をさらに細かくブレークダウンして検討する。

4　誰の賃金が上がっていないのか

そこで正規雇用者の年齢階級ごとの賃金の伸びに注目したい。玄田（2015）は、厚生労働省「賃金構造基本統計調査」から大学・大学院卒の一般労働者の賃金上昇率を計測し、40–44歳および60–64歳という特定の年齢層で近年賃金上昇率が低下しており、前者については若年期に就職環境が厳しかった世代が、十分な能力開発の機会に恵まれなかったという「世代効果」の問題が関与している可能性を論じた。本章では、この論点について正規雇用者に限定した上で、さらに分析を深めていきたい。なお、本書第4章（黒田論文）における分析も、以下の世代効果についての指摘と共通点が多い。

図11–4は、厚生労働省「賃金構造基本統計調査」を用いて正規雇用者の「所定内給与」の伸びを2010年から15年にかけて計算したものである。この図から、給与水準の伸びは大きくばらついていることがわかる。まず、男性と女性を比べると女性の給与の伸びが著しい。この背景には、給与水準の高い規模の大きい企業が女性の活用を急速に進めていることがある。男性は、50歳代などでは4%近くの伸びを示しているが、40歳代前半は2・5%のマイナス、30歳代後半および40歳代後半もほ

図11-4　正規雇用者の賃金上昇率（2010-2015年）

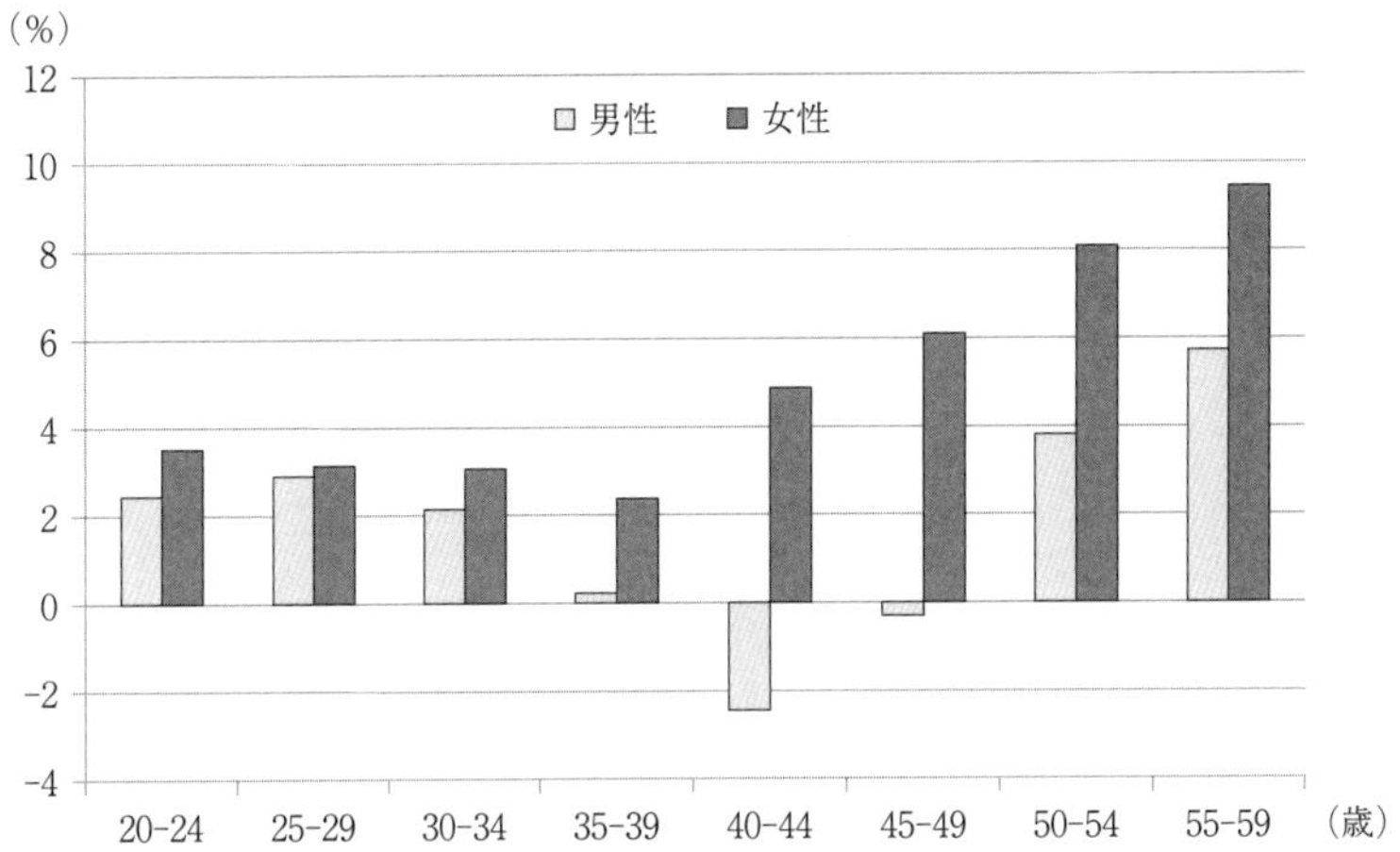

注：各年齢階級の「所定内給与」の伸び率を表す。
出所：厚生労働省「賃金構造基本統計調査」

とんど給与の上昇は観察されなかった。総じて給与水準が伸びている年齢階級が多いので、全体の給与水準が大きく上昇してもおかしくないのだが、実際にはそれほど高い伸び率はみられない。男女計では5年間で3・1%の伸び、男性に限定すると2・9%の伸びにとどまっている。

そこには、雇用者の年齢構成の変化が関与している。男性についてみてみると、給与水準の上昇がみられた35歳未満の若年層の雇用者シェアが低下した。50歳代も雇用者シェアの伸びはそれほど観察されなかった。それに対して、給与水準が下がった40歳代前半のシェアは14%から16%と、2%ポイント上昇した。

実は、この40歳代前半は「団塊ジュニア世代」に相当し、ボリュームの大きな世代である。ちょうどその年齢層の給与水準が以前に比べて低下したために、全体の給与水準の伸びが

図11-5　勤続年数分布（正規雇用男性、40-44歳）

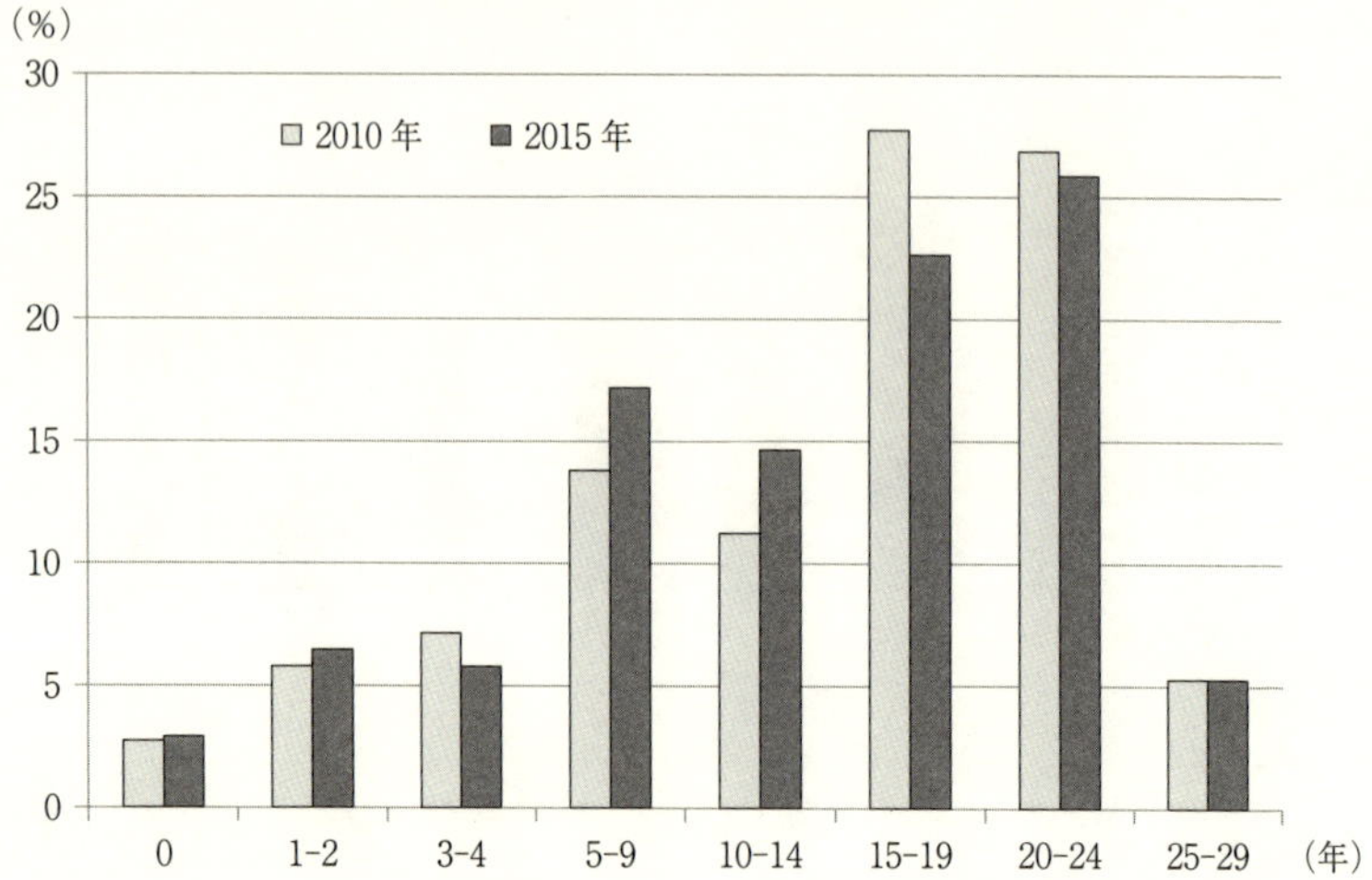

出所：厚生労働省「賃金構造基本統計調査」

抑制された。第2節では、団塊の世代の労働供給増が非正規雇用比率を押し上げたことで、全体の賃金水準の伸びを抑制したことを指摘したが、その子どもたちの団塊ジュニア世代の賃金低迷が正規雇用者の賃金抑制の一因になっているのである。その意味で、賃金の変動に対する人口構成の影響は決して小さくない。

では、なぜ40歳代前半男性の給与水準は低下してしまったのだろうか。それを明らかにするために、この年齢階級の勤続年数の分布を調べてみよう。図11-5には、2010年と15年の勤続年数の分布を掲載している。

男性正規雇用者の場合には、40歳代前半の勤続年数は長い傾向があるため、分布は右側に偏っている。実際、2010年において勤続年数15年以上のシェアは60％であった。ところが、2015年にはそのシェアは53％まで低下している。これは必ずしも最近時点でこの年齢層の転職が増えたためではない。事実、勤続年数5年未満のシェアはほとんど上昇していない。上昇したのは、勤続年数5年から15年未満の人々のシェアである。このことは、２０１５年に40歳代前半に到達した世代の多くが、経済状況の厳しかった２０００年代の時期に無業や離職を経験してきたことを示唆している。

こうした勤続年数分布の変化は、この年齢層の給与水準の上昇に一定の影響を与える。この点を明らかにするために、仮想的な状況として「仮に40歳代前半の勤続年数の分布が２０１０年のままでとどまった場合、２０１５年におけるこの年齢層の給与水準はどうなるか」という計算を行ってみた。その結果、勤続年数分布を２０１０年に固定した場合には、２０１５年の給与水準は37・2万円となった。実際の給与水準が36・8万円なので、勤続年数の分布が以前と同様であった場合には給与は約1％高かったことになる。そして、この年齢層の給与ダウンも、1％ポイントほど抑制された計算になる。

もちろん、勤続年数の分布変化だけではこの年齢層の給与水準の低迷を説明することはできない。もうひとつ、きわめて重要な要因として、「給与水準が他世代に比べて相対的に低くなった世代は、それ以後も相対的劣位が続く」ということがある。たとえば、たまたま若年期に厳しい経済環境に遭遇した世代は、他世代に比べて相対的に賃金水準が低下するが、そうした影響が持続してしまうという効果である。これはしばしば「世代効果」と呼ばれ、「氷河期世代」の発生要因として知られる（世代効果の展望を含んだ研究としては、たとえば太田［２０１０］が挙げられる）。

この点を確認しておこう。図11-6は、２００５年、10年、15年のデータを用いて、いくつかのコ

図 11-6　世代の相対給与水準（男性正規雇用者）

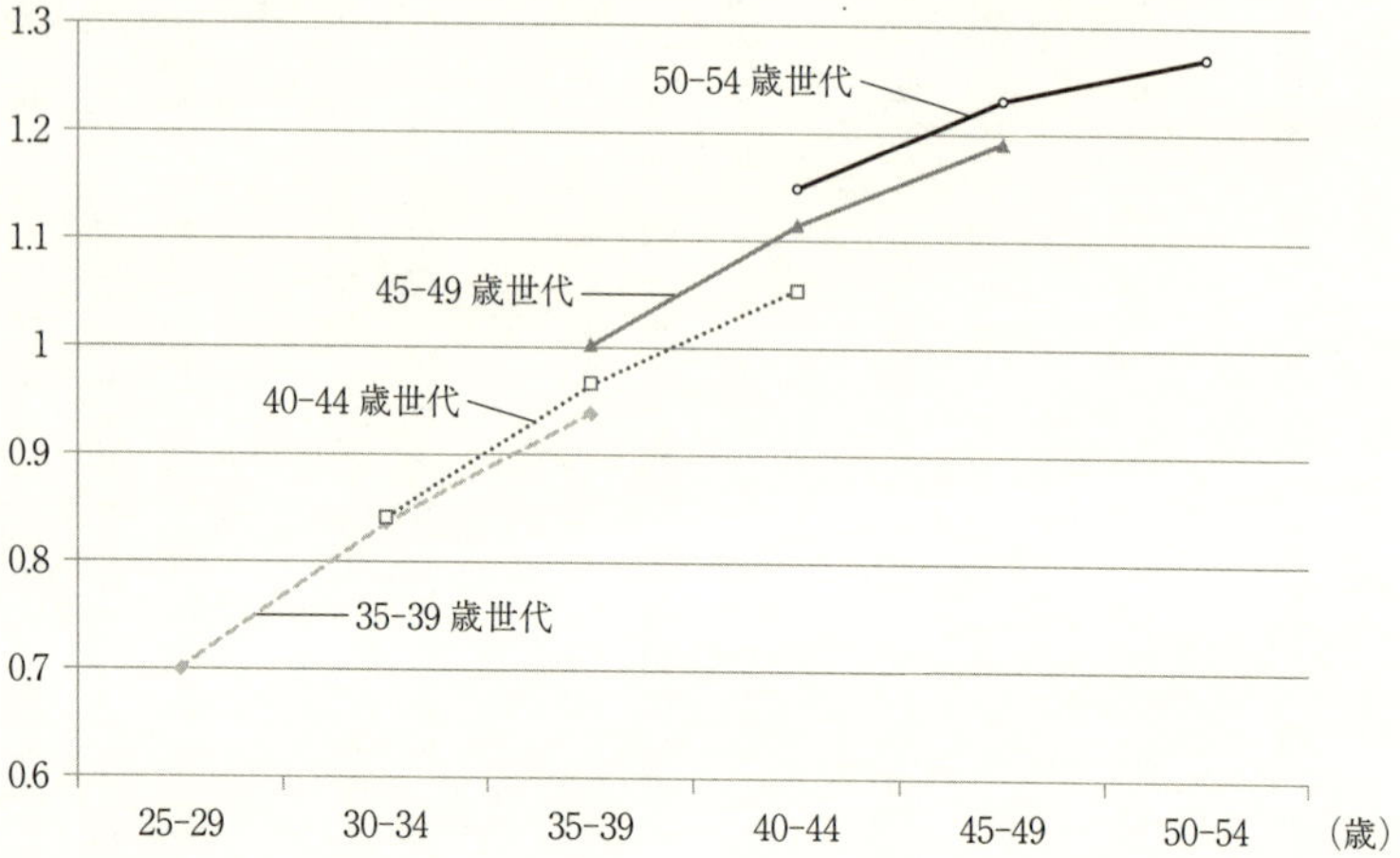

出所：厚生労働省「賃金構造基本統計調査」

ホート（世代）の給与水準を、同時点での男性正規雇用者年齢計の給与水準の比（相対給与水準）で示したものである。以下、たとえば「40歳代前半世代」などと呼ぶ場合には、2015年に40-44歳になった世代を指す。この図によると、「40歳代前半世代」の相対給与水準は、30歳代後半の時点において0・97であった。これは、当時の全世代の給与水準の97%であることを意味する。

それに対して、その前の世代、「40歳代後半世代」の30歳代後半における相対的な給与水準は1・00であった。すなわち、「40歳代前半世代」はすでに35歳後半時点において「40歳代後半世代」よりも低い相対給与水準であったことを意味する。逆に、「40歳代後半世代」の40歳代後半時点の相対的な給与水準は、その前の世代である「50歳代前半世代」の相対給与水準よりも低くなっている。

このように、ある世代の相対的な給与水準は時間を通じて継承される傾向がある。その結果として、「40歳代前半世代」の給与水準の低迷は「過去」から引き継いだ部分も相当大きいと思われる。これは、適職へのマッチングが難しかった氷河期世代が能力開発の機会に恵まれなかったため、低い生産性にとどまったことが背後にあるものと推測される。玄田（２０１５）が指摘したとおり、世代効果がコホートの給与水準を規定している公算が大きい。現在35歳代後半の世代はさらに相対的給与水準が低い位置にあるので、40歳代の賃金低迷はしばらく続く可能性が否定できない。

5　議論――「世代リスク」にどう対処するか

以上、賃金水準が低迷してきた要因を挙げてきた。労働市場の需給バランスは改善しており、それは賃金アップに反映されているものの、いくつかの要因が複合的に作用することで、賃金上昇率は抑制的に推移してきた。ここで検討してきたものは、非正規労働者比率の上昇、物価水準および生産性成長の低迷、平均勤続年数の低下、世代効果などであった。そのうちの非正規比率の上昇と世代効果については、人口構成の要因も作用していることを指摘した。そのほかにも、労働組合の交渉スタンスや大企業と中小企業の生産性格差問題なども関与している可能性があるが、本章では分析の対象とはしなかった。

本章で挙げてきた要因の中で、とくに強調したいのは世代に関連する部分である。団塊ジュニア世代や30歳代後半の世代は、若年期に相当する２０００年代の労働市場環境が厳しかったため、適職に就職することが容易ではなかった。また、企業を取り巻く環境が厳しかったこともあって、職場での教育訓練機会が十分に付与されなかった人も少なくないように思われる。すなわち、本人たちの能力に比べて生産性の発現が必ずしもスムーズにいっていない面がある。

こうした問題が賃金上昇の低迷に部分的に結びついていることは否定しきれないように思われるが、それに対してただちに即効的な対応を行うことは難しい。しかし、「世代リスク」をできる限り少なくする取り組みは、今後も地道に行っていく必要がある。就職先と労働者とのミスマッチをスムーズに解消するメカニズムを労働市場に埋め込むこと、そしてチャンスを逃した人にとっても能力を開発できるシステムを構築することは、日本の労働市場において積み残されてきた課題である。

まず、労働市場のマッチング機能の強化についてであるが、若い頃に求人が少なかったために無業になった人でも、比較的短期間のうちに仕事を見つけることができれば「世代リスク」は抑制され得る。不本意な就職をした人にとっては、転職によって労働条件を改善する道が残されている。しかしながら、転職希望者は企業からネガティブな評価を受けることも少なくない。そうした人々にとって必要なものは、求職者の「仕事ぶり」に対する第三者による認証であろう。

無業の人々については、就業のための訓練の評価がその代替となる。実際、日本でもいわゆる「ジョブ・カード制度」が、その役割を担っている。「ジョブ・カード」とは、個人の職務経歴等を記録したものであり、そこには訓練や仕事ぶりの評価、職務経験が記載され、応募書類として活用することができる。(6) ジョブ・カード制度の普及は、能力評価における求職者側と求人側の情報の非対称性を緩和するために重要であろう。

別のマッチング機能強化策として、転職希望者に求人企業の情報を現在よりも詳細に開示するように促すことが考えられる。転職がミスマッチの解消となるためには、次の仕事とのマッチングが十分に高くなければならないが、求人企業の情報が不足している状況で労働市場の需給バランスが逼迫すると、適性の低い企業への転職が頻発し、それがさらなる転職をもたらすという悪循環が生じるリスクがある。２０１５年10月から施行された「若者雇用促進法」(7)では、新規学校卒業者の募集・求人申込みを行う企業に対して、応募者等から求めがあった場合は、採用、能力開発、雇用管理などの職場情報を提供することを義務化している。今後は、こうした取り組みを、より広い年齢層に拡大適用する方向に進むべきだと考える。

さらに能力開発の活発化は、とくに非正規雇用者に対して求められる。女性や高齢者など多様な就業者が活躍していくためには、人々のニーズに即した多様な就業形態が必要となる。しかし、大きな問題として、能力開発のチャンスが正規雇用に偏りすぎていることがある。現在、非正規雇用者と正規雇用者の賃金格差を縮小する政策的な手立てが模索されているところだが、そのなかで能力開発機会の格差も包摂して対応策を見出していくことが必要だろう(8)。

第11章【注】

(1) こうした議論に対しては、「月給ではなく時給で考えるべきだ」という批判もあり得る。しかし、時給換算でも一般労働者の賃金水準がパートタイム労働者よりも高いため、パートタイム労働者比率の上昇が平均時給を抑制するという事実は変わらない。なお、本書第4章・黒田論文および第12章・中井論文でも同様の分析が行われている。

（2） フィリップス曲線に生産性上昇率を導入する典型的な研究は、Ball and Moffitt（2002）である。最近では、中島・西崎・久光（2016）が、生産性ショックが賃金上昇率等に与える影響をVARモデルによって推定している。

（3） 経済分析においては、実際の物価上昇率よりも予想物価上昇率を考えることが多い。ただし、現実の労使交渉においては過年度物価上昇率を考慮する傾向がある。

（4） 「毎月勤労統計」では勤続年数は調べられていない。

（5） 最小二乗法による推定結果を示している。物価上昇率のデータは総務省による消費者物価上昇率（持ち家の帰属家賃を除く総合）、就業者1人あたりの実質労働生産性上昇率は日本生産性本部のホームページで提供されているデータ系列を利用した。それに加えて、いくつかの論点についてコメントしておきたい。第一に、この推計で用いた「賃金構造基本統計調査」の時系列データでは、パートタイム労働者を含まない一般労働者が対象であるが、いわゆる非正規雇用者の一部は含んでいることに注意されたい。第二に、ここでは月給レベルでの分析を行っており、時給換算はしていない。これは、日本の正規雇用者にとって時給よりもむしろ月給が大きな関心事であることを反映している。事実、春闘でも月収レベルで賃金交渉が行われている。それに加えて、賃金不払い残業の存在など正確な労働時間の把握が難しい実態の中では、こと日本における一般労働者の賃金版フィリップス曲線は、月収に基づくのが最も適切であると判断した。第三に、t－1年からt年にかけての賃金上昇率が被説明変数のとき、説明変数の失業率はt年のものを用いている。t－1年の失業率を用いてもそれほど大きな変化は生じない。

（6） 2015年から「ジョブ・カード制度」は、生涯を通じたキャリア・プランニングおよび職業能力証明のツールとして刷新された。そのため「新ジョブ・カード制度」と呼ばれるようになっている。

（7） 正式名称は「青少年の雇用の促進等に関する法律」。「青少年の雇用機会の確保および職場への定着に関して事業主、特定地方公共団体、職業紹介事業者等その他の関係者が適切に対処するための指針」に詳細が定められている。

（8） 雇用保険非加入で公的職業訓練が利用できなかった非正規雇用者や無業者に無料の職業訓練を提供する「求職者支援制度」（2011年）は、こうした狙いを持った施策である。

【参考文献】

太田聰一（2010）『若年者就業の経済学』（第3章）、日本経済新聞出版社。

玄田有史（2015）「「第二次ベビーブーム世代」への反省を能力開発の機会見直しに」『オムニ・マネジメント』8月号、2-5ページ。

中島上智・西崎健司・久光孔世留（2016）「先進国における労働生産性の伸び率鈍化」日本銀行調査論文、3月28日。

Ball, L. and Moffitt, R. (2002) "Productivity Growth and the Phillips Curve," in Krueger, A. and Solow, R. eds., *The Roaring Nineties: Can Full Employment Be Sustained?* Russell Sage Foundation.

第12章 マクロ経済からみる労働需給と賃金の関係

中井雅之

ポイント

【需給】【正規】

1 日本的雇用慣行の特徴から労働需給と賃金の関係を考える

労働需給と賃金との関係をみる上で重要なのは、日本的雇用慣行と呼ばれる長期雇用慣行の影響の下、労働市場が内部労働市場と外部労働市場に分断されている事実である。

労働市場とは労働需要と労働供給を取引する場所という概念であるが、このうち内部労働市場は、労働者を企業内で異動させ、配置することにより労働力の配分を行う機能のことである。一方、外部労働市場とは、ハローワーク（公共職業安定所）や民間の需給調整機関、求人広告などを通じ、企業の外部から労働力を調達する機能のことである。

こうした各々の労働市場の性格から、労働需給の動向が、外部労働市場では賃金に直接的に反映されるのに対し、それと分断されている内部労働市場においては影響しにくくなっていることが考えられる。そのうち、内部労働市場が高度に発達してきた日本の労働市場では、労働需給を色濃く反映する外部労働市場が賃金全体の動向に与える影響がみえにくくなっていることも考えられる。また、賃金の動向に影響を及ぼす要因としては、企業業績など労働需給以外にも多くの要因があるが、その中で労働需給の影響のみ取り出す難しさもある。

こうした観点を踏まえ、労働需給と賃金の関係をみていくこととする。

2 労働需給と賃金は必ずしも連動しない

まず、マクロ全体としての労働需給と賃金の動向をみておこう。

２０１３年11月に、６年１カ月ぶりに１倍を上回った有効求人倍率[1]は、２０１６年平均で１・36倍と、バブル期以来、約25年ぶりの高水準となった。一方、賃金の動向をみると、厚生労働省「毎月勤労統計調査」からみた名目賃金（現金給与総額）は、２０１６年平均で前年比０・５％増と３年連続で増加したものの、消費者物価の上昇を考慮した実質賃金では２０１５年まで４年連続の減少となった後、２０１６年に前年比０・７％増と、ようやく増加に転じた。

労働経済学の標準的な教科書によれば、賃金が労働需給のシグナルとなるのが労働市場本来の姿である。すなわち労働需給が引き締まれば、それだけ賃金は増加すると考えられる。だが実際は、両者は連動していないようにもみえる。過去を振り返ってみると、はたしてどうだったのだろうか。

本書冒頭基本データの図１には、１９９０年以降の有効求人倍率と賃金の全般的動向が示されてい

図12-1　賃金指数、有効求人倍率の推移

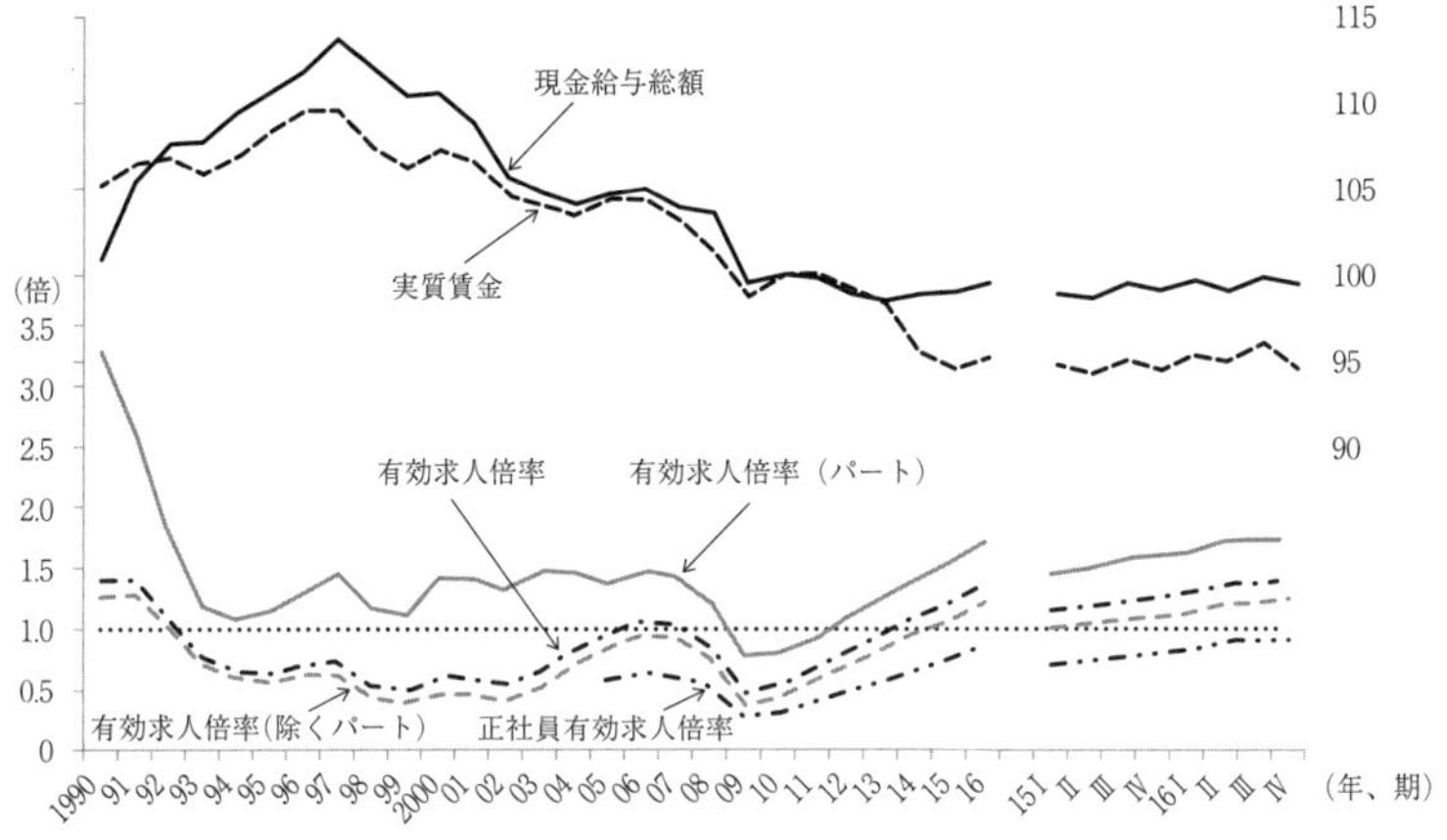

注：1）賃金指数は2010年を100とする事業所規模5人以上の指数。
　2）正社員有効求人倍率は、正社員（パートタイムを除く常用のうち、勤め先で正社員・正職員などと呼称される正規労働者）の月間有効求人数を、常用フルタイムの月間有効求職者数で除して算出した値。
　3）2015、2016年の四半期データは季節調整値。
出所：厚生労働省「毎月勤労統計調査」「職業安定業務統計」

るが、本章図12―1であらためて詳しくみてみよう。

図に示された期間中、有効求人倍率が1倍を超えたのは、1990～92年のバブル経済末期からバブル崩壊に伴う景気後退初期[2]、2006、07年の戦後最長の景気拡大期[3]の後半と2014年以降に限られる。同時期の賃金は、1997年をピークとして減少傾向で推移していた名目賃金（現金給与総額）、実質賃金ともに、2008年のリーマン・ショック[4]の影響を受け、2009年には大幅に減少した。その後、名目ではおおむね横ばい圏内で推移するなかで2014年から3年連続で緩やかに増加し、実質では2014年には4月の消費税率引き上げ[5]の影響を受けて減少幅が大きくなるなど、弱い動きで推移してきた。

労働需給と賃金の関係をみると、有効求人倍率が低下していた1990年代前半においても賃金は、名目・実質ともに増加傾向にあった。対照的に戦後最長の景気拡大期であり、有効求人倍率も1倍を超えた2000年代半ばでは、賃金は名目・実質のいずれについても増加傾向がほとんどみられなかった。2013年以降も、人手不足感が増しているのに比して、賃金の明確な増加は観察されない。このように、労働需給と賃金はこれまでも必ずしも連動してこなかったのである。

全般的な動向のみならず、雇用形態別の労働需給も図12-1には示されている。それによると、パートタイム労働者（以下「パート」と表記）の有効求人倍率は、2009、10年以外は常に1倍を上回る水準で推移していた。それに対し、パートを除く労働者（以下「一般」とする）の有効求人倍率が1倍を上回っていたのは、1990~92年および2015年以降に限られる。2005年から集計が始まった正社員有効求人倍率[6]については、1倍を下回る水準での推移が続いている。パートについてはほぼ一貫して人手不足基調にあった一方、一般ではバブル崩壊以降2015年に入り、ようやく人手不足の状態になり、正社員に至っては、有効求人倍率からみる限り、文字どおりの人手不足には、いまだ至っていない。それが、雇用形態でみた労働需給の推移の実態である。

人手不足感は、産業分野ごとにもちがいがみられる。厚生労働省「労働経済動向調査」により産業別・雇用形態別に労働者の過不足状況をみると（図12-2）、正社員等では、建設業、運輸業・郵便業、医療・福祉等で特に不足感が強い。パートタイムでは、運輸業・郵便業、卸売業・小売業、宿泊業・飲食サービス業、医療・福祉等で不足感が強くなっている。

ひとくちに人手不足といっても、実際の状況は、絶対的に人手が足りないこともあれば、相対的に

図12-2　産業別・雇用形態別労働者の過不足状況

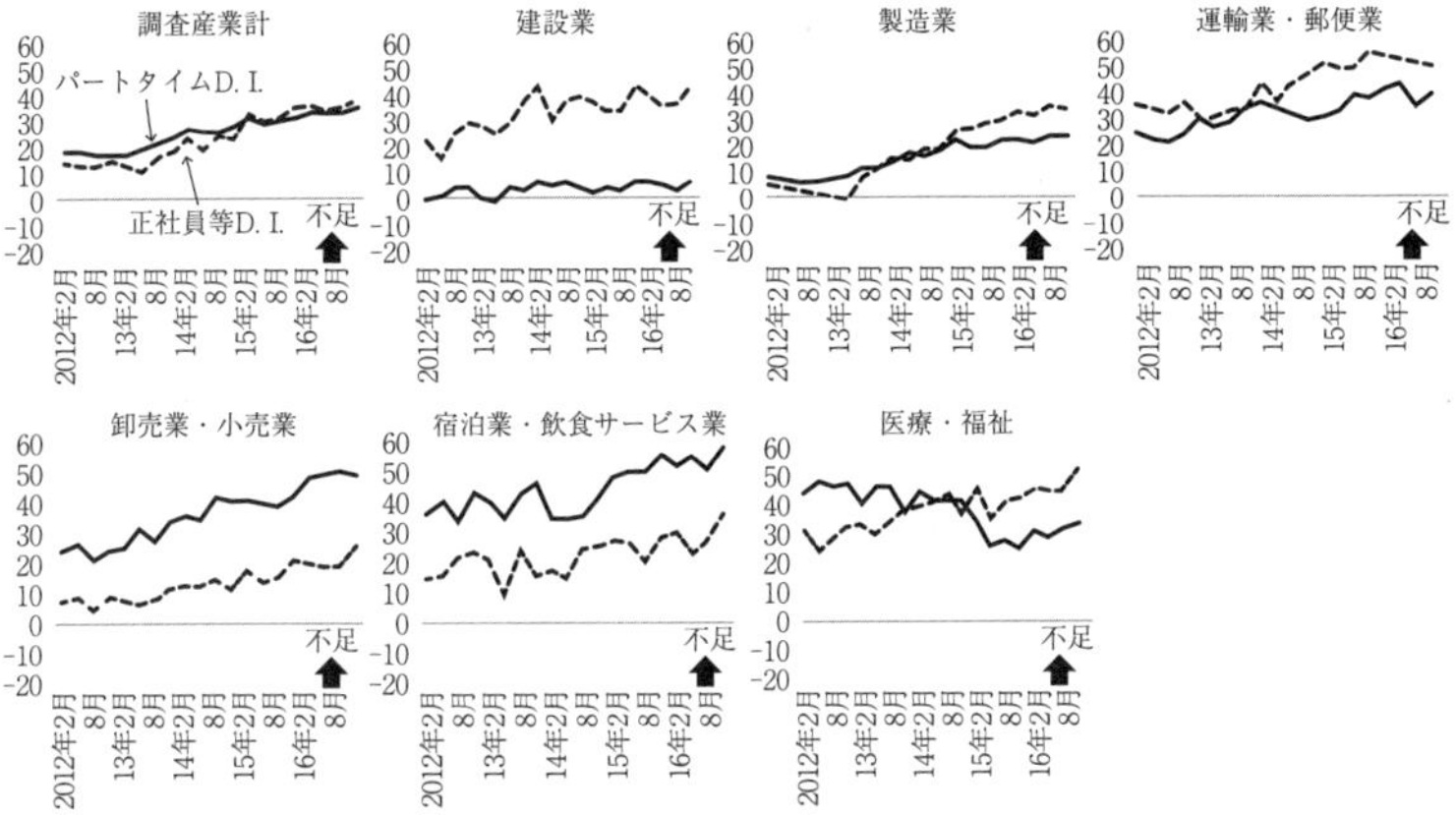

注：1）産業別・雇用形態別に労働者過不足判断D. I.の推移をみたもの。労働者過不足判断D. I.とは、「不足（やや不足、大いに不足）」と回答した事業所の割合から「過剰（やや過剰、大いに過剰）」と回答した事業所の割合を差し引いた値。

2）「正社員等」とは、雇用期間を定めないで雇用されている者または1年以上の期間の雇用契約を結んで雇用されている者をいい、パートタイムは除く。なお、派遣労働者は含まない。

3）2015年2月から、会社以外の法人（信用金庫、一般社団法人、病院等）も調査対象に含まれており、特に医療・福祉ではその影響が大きくなっているなど、それ以前との比較には注意を要する。

出所：厚生労働省「労働経済動向調査」

以前に比べて人手に余裕がなくなってきたという感覚が強まったということもある。さらにその状況は、雇用形態や業種によって異なる点にも留意すべきだろう。

3　需給変動と内部・外部労働市場

次に、内部労働市場と外部労働市場の観点から賃金の動向をみていく。

内部労働市場について、上西（2004）は「1つの企業、1つの事業所などのある運営単位内において労働力の価格づけと配分が一定の運営上のルールと手続きによって決められているとき、そ

図 12-3　一般、パート別現金給与総額、時間あたり所定内給与の推移

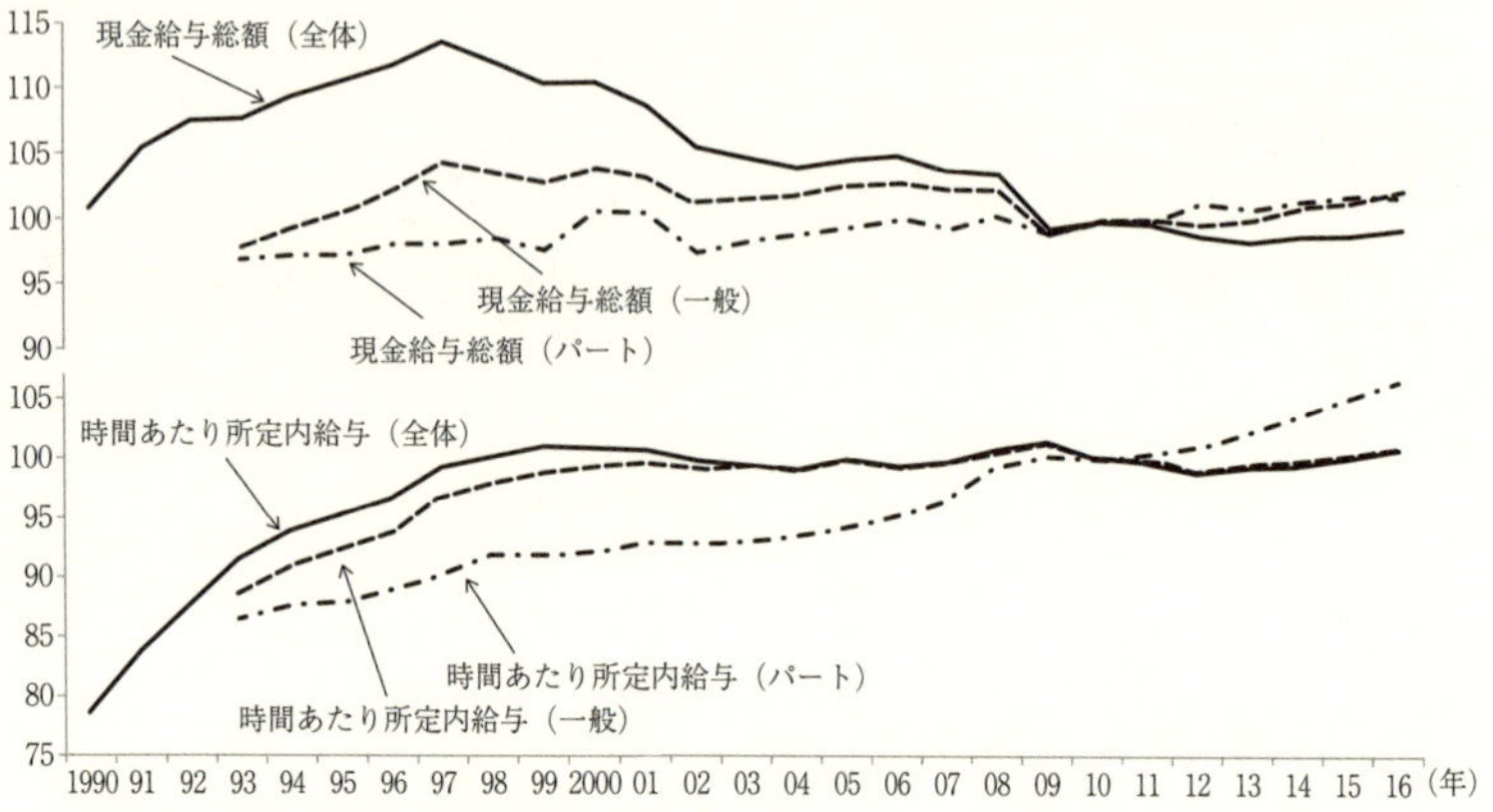

注：1）2010 年を 100 とする事業所規模 5 人以上の指数。
　　2）時間あたり所定内給与は、所定内給与の指数を所定内労働時間の指数で除したもの。
出所：厚生労働省「毎月勤労統計調査」

こには内部労働市場が形成されているといわれる」と説明する。これを踏まえれば、外部労働市場とは、企業や事業所を越えて、労働力の評価や配置が決定される労働市場ということになる。賃金全体の動向は、一般、パートの加重平均であるが、このうち外部労働市場を通じた労働需給の影響をより強く受けるのは、いうまでもなく一般よりはパートの賃金である。[7]

賃金のうち、名目賃金（現金給与総額）、時間あたり所定内給与[8]の動向を、一般、パート別にみたのが図12-3である。一般では、1997年から減少傾向にあった名目賃金が、2009年を底に、緩やかな増加傾向に転じている。2000年代以降おおむね横ばいだった時間あたり所定内給与も、2013年以降緩やかな増加傾向となっている。一方、パートでは、名目賃金、時間あたり所定内給与ともに長期的に増加傾向がみられる。同時に、増加幅は時間あたり所定内給与のほうが

図12-4　外部労働市場と内部労働市場の賃金ギャップ

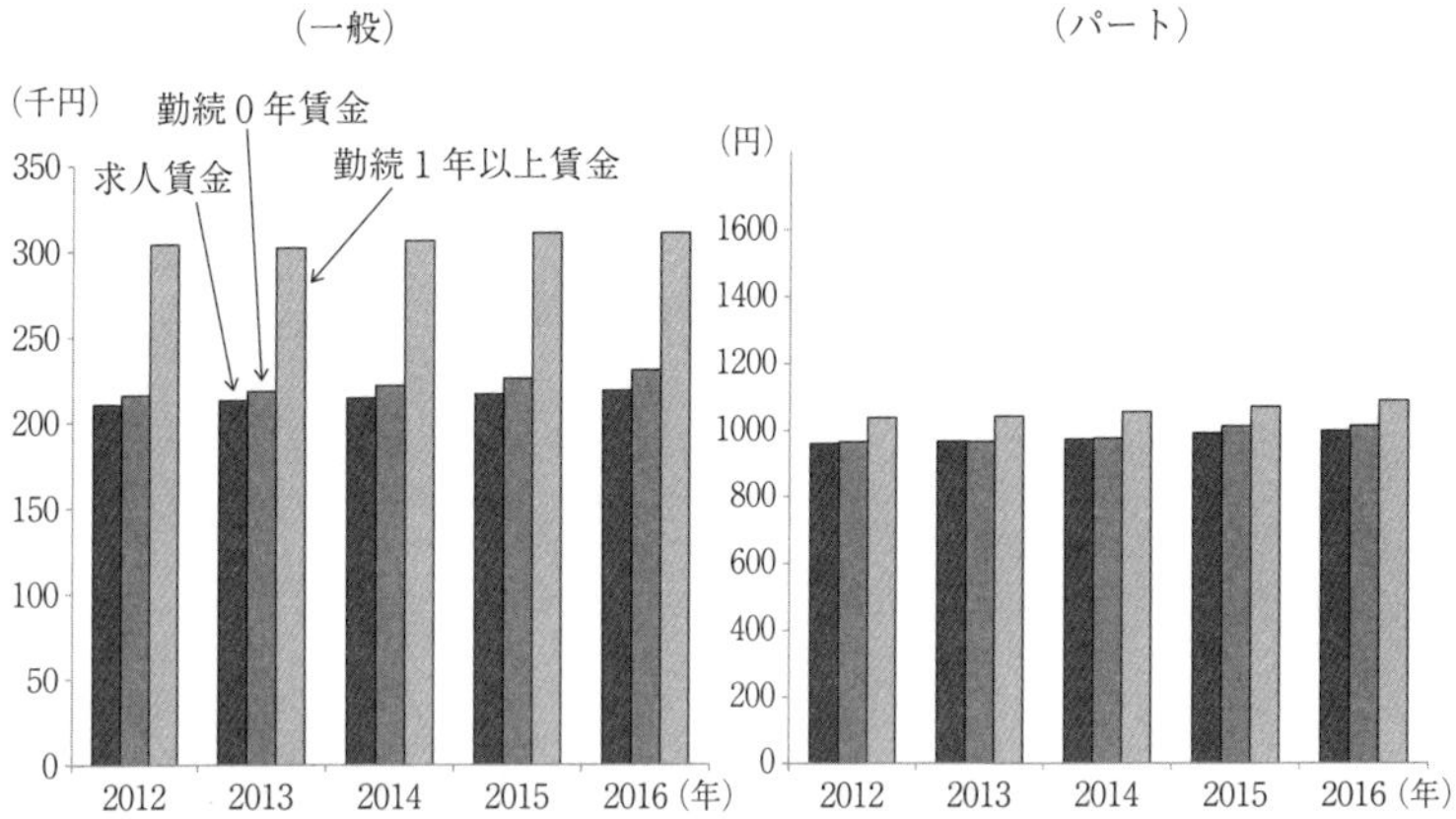

注：1）一般の賃金は所定内給与、パートの賃金は、短時間労働者の時間当たり所定内給与。
2）勤続年数0年は、雇い入れられてから1年に満たない労働者、勤続年数1年以上は、勤続年数計から勤続年数0年を除いた労働者。
出所：厚生労働省「賃金構造基本統計調査」「職業安定業務統計」

大きく、特に2013年以降拡大している。
　パートをはじめとする正規雇用以外の雇用者は、外部労働市場の影響を色濃く受けるが、一般は主に内部労働市場の影響を受ける。[9]その点を簡便な方法で確認するため、厚生労働省「賃金構造基本統計調査」による、勤続年数0年と長期雇用を含む勤続年数1年以上別[10]の所定内給与と、厚生労働省「職業安定業務統計」による求人賃金の推移を比較したのが図12-4である。[11]
　これによると、平均勤続年数も相対的に短く[12]、外部労働市場の影響を全般的に受けているパートでは、勤続0年と勤続年数1年以上の差は比較的小さく、求人賃金との間にも大差はみられない。対照的に、一般では求人賃金と勤続年数0年との差は小さいが、勤続年数1年以上とでは2016年で約1・4倍の開きがある。この差が内部労働市場と外部労

表12-1　賃金関数の推計

被説明変数	説明変数							
名目賃金上昇率	定数項	有効求人倍率	交易条件	労働生産性	消費者物価	労働者平均年齢	自由度調整済決定係数	D.W. 比
現金給与総額（一般）	47.03	1.58	− 0.05	0.47	0.51	− 1.07	0.57	1.29
	(1.66)	(1.22)	(− 1.42)	(3.88)	(2.38)	(− 1.72)		
時間あたり所定内給与（一般）	28.37	0.37	0.00	− 0.14	0.37	− 0.70	0.38	2.91
	(1.01)	(0.29)	(0.14)	(− 1.19)	(1.71)	(− 1.14)		
現金給与総額（パート）	48.26	0.95	− 0.07	0.15	0.13	− 1.05	− 0.15	2.52
	(0.97)	(0.53)	(− 1.04)	(0.72)	(0.36)	(− 0.96)		
時間あたり所定内給与（パート）	44.35	1.52	− 0.05	− 0.24	0.20	− 0.99	0.76	2.43
	(3.24)	(3.09)	(− 2.96)	(− 4.13)	(2.08)	(− 3.27)		

注：　1）被説明変数の時間あたり所定内給与は、所定内給与を所定内労働時間で除している。
　　　2）説明変数のうち、有効求人倍率は一般、パート別。交易条件は輸出デフレーターを輸入デフレーターで除した数値。労働生産性は実質ＧＤＰを労働投入量（常用雇用指数×総実労働時間）で除した数値の伸び率。消費者物価は前年比伸び率。労働者の平均年齢は賃金構造基本統計調査による。
　　　3）推計期間は 1995 ～ 2015 年（年データ）。
　　　4）（　）内は t 値。
出所：内閣府「国民経済計算」、総務省統計局「消費者物価指数」、厚生労働省「毎月勤労統計調査」「賃金構造基本統計調査」「職業安定業務統計」により推計。

働市場が分断されていることの証左となっているともいえる。

　また、２０１２～16年にかけての所定内給与の増加率は、パートでは勤続年数０年で４・６％増、勤続年数１年以上で４・９％増とほとんど差はないが、一般では勤続年数０年で７・０％増だったのに対し、勤続年数１年以上では１・９％増にとどまり、両者の間には大きな差がみられる。

　続いて、一般、パートごとに、名目賃金の上昇率に影響を与えている要因を把握するため、時系列データ[13]を用いて賃金関数を推定した。その推定結果が表12-1に示されている。

　これによると、一般の現金給与総額の推移には、労働生産性、消費者物価が正の、労働者平均年齢が負の一定の説明力を持っているのに対し、有効求人倍率の影響は有意ではなかった[14]。パートでは、時間あたり所定内給与について、有効求人倍率、消費者物価が正の影響を、交易条件、労働生産性、労働者平均年齢が負の影響を与えている結果となった。ここからも労働需給の変動は、一般よりもパートに直接影響しやすいことがわかる。

では、このような労働需給と賃金との関係に、2010年代半ば以降、変化は生じているのだろうか。この点をみるため、1996～2016年までの全期間と、そのうち消費者物価が下落して、おおむねデフレ状態にあったと考えられる1999～2012年までの期間、人手不足感の強まった時期である2013年以降の期間に限定した上で、四半期データを比較し、主な産業別に一般とパートに分けたときの新規求人数[15]と時間あたり賃金（現金給与総額および所定内給与）との相関をみた。その結果が表12-2である。

全期間については、一般では、ほとんどの産業において、新規求人数と時間あたり賃金の間に有意な相関はみられない。一方、パートでは、産業計のほか、運輸・郵便、宿泊業・飲食サービス業、医療・福祉など、幅広い産業において、求人と賃金に有意な正の相関が観察されている。

このうち、1999～2012年においては、一般、パートともに、ほとんどの産業で有意な相関がみられておらず、デフレ状態の特異性がうかがわれる。それに対し、2013年以降に限定された期間では、パートにおける相関係数をみると、全期間と比較して製造業、卸売・小売業、医療・福祉などで、正相関が強まっていることが確認できる[16]。また、一般についても、パートほど強い相関ではないにせよ、産業計、製造業、卸売・小売業などで求人と賃金に有意な正相関がみられるようになっ

表 12-2　産業別にみた新規求人と賃金の相関係数

			産業計	建設業	製造業	運輸・郵便業	卸売・小売業	宿泊業・飲食サービス業	医療・福祉
全期間	時間あたり現金給与総額	一般	− 0.26	0.25	− 0.51	− 0.05	0.18	0.82	− 0.83
		パート	0.81	0.04	− 0.75	0.78	0.51	0.97	0.83
	時間あたり所定内給与	一般	0.13	− 0.06	− 0.76	− 0.31	− 0.04	− 0.40	− 0.76
		パート	0.84	0.11	− 0.76	0.62	0.53	0.98	0.84
1999 I 〜 2012 IV	時間あたり現金給与総額	一般	− 0.19	− 0.19	− 0.30	− 0.20	− 0.14	0.88	− 0.87
		パート	0.38	− 0.47	− 0.85	0.37	− 0.24	0.94	− 0.02
	時間あたり所定内給与	一般	− 0.22	− 0.34	− 0.62	− 0.60	− 0.40	0.38	− 0.88
		パート	0.47	− 0.43	− 0.85	0.14	− 0.20	0.97	0.00
2013 I 〜 2016 IV	時間あたり現金給与総額	一般	0.87	0.52	0.90	0.83	0.89	0.83	0.48
		パート	0.99	0.27	0.88	0.67	0.96	0.98	0.93
	時間あたり所定内給与	一般	0.74	0.21	0.55	0.66	0.70	0.17	0.68
		パート	1.00	0.27	0.89	0.79	0.97	0.96	0.92

注：　1）新規求人数と各賃金指数（事業所規模５人以上）の四半期データの実数を後方４期移動平均して比較している。
2）比較期間は 1996 年第４四半期〜 2016 年第４四半期。ただし、産業分類の変更のため、運輸・郵便業、卸売・小売業については 2000 年第４四半期、医療・福祉は 2003 年第２四半期、宿泊業・飲食サービス業は 2010 年第４四半期以降のデータで比較している。
3）運輸・郵便業の新規求人は、2003 年以前は運輸・通信業、2003 〜 2008 年までは運輸業でデータが完全に接続しないため、結果は幅を持ってみる必要がある。
出所：厚生労働省「毎月勤労統計調査」「職業安定業務統計」

ている。

　これらの結果から、2013年以降には、外部労働市場に影響されやすいパートのみならず、内部労働市場に多くが属する一般についてすら、労働需給の引き締まりが賃金に影響を与えつつあることも見逃せない事実だろう。

　このように、大枠ではみえにくかった労働需給と賃金の関係が、細かくみていくと浮かび上がってくる。

4　雇用の非正規化と一般の時間あたり賃金の動向

日本の雇用社会では、戦後の高度経済成長期を通じ、製造業を中心に、多くの若年労働者を正社員として新卒一括採用し、企業内の異動すなわち内部労働市場を通じて、社内でさまざまな業務を経験させて育成を行いつつ、長期にわたって雇用し、そのなかで年功賃金と呼ばれる年齢とともに賃金も上がるシステムが形成されてきた。これは、経済成長が続き、企業も拡大する時代に、人材を企業内に留めるための合理的なシステムだった。

しかし、1990年代初頭のバブル経済の崩壊、1997年のアジア通貨危機を経て、デフレ経済が長期化するとともに、企業収益は大幅に悪化していく。企業は「設備、債務、雇用」の三つの過剰に苦しむなか、年功賃金の慣行は企業にとって深刻なコスト負担要因としてのしかかった。マクロ的には、円高による交易条件の悪化もまた企業収益の悪化をもたらし、賃金の押し下げ要因となってきたのである[17]。

こうした環境において、企業は正社員の雇用を絞り込み、雇用の非正規化を進めたり[18]、賃金プロファイルの傾きを緩やかにしたりするなど、賃金コストの削減を進めてきた。これらの企業の取り組みが、総じて賃金の下押し要因になってきたと考えられる[19]。

なかでも1990年代以降、パートをはじめとする非正規比率は大きく上昇していく[20]。厚生労働省「毎月勤労統計調査」によれば、パート比率[21]は、雇用形態別の調査が始まった1993年の16・8%

から2016年には30・7%と、13・9%ポイント上昇した。この大きな構造変化は、賃金全体の動向を大きく左右した[22]。

この点を詳しく確認するため、現金給与総額の増減を、一般、パート別の時間あたり賃金の増減要因、労働時間要因、パート比率要因により要因分解した。その結果が図12-5に示されている。

図の左端に示されているとおり、1993~2016年の全期間を通じて、パート比率の変化(上昇)は、現金給与総額減少の最大の要因となっている。一般、パートそれぞれの時間あたり賃金は増加しているが、それ以上にパート比率の上昇と労働時間の減少が賃金の減少をもたらしてきた。特に1999~2002年の失業が最も深刻だった時期に、パート比率上昇の影響は大きく賃金全体を押し下げてきた。

ただし、労働需給が引き締まった2012年以降に限定すると、パート比率要因の賃金減少への影響は次第に縮小しつつあることも、あわせて見て取れる。対照的に、パートの時間あたり賃金の現金給与総額の増加への寄与は大きくなっている。2013年以降は一般の時間あたり賃金も増加に転じている。半面、パートの労働時間は、2013年以降、賃金の減少要因となっている。

さらに図12-5からは、バブル経済崩壊直後の1993~96年においては、一般の時間あたり賃金の増加が賃金増加の主要因であったことがわかる。就職氷河期となった1996~99年でも、全体の賃金減少を抑制していたのは一般の時間あたり賃金の増加だった[23]。1990年代の深刻な不況期ですら、一般の賃金にはまだ増加傾向がみられていた。ところが2000年代になると、一般の時間あたり賃金の増加は2002~05年のわずかな時期を除き、ほとんどみられなくなっている。

図 12–5　現金給与総額の増減の要因分解

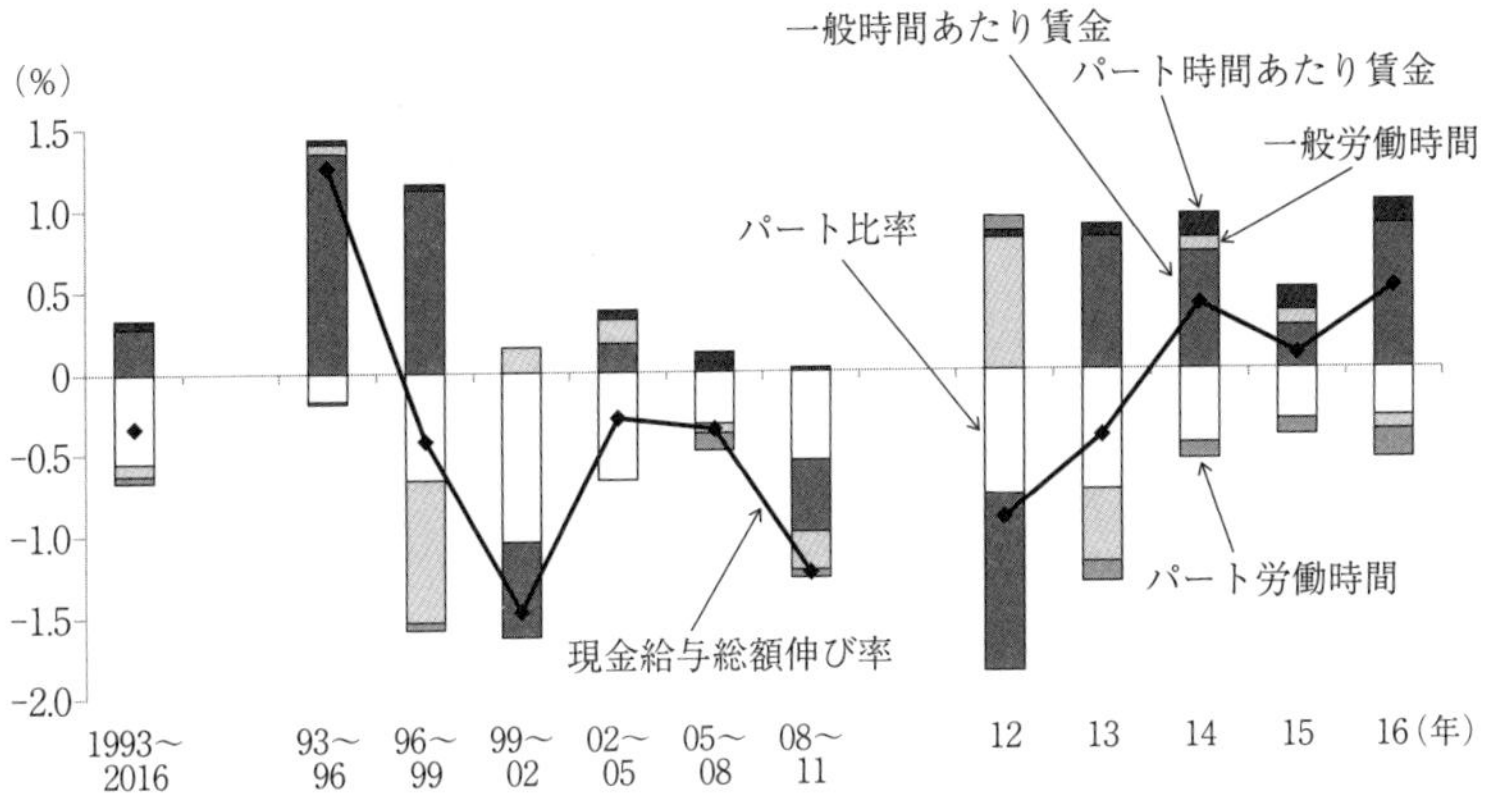

注：1）事業所規模５人以上の現金給与総額の増減率に対する、一般労働者の時間あたり賃金、労働時間、パートタイム労働者の時間あたり賃金、労働時間、パートタイム労働者比率の影響の度合いを要因分解したものである。具体的な方法は次式による。

$$\frac{\triangle Wr}{Wr_{t0}}=\underset{\text{(一般労働者の時間あたり賃金寄与)}}{\frac{(\triangle wn\cdot(Hn_{t1}+Hn_{t0})/2)\cdot(1-Pr_{t1})}{Wr_{t0}}}+\underset{\text{(一般労働者の労働時間寄与)}}{\frac{((wn_{t1}+wn_{t0})/2\cdot\triangle Hn)\cdot(1-Pr_{t1})}{Wr_{t0}}}+\underset{\text{(パートタイム労働者の時間あたり賃金寄与)}}{\frac{(\triangle wp\cdot(Hp_{t1}+Hp_{t0})/2)\cdot Pr_{t1}}{Wr_{t0}}}$$

$$+\underset{\text{(パートタイム労働者の労働時間寄与)}}{\frac{((wp_{t1}+wp_{t0})/2\cdot\triangle Hp)\cdot Pr_{t1}}{Wr_{t0}}}+\underset{\text{(パートタイム労働者比率の寄与)}}{\frac{\triangle Pr\cdot(Wp_{t0}-Wn_{t0})}{Wr_{t0}}}$$

W：現金給与総額、H：総実労働時間、w：1時間あたり賃金（＝W/Hで算出）、r：労働者計、n：一般労働者、p：パートタイム労働者、Pr：パートタイム労働者比率、t1：当該年、t0：比較年、△：t1 年と t0 年の変化差

2）常用労働者全体、一般労働者、パートタイム労働者のそれぞれについて、現金給与総額指数に基準数値を乗じて現金給与総額の時系列接続が可能となるように修正した実数値を算出し、これらの数値をもとにパートタイム労働者比率を推計している。

3）総実労働時間についても一般労働者、パートタイム労働者の指数に基準数値を乗じて時系列比較ができるように修正した実数値を用いている。

4）複数年にわたる期間については、年率換算している。

出所：厚生労働省「毎月勤労統計調査」

図 12-6　賃金の改定の決定にあたり重視した要素別企業割合の推移

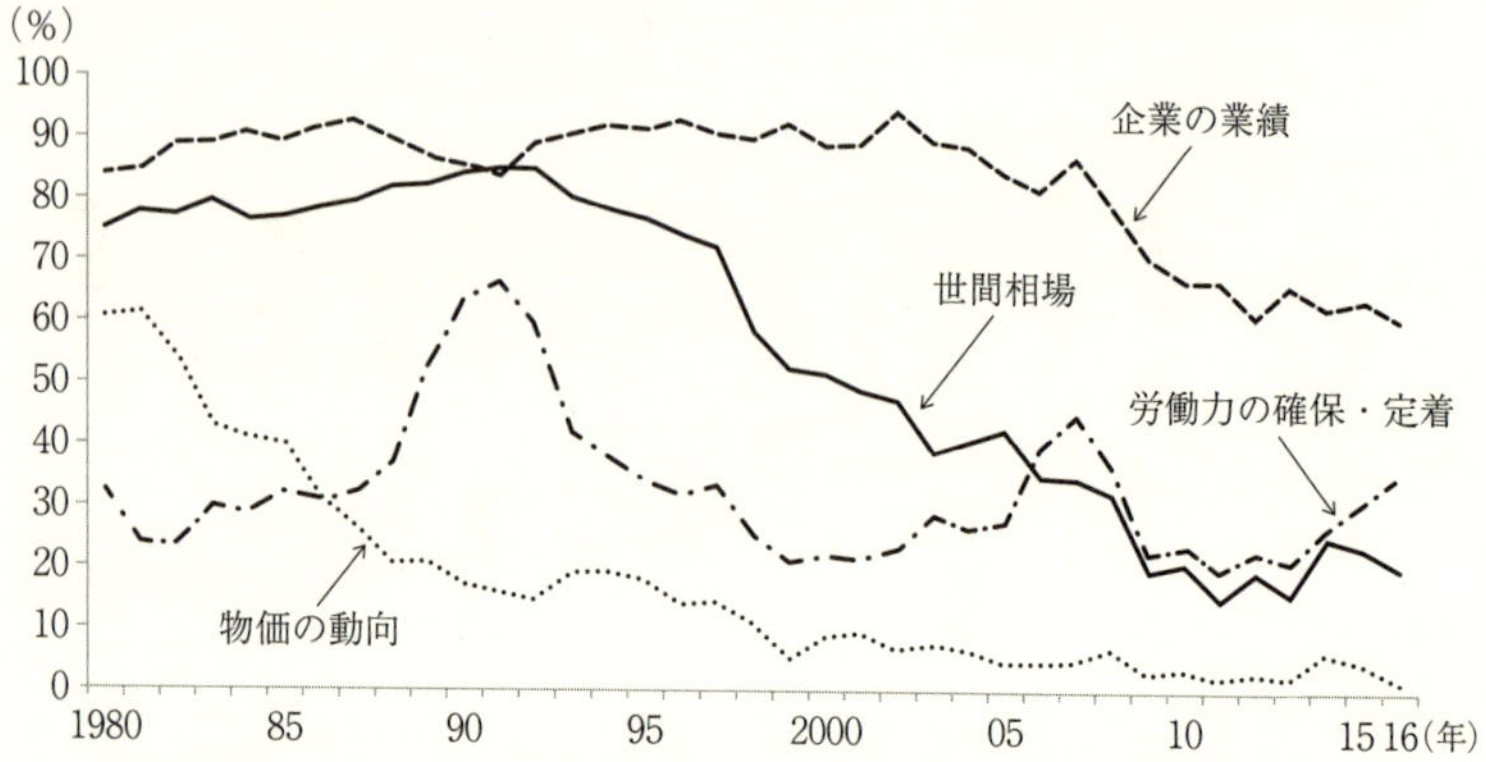

注：1) 賃金の改定を実施し、または予定していて額も決定している企業についての数値。
2) その要素を重視したすべての企業（最も重視したものを１つ、そのほかに重視したものを２つまでの最大３つまでの複数回答による）の数を集計対象企業数で除したもの。
3) その他の選択肢には、雇用の維持、労使関係の安定、親会社または関連（グループ）会社の改定の動向、前年度の改定実績、重視した要素はない等があるが、割愛している。なお、雇用の維持は 2002 年から、親会社または関連（グループ）会社の改定の動向、前年度の改定実績、重視した項目はないは 2009 年から追加された項目であり、前後の比較には留意が必要。

出所：厚生労働省「賃金引上げ等の実態に関する調査」

それが２０１３年以降になり、一般の時間あたり賃金は再びプラスの寄与へと転じており、パート比率のマイナス効果を相殺している。

この２０１０年代における一般の時間あたり賃金の変化の背景には、一般の賃上げの世間相場を形成してきた、春闘の動向もあるかもしれない[24]。厚生労働省「民間主要企業春期賃上げ要求・妥結状況」によると、ベアゼロが特徴的だった２００２年の春闘以降、１％台後半で推移していた民間主要企業春季賃上げ率は、２０１４年以降は２％台前半と上昇幅が拡大し、２０１６年には２・14％となっている[25]。

ただし、図12-6から、企業の賃金引き上げに対する意識をみると、賃金の改定にあたって世間相場を重視するという企業の割合は、バブル崩壊後、一貫して低下傾向が続いていることもわかる。2014、15年にかけて若干上昇こそしたものの、春闘が賃金相場全体に及ぼす影響は、1980年代以前より小さくなっている可能性は否定できない。

企業業績を重視する姿勢も2000年代以降低下傾向で推移し、2012年以降はおおむね横ばいとなっているものの、以前よりも企業業績が賃金の増加にダイレクトに結びつきにくくなっていることも示唆される。

労働需給の観点からは、労働力確保を重視して賃金を引き上げている企業の割合も、2014年以降は上昇傾向にあるものの、バブル期、リーマン・ショック前の戦後最長の景気拡大期に比べて低い。その意味では、文字どおり、人手不足に対応するために賃金を引き上げる企業は、2010年代半ばにおいては、以前よりも少なくなっているというのが、実際だろう。

5　労働市場の課題と労働政策

内部労働市場が高度に発達してきた日本の労働市場では、労働需給を色濃く反映する外部労働市場が賃金全体の動向に与える影響は限定的だった。そのため、マクロでは労働需給の引き締まりによる賃金上昇の効果もみえにくい構造が存在してきた[26]。ただし、人手不足感の強い産業やパートなどを中心に、時間あたり賃金といった外部労働市場と関係が強い指標でみると、労働需給と賃金の相関が高くなっていることも本章では確認した。また内部労働市場の変容に伴う非正規雇用の拡大は、長期的に賃金の下押し要因となってきたが、２０１０年代半ば以降はその影響も弱まりつつある。

日本で内部労働市場が発達した背景の一つとして、日本企業においては、製品の製造に必要な部品、技術はすべて自社内で賄うという、いわゆる「自前主義」が挙げられる。そこでは、技術的には自社内あるいはグループ企業内までで完結したフルセット型が、企業によって志向されてきた。このため労働者には、企業固有の技術、能力の蓄積が期待されてきた。[27] 半面、こうした環境では、中高年の労働者はいったん内部労働市場を離れて外部労働市場にさらされると、それまでに受け取っていた企業固有の技術、能力が反映された賃金水準との大幅なギャップに直面することにもなった。[28]

しかしながら、ＩｏＴ、ＡＩ等の第４次産業革命[29]が進むなか、共通プラットホームの上でのオープン・イノベーション化（技術の見える化）による競争[30]が主流となるなど、一企業におけるフルセット型での競争は不利になりつつある。

このため、企業においては、オープン化された新たな技術を活用しつつ、自社の強みを活かすかたちで選択をして生産活動を行うことや、外部労働市場を通じて新たな技術に対応できる労働者の中途採用を迅速に行う必要性が増している。それに伴い、企業はこれまでの学卒一括採用にみられてきたような、主に企業内で人材育成を行うことを想定して労働者のポテンシャルを重視するのみならず、労働者に求める能力を提示、すなわち「見える化」することが、より求められている。

それに対応して、年齢や企業内での経験を重視した人材評価から脱却するかたちで、外部労働市場がより機能するよう整備していくことが広く求められている。実際、厚生労働省も労働政策として、外部労働市場の整備を図ることを重視するスタンスを強め、[31] 成長企業への転職促進のための支援の強化、企業情報データベースの構築（企業情報の見える化）などの情報インフラの整備、ジョブ・カード制度による労働者の能力の見える化と能力開発の促進、個人主導の生涯にわたる能力開発への支援策などを展開し、今後も強化することとしている。

今後、労働市場に占める外部労働市場のウエートが高まれば、賃金が労働需給のシグナルとなる度合いがより強くなっていくだろう。

さらには少子化・高齢化の進行に合わせ、高度経済成長期に日本的雇用慣行が普及する大きな要因であった豊富な若年労働力、富士山型の人口ピラミッドという前提条件も崩れつつある。代わって女性、高齢者をはじめ、多様な労働力が活躍できるよう、長時間労働の是正やテレワークの推進など、より一層柔軟に働ける環境整備の必要に迫られている。

その大きなボリュームゾーンは女性にあるが、依然として家計補助的にパートタイムなどで働くなど、少なくない女性が就業調整を行っている実態もみられる。(32)

図12-7により、パートの賃金、労働時間の推移をみると、時間あたり所定内給与はバブル崩壊後もほぼ一環して増加傾向で推移し、1993年から2016年にかけて23・1％増加した。一方、同じ期間の所定内労働時間は13・0％減少しているため、所定内給与では7・1％増、現金給与総額では5・2％の増に留まっている。特に人手不足感が高まってきた2013年以降においてもパートの所定内労働時間は減少が続いており、一般と比較しても時間あたり所定内給与と所定内労働時間のトレードオフ的な動きは顕著である。

これを年収ベースの金額でみると、1993年の約111万円が、2016年では約117万円と

図 12–7　一般、パート別の賃金、労働時間の推移

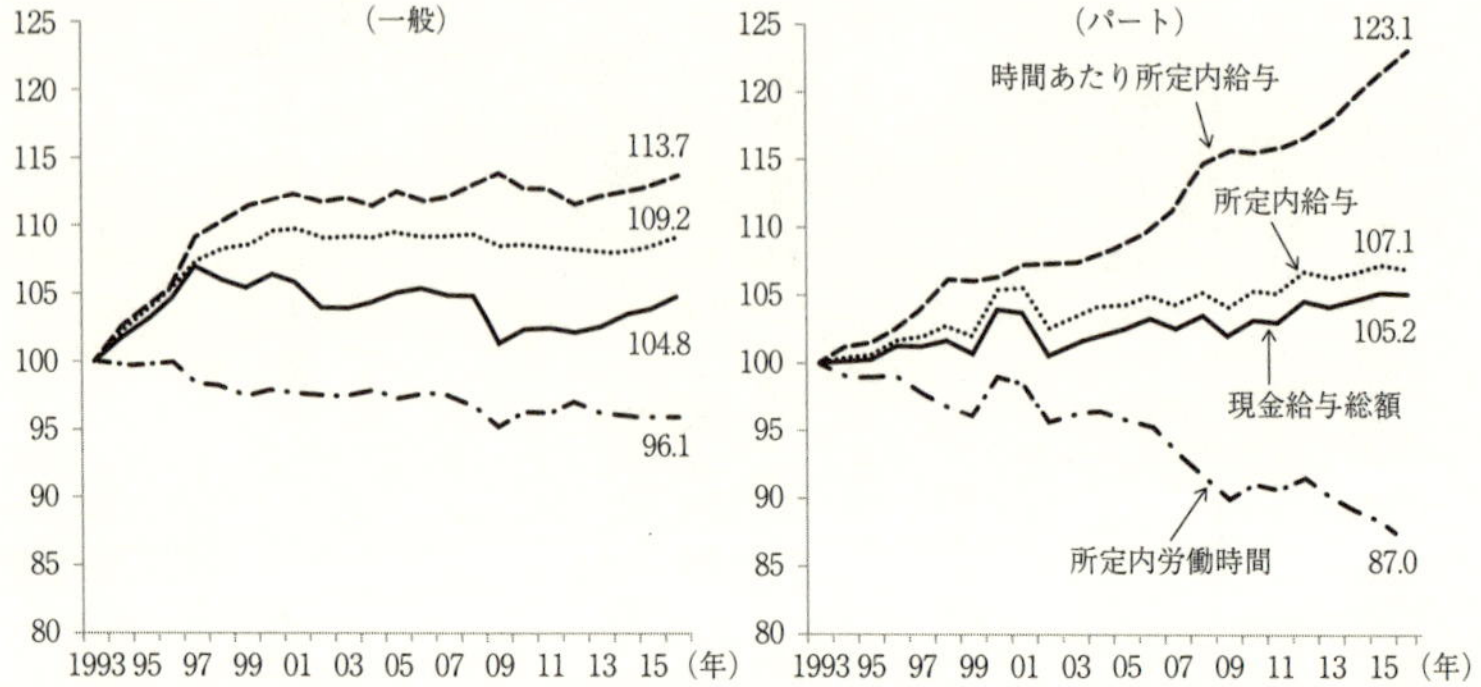

注：事業所規模5人以上の各々の指数を1993年＝100として換算した値。なお、時間あたり所定内給与は、所定内給与指数を所定内労働時間指数で除した値。
出所：厚生労働省「毎月勤労統計調査」

なり、いわゆる「103万円の壁、130万円の壁[33]」を意識して就業調整をしていることが、パートの現金給与総額の増加を抑制する大きな要因となっている可能性がある[34]。今後、働き方に中立な税・社会保障制度にしていくことは[35]、人手不足に対する労働力の確保のみならず、長期的な賃金の増加という観点からも重要となるだろう[36]。

第12章【注】

(1) ハローワーク（公共職業安定所）で受け付けた、有効期間内（原則受け付けた月から翌々月の末日まで。有効求職者については失業給付の受給期間は有効期間に含まれるなどの例外もある）の企業からの求人と仕事を求める求職者の割合を示す指標で労働需給を示し、1倍を上回ると求人超過（人手不足）となり、下回ると求職超過となる。

(2) バブル崩壊による景気の山（景気後退期の始まり）は1991年2月。

(3) 2002年1月を谷、2008年2月を山とする73カ月の景気拡大期間であり、それまで最長であったいざなぎ景気（1965

年10月～70年7月）の57カ月を上回った。

（4）信用度の低い人を対象とした高金利の住宅担保貸付（サブプライム・ローン）を証券化した商品を大量に抱え込み、住宅バブル崩壊で損失が膨らんだアメリカの大手投資銀行リーマン・ブラザーズの経営破綻（２００８年９月）とその後の株価暴落などを指す。

（5）５％から８％に引き上げられた。

（6）正社員（パートタイムを除く常用のうち、勤め先で正社員・正職員などと呼称される正規労働者）の月間有効求人数を、常用フルタイムの月間有効求職者で除して算出した値。

（7）厚生労働省「雇用動向調査」によると、２０１５年の入職率は16・3％、うち一般では12・4％、パートでは29・0％、転職入職率は10・6％、うち一般では８・５％、パートでは17・2％と、パートのほうが外部労働市場を経由した労働移動の割合が２倍以上高くなっている。

（8）現金給与総額は、所定内給与、所定外給与（いわゆる残業手当）、特別給与（いわゆるボーナス）の合計であり、このうち特別給与は企業業績に影響を受ける度合いがより高く、また、所定外給与は景気変動に伴う労働投入量の増減に影響を受ける（人手不足経済の中では残業とともに増加する傾向）ため、純粋に外部労働市場のシグナルをみる場合には所定内給与が望ましいと考えられる。また、１９９０年代以降減少している労働時間（１９９３年から２０１６年までで９・９％減、うち一般では２・０％減、パートでは11・6％減）を考慮する必要もあるため、時間あたりでもみている。

（9）厳密には、一般の中には正規雇用者のみならず、フルタイムの有期契約労働者等の正規雇用以外の労働者も含まれているが、毎月勤労統計調査においては、両者が分けられないことに留意。

（10）勤続年数は、労働者がその企業に雇い入れられてから調査対象期日までに勤続した年数であり、このうち０年は雇い入れられてから１年に満たない労働者、勤続年数１年以上は、勤続年数計から勤続年数０年を除いた労働者。

（11）「賃金構造基本統計調査」では、一般の勤続年数別の労働時間が集計されていないため、ここでは便宜的に時間あたりではなく総額の月間賃金を比較した。

（12）「賃金構造基本統計調査」による２０１６年の労働者の平均勤続年数は、一般が11・9年に対し、パートでは５・７年となっている。

（13）名目賃金の上昇率に影響があると考えられる有効求人倍率、交易条件、労働生産性、消費者物価、労働者平均年齢の時系列データ。各々の指標についての説明は、表12-1の注を参照。

(14) なお、2016年のデータを追加して再度推定したところ、一般の現金給与総額にかかる有効求人倍率の係数は有意となった。このことは、後述するとおり、一般においても労働需給の引き締まりが賃金に影響を与えつつある度合いが増していることを示すものと考えられ、今後の状況によっては、本章での考察を再考する必要性も考えられる。

(15) 有効求人倍率は産業別には算出できないため、ここでは産業別の新規求人を用いている。

(16) 表の結果のうち、建設業や、医療・福祉の一般で相関が低いのは、公定価格の影響を受ける産業であることの可能性も考えられる。各種の規制が賃金に及ぼす影響については、本書の第1章(近藤論文)、第3章(阿部論文)などを参照。

(17) マクロの実質賃金は、恒等式上、労働生産性、労働分配率、交易条件に分解することができる。詳細な説明および交易条件の悪化が賃金の押し下げ要因となっていることは、厚生労働省「平成27年版労働経済の分析」72~73頁および第2-(1)-12図(73ページ)を参照。本書第7章(川口・原論文)でも、交易条件の悪化が賃金下落に少なからず影響を与えていたことが紹介されている。

(18) 日本において非正規雇用化が進んだ背景については、本書第6章(梅崎論文)、第7章(川口・原論文)、第14章(有田論文)、第16章(上野・神林論文)等を参照。

(19) 併せて「日銀レビュー　雇用形態別にみて基本給はどのように決まるのか」(2016年8月)では、「1990年代は構成比率の高い団塊世代の年齢が上昇していくことが、平均的な賃金の上昇圧力となっていた。その後、団塊世代の退職に伴い構成変動要因は下押しに効いてきたが、2010年度以降は再び若年世代のウエートが低下したことにより構成変化要因はプラスに転化した」としている。

(20) 非正規雇用の増加については、女性・高齢者の就労促進という労働供給側の要因もある(たとえば、高齢者の雇用の促進が非正規雇用労働者の増加というかたちになりやすい)ことに留意。

(21) 労働者全体に占めるパートの比率。

(22) 2016年の現金給与総額は、一般では41万2174円、パートでは9万7636円と両者の水準には大きな差があるため、各々の賃金水準が変わらなくても、パート比率が高まることにより、両者を加重平均した全体の現金給与総額は減少することになる。

(23) 就職氷河期世代の賃金の長期的推移は、本書第4章(黒田論文)を参照。

(24)　春闘をめぐる動向については、本書第2章（小倉論文）を参照。
(25)　背景としては、企業収益の改善や2013、14年に「経済の好循環実現に向けた政労使会議」において、企業収益の拡大を賃金上昇につなげていくための取り組みについての政労使の合意が反映されたことが考えられ、2014年の春闘では、6年ぶりにベアが復活した。
(26)　ただし、日本の雇用者のうち、どの程度が内部労働市場に属しているのかを推定するのは、必ずしも容易ではない。そのなかでの貴重な検証として、石川・出島（1994）では、労働省（当時）「賃金構造基本統計調査」を用いて、1990年時点で雇用者の27・5％が一次（内部）労働市場に属しているという推定を行っている。
(27)　この点については、本書第6章（梅崎論文）を参照。
(28)　本書第15章（上野・神林論文）ではそのギャップを推計している。
(29)　第4次産業革命とは、ＩｏＴ（Internet of Things：モノのインターネット。実社会のあらゆる事業・情報がデータ化され、ネットワークでつながることにより、自由にやりとりすることが可能になること）、ビッグデータ（Big-data：情報技術の発展により、大容量のデータの処理や分析が可能になること）、ＡＩ（Artificial Intelligence：人工知能）、ロボット等の技術革新を総称したもの。これまでの第1次産業革命（蒸気機関による動力を獲得）、第2次産業革命（電力、モーターによる動力の革新）、第3次産業革命（コンピュータによる自動化）に続き、産業・社会に大きな変革をもたらすと考えられている。第4次産業革命に関する具体的な内容や政府の方針は、「新産業構造ビジョン〜第4次産業革命をリードする日本の戦略〜中間整理」（2016、経済産業省産業構造審議会新産業構造部会）、「日本再興戦略2016—第4次産業革命に向けて—」（2016・6・2閣議決定）を参照。
(30)　基盤技術をオープンに提供することで、それを活用した競争が展開され、技術革新が進んでいる。特に有名なのが、ＧＡＦＡ（ガーファ）と呼ばれているグーグル、アップル、フェイスブック、アマゾンが提供する大規模なプラットホーム上におけるデータ競争。
(31)　厚生労働省「雇用政策研究会報告書　仕事を通じた一人ひとりの成長と、社会全体の成長の好循環を目指して」（2014）においては、外部労働市場の強化として、個人主導の能力開発への支援、職業能力の「見える化」に役立つジョブ・カードの活用促進、民間人材ビジネスとハローワークの連携によるマッチング機能の強化等が重要だとしている。
(32)　国税庁「民間給与実態統計調査」によると、2015年に配偶者控除を受けた者は前年比2・7％減と減少したが、

976・5万人存在している。

(33) 「103万円の壁」とは、妻の年間所得が103万円を超えると夫が配偶者控除を受けられなくなることで、妻が年間所得を103万円以下となるように就業調整を行うこと。現実には、1987年に創設された配偶者特別控除により、妻の所得が103万円を超えると世帯全体の手取り収入が減少する逆転現象は解消されているが、企業が配偶者手当を支給する基準としている場合も多いことも含め、依然として心理的な壁となっている面がある。「130万円の壁」とは、妻の年間所得が社会保険の被扶養者基準である130万円を超えることで、社会保険料を支払わずに第3号被保険者や健康保険扶養家族として対象となっていた社会保険制度から外れるため、妻が年間所得を130万円以下となるように就業調整を行うこと。

(34) 「毎月勤労統計調査」においてはパートを男女別に集計していないが、総務省統計局「労働力調査」によれば、2016年におけるパート(勤め先による呼称によるものであり、毎月勤労統計調査と定義が異なることには留意が必要)のうち女性の占める割合は88・3%であることからも、パートの大半は女性であると考えられる。

(35) 社会保険(厚生年金保険・健康保険)については、2016年10月から、それまで対象であった週30時間以上働く労働者から、従業員501人以上の企業で週20時間以上働く労働者などにも対象が広げられた。さらに、第192回臨時国会で成立した「公的年金制度の持続可能性の向上を図るための国民年金法等の一部を改正する法律」により、500人以下の企業も、労使の合意に基づき、企業単位で週20時間以上働く労働者への適用拡大が可能となる見込みである。配偶者控除については、2015年12月22日に閣議決定された「平成29年度税制改正の大綱」に、配偶者控除の対象金額の上限の水準を103万円から150万円に引き上げること、合計所得金額が一千万円を超える居住者に対する適用除外等が盛り込まれた。

(36) 労働時間の増加も含め、労働供給の増加は、労働需給のみの観点からは賃金の減少要因となるが、日本においては、構造的に人口減少に伴う労働力の供給制約が続くことや、労働供給の増加に伴う所得の増加は、消費の拡大を通じて内需にプラスの影響を与えることも含めてみる必要がある。

【参考文献】

石川経夫・出島敬久(1994)「労働市場の二重構造」石川経夫編『日本の所得と富の分配』東京大学出版会、169-209ページ。

上西充子（2004）「能力開発とキャリア」佐藤博樹・佐藤厚編『仕事の社会学』所収、有斐閣。

経済産業省産業構造審議会新産業構造部会（2016）「新産業構造ビジョン～第4次産業革命をリードする日本の戦略～中間整理」。

厚生労働省（2014）「雇用政策研究会報告書　仕事を通じた一人ひとりの成長と、社会全体の成長の好循環を目指して」。

――（2012、2015）『労働経済の分析』。

日本銀行（2016）「日銀レビュー　雇用形態別にみて基本給はどのように決まるのか」

日本再興戦略2016―第4次産業革命に向けて―（2016）。

第13章 賃金表の変化から考える賃金が上がりにくい理由

西村 純

ポイント【制度】

1 賃金の決まり方

(1) 賃金表

賃金がなぜ上がりにくくなっているのか。参考に平成18(2006)年と平成25(2013)年の厚生労働省「賃金構造基本統計調査」の男性正社員の所定内給与における年齢別賃金プロファイルをみてみると、たしかに年齢に伴う増加の度合いがいくぶん緩やかになっているようにみえる(図13-1)。この事象をもって、賃金の成果主義化が進んでいることを主張する論者もいる[1]。その要因はさまざまであろうが、いずれにせよ賃金は上がりにくくなっていることがうかがわれる。本章では、企業の賃金表を起点に、このテーマについて考えてみたい。

賃金はどのように決められているのだろうか。たとえば、働いている読者のうち、「昨年と比べて

図 13-1　年齢別賃金プロファイル（男性正社員）

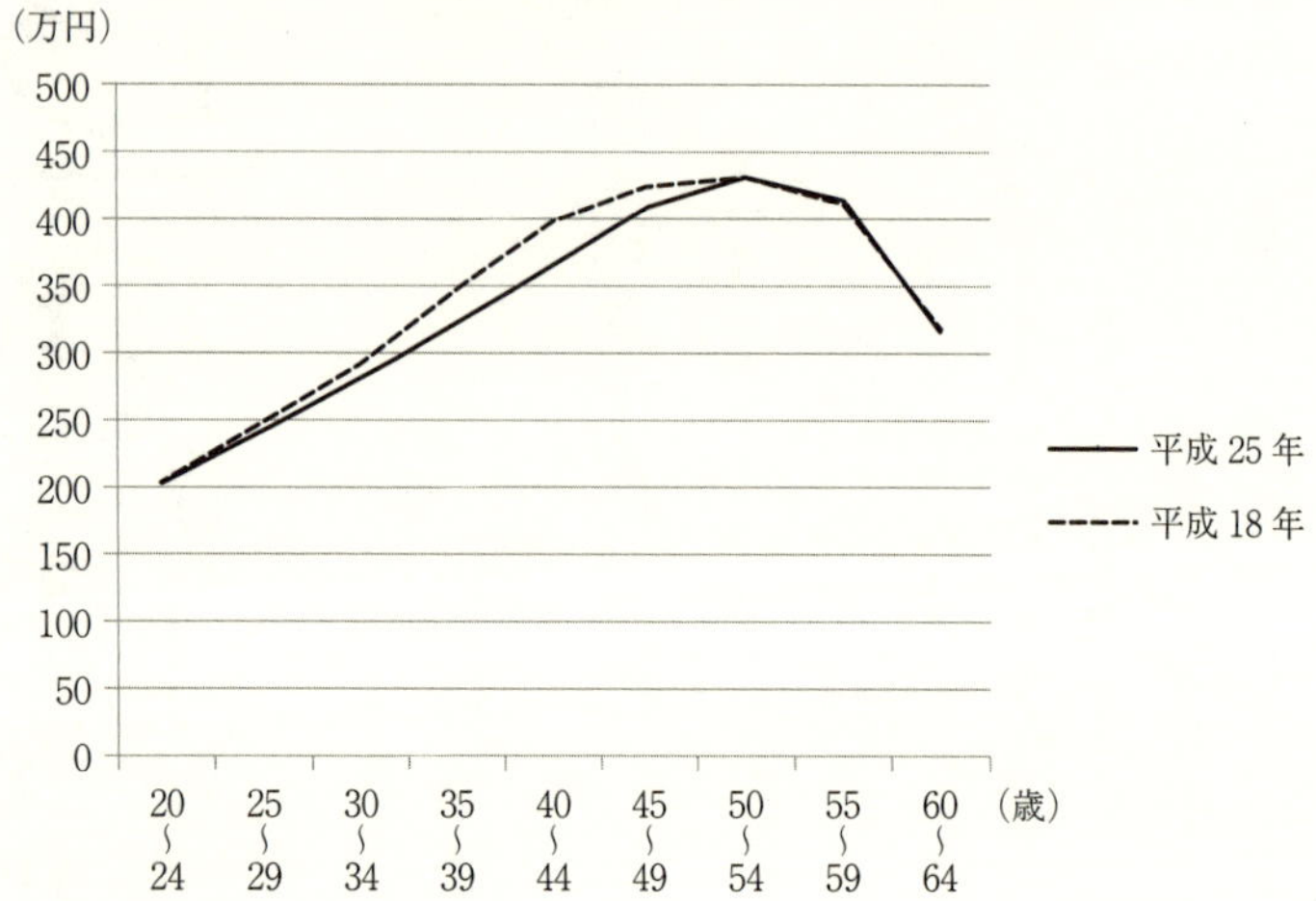

出所：賃金構造基本統計調査より作成。

有効求人倍率がX％上昇したので、来年の君の賃金をY円にすることにした」とか「君の生産性は、同僚と比べてX％高いので、来年の賃金はY円となる」という説明を上司から受けたことがある人はいるだろうか。おそらくいないだろう。

昇給額は、人事考課に基づいて決まっているのが通常だ。評価ごとの昇給額があらかじめ決められており、そのルールに則って翌年の賃金が決まるわけである。そして、この評価と昇給額の関係を一覧表として示したものが、賃金表（賃金テーブル）である。つまり、賃金表を見ると、労働者の賃金が上がるメカニズムがわかることになる。このことは、本書のテーマである「賃金が上がりにくい理由」の一端を明らかにすることにつながる。

もっとも、本章では労働者の移動（転職）はいったん議論の脇に置いている。賞与も脇に置いている。また、目に見えるかたちで制度を構築しているような大手や中堅企業が、主な対象となっている。その意味で、大企業や中堅企業において、同一企業内に労働者が留まり続けた場合を想定し、その労働者の基本給に着目して議論を進めることを、あらかじめ断っておきたい。(2)

(2) 三つの要素

組織で働く労働者を想定すると、人事管理上、賃金を決める上で重要な要素は、①社員格付け制度(資格等級)、②賃金表、③評価制度の三つである。この三つの要素に基づいて賃金を決めることは、日本のみならず、欧米も共通していることである。もっとも、その具体的な内容には、類似するところもあれば、異なるところもある。

資格等級は社員を何らかの基準でランク付けしたものである。これは、課長、部長などの組織上の役職とは異なる社内のランクである。名称はさまざまだが、一般社員層はJ等級（1～3級）、管理職層はM等級（1～4級）といったものや、社員（1～3級）、主事（1～3級）、参事（1～2級）、参与（1～2級）といった具合に、名称が設けられたりしている。

欧米の場合、課長のポストに就いて初めてM1級になるが、日本の場合、課長相当の能力があればM1級になれるといった具合に、一般的に欧米は社員格付け制度と実際の役職のリンクが強く、それに比べると日本は弱いとされている。加えて欧米の場合、メインテナンス（1級～3級）、セールス（1級～3級）など、職務ごとに等級を構成する場合もある。

この資格等級に対応するかたちで賃金表が設計される。労働者の賃金は、自身が格付けされている等級の賃金表に基づいて決定されるわけである。その賃金表上のどの価格になるのかを決めるのが、評価制度である。高い評価であれば高い昇給になり、低い評価ならば低い昇給になるのは、そのように賃金表が設計されているからである。

ところで、日本の賃金は、年功賃金と呼ばれることが多い。しかしながら、各国の賃金プロファイルを調べた研究によると、年齢と賃金額の関係をみれば、欧米ホワイトカラーの賃金も、年功的なカーブを描いている。[4] 年功賃金カーブそれ自体は、なにも日本特殊的なものではない。[3]

また、アメリカやイギリスのホワイトカラーを対象にした事例調査によると、査定に基づき、同じ職務であっても働きぶりによって賃金には差が生じているという。[5] このように、上司による部下の評価に基づいて賃金が決められるのは、日本も西洋も同じなのである。

以上のような流れで賃金が決まるとすると、賃金表それ自体のかたちが重要になってくる。社員の能力に応じて昇給額を決めるといっても、どのような賃金表が設計されるかによって、賃金の上がり方は変わってくるからである。たとえば、後で出てくる表13-1のような等級ごとの昇給額のみを示したような賃金表であれば、評価に応じて昇給額は異なるものの、賃金は上がり続けることになる。一方で、各等級の賃金額の上限が明確に設けられているような賃金表の下では、仮に技能が年々高まったとしても同一等級に留まる限り、一定の水準で昇給は止まることになる。仕事や能力といった賃金決定の基準だけでなく、賃金表の特徴も賃金カーブの勾配を規定する一つの重要な要素なのである。

2　昇給の仕組み（三つの方法）

では、われわれの賃金は、賃金表の下でどのようにして昇給しているのであろうか。大きく三つの方法に分けることができる。[6] 一つはJ1等級からJ2等級といった具合で、資格等級のランクを上げる方法である。これは昇格と呼ばれる。通常、上の等級にいくほど、昇給額は高くなるため、昇格は賃金を上げる要素の一つとなる。残りの二つは、定期昇給とベースアップである。これは同じ等級に留まり続けた場合でも、各労働者にもたらされる昇給という点で、一つめの昇格とは異なっている。

定期昇給とは、既存の賃金表に基づき制度的に保障されている昇給のことを指している。たとえば、A評価なら1500円、B評価なら1000円といった具合で、評価に応じた昇給額が設定されているような賃金表の場合、その運用によって発生する昇給が、定期昇給である。言い換えると、定期昇給とは、賃金制度の中に組み込まれている昇給部分といえる。

一方で、ベースアップとは、賃金表の改定によってもたらされる昇給のことを指している。今までの制度においては、A評価だと1500円だったものを、2000円にするといった具合で、賃金表それ自体の書き換えによって発生する昇給がベースアップである。このように、賃金表の下での昇給といっても、両者は異なるメカニズムによってその上昇をもたらすものである。

ところで、定期昇給は、日本の年功賃金カーブの制度的な基礎となっているといわれてきた。[7] しかし、このことは、必ずしも日本の賃金が、能力や成果を無視した年功序列であることを意味するわけではない。たしかに年齢とともに賃金は上昇するが、すべての社員が平等に同じ額の昇給を受け取れるわけではなく、そこには、半期や1年の働きぶりによる評価が反映されている。つまり、本人の能力や実力が一定程度は加味されるわけである。

一般に1990年代半ば以降に進められた賃金の成果主義化は、年功序列から能力・成果に基づいた賃金への転換と思われているが、この説明は、やや誤っている。成果主義以前から、個人は働きぶりを評価され、それに応じた昇給額を受け取ってきた。むしろ成果主義以前と以降のちがいは、賃金表における評価と昇給の関係に変化が生じたことにある。

3　昇給額決定の実際

(1)「積み上げ型」の賃金表

成果主義以前の人事・賃金制度は、能力主義と呼ばれることが多い。時期としては、1970年代から90年代半ばにあたる。[8] この時代は、細部のちがいを捨象すれば、労働者の能力に基づきランクが分けられた職能資格制度と呼ばれる社員格付け制度を基礎とし、賃金表や評価制度が設計されていた。もっとも、賃金の基幹部分である本給部分のみをみても、職能給部分とそれ以外の部分(たとえば年齢や勤続年数)を1つの賃金表に統合する場合と、それぞれの要素ごとに賃金表を設ける場合があった(日経連職務分析センター[1980])。[9] そのため、同じような社員格付け制度の下でも、賃金表の数は企業ごとにさまざまなものとなる。

表13-1　昇給表

（単位：円）

級＼ランク	S	A	B	C	D
J-1	3,100	2,800	2,500	2,200	1,900
2	3,400	3,100	2,800	2,500	2,200
3	4,000	3,600	3,200	2,800	2,400
S-4	4,400	4,000	3,600	3,200	2,800
5	4,800	4,400	4,000	3,600	3,200
6	5,500	5,000	4,500	4,000	3,500
M-7	6,000	5,500	5,000	4,500	4,000
8	4,800	4,400	4,000	3,600	3,200
9	3,600	3,300	3,000	2,700	2,400

出所：楠田（2006）209ページ。

能力主義時代の賃金表を類型した楠田（２００６）によると、①昇給表、②号俸給表、③段階号俸表、④複数賃率表がある。ここで重要なことは、いずれの賃金表であっても、査定に基づいた「積み上げ型」という共通の特徴を持っているという点である。以下では、楠田（２００６）において、日本において広く普及していたといわれる①昇給表を確認しておこう。[10]

表13-1に示した「昇給表」は、等級ごとに昇給額が明示される方式である。等級ごとに査定に応じた昇給額が設定されており、各人の昇給額は評価に応じて異なるものになる。[11] 査定の方法は、通常、上司が部下を査定する。もっとも、評価は上司が行った一次評価では決定せず、その上の上司による二次評価が行われる場合や、そこからさらに部門間の評価の甘辛をならすために、三次評価として部門間調整を実施する場合もある。[12] また、評価の調整の際に、人事部門があらかじめ評価ごとの人数割合を設

定することもある。[13]

このように、第一次評価にどこまで手を加えるかは、会社によって異なっている。加えて、会社内でも職種などによって、その程度が異なっている場合もある。こうして決定された評価に基づいて、昇給や昇格（等級の上昇）が実施される。

たとえば表13-1のJ-1を例にとると、B評価の場合、その年の昇給額は2500円となり、A評価の場合、昇給額は2800円となる。このように、各人の賃金は、初任給の上に、評価に基づいて定められた昇給額が年々積み上がっていくことで上昇する。その結果、額の差はありこそすれ、どの等級に格付けされていても、労働者の賃金は年々上昇していく。安定的に賃金が積み上がっていくところに能力主義時代の賃金表の特徴がある。この賃金表に記載されている金額がそのまま定期昇給の額となるわけである。

（2）「ゾーン別昇給表」の登場

次に、成果主義の下で新たに登場した賃金表について確認しよう。世間にはあまり知られていないが、成果主義以降、この積み上げ型とは異なる新たな賃金表が登場している。この点は成果主義賃金の議論の中でも見逃されがちなのだが、実は、大きな変化であった。

成果主義をまとめた石田（2006）において、台頭してきた新たな賃金表として紹介されているのが「ゾーン別昇給表」である。[14] そのイメージを示すと図13-2のようになり、一例を示すと表13-2のようになる。

図13-2　ゾーン別昇給表（イメージ）

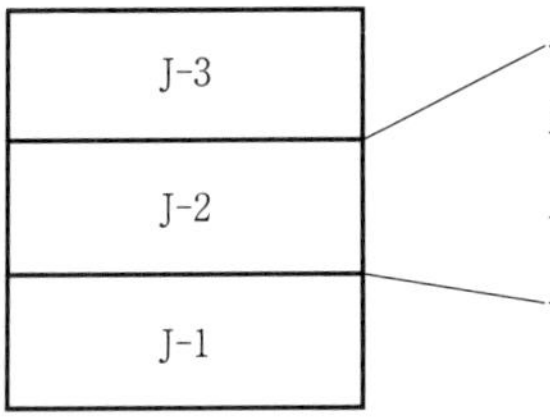

評価／ゾーン	S	A	B	C
Ⅰ	0	−	−−	−−−
Ⅱ	+	0	−	−−
Ⅲ	++	+	0	−
Ⅳ	+++	++	+	0

（ⅡとⅢの間：ポリシーライン）

注：＋＝昇給、－＝降給
出所：石田（2006）を参考に筆者作成。

図13-2のように、等級ごとに設計されている範囲給の内部がいくつかのゾーンに分けられ、ゾーンごとに昇給額が設定される。その際、上位ゾーンには厳しめの、そして、下位ゾーンは寛大な昇給額を設けているのがこの賃金表の特徴である。

具体例をみてみよう（表13-2）。まず、等級ごとに上限と下限が定められた範囲給となっており、その範囲給の中がさらに4つのゾーンに分けられている。たとえば等級Ⅳの場合、範囲給の下限が8万円となり、上限が24万円となる。[15] 等級Ⅴに昇格しない限り、社員の賃金はこのレンジの間に留まることとなる。

昇給額の決定は、年々の人事考課と当人が位置づけられているゾーンに基づいて決定される。表13-2のように、各セルに昇給額が記載されており、労働者は、自身の属するゾーンに該当する昇給額を受け取ることになる。

いま、仮にゾーン2のある社員の昨年のパフォーマンス給が15万円だったとし、今年の評価がBだったとすると、昇給額は5400円となり、賃金は15万5400円となる。同様にゾーン3で評価がEの場合、4500円の降給となる。仮にパフォーマンス給が18万7500円だったとすると、18万3000円となる。このように、ゾーンの下

表13-2　ゾーン別昇給表（一例）

（単位：円）

等級	ゾーン（賃金水準）			パフォーマンス給額				
				E	—略—	B	—略—	S
Ⅴ等級	ゾーン4	～略～		～略～				
	ゾーン3							
	ゾーン2							
	ゾーン1							
Ⅳ等級	ゾーン4	210,000 以上	240,000 以下	− 7,000	～略～	− 3,500	～略～	2,500
	ゾーン3	181,300 以上	210,000 未満	− 4,500		0		5,000
	ゾーン2	130,000 以上	181,300 未満	300		5,400		8,000
	ゾーン1	80,000 以上	130,000 未満	2,000		7,900		10,000
Ⅲ等級	～略～							
Ⅱ等級								
Ⅰ等級								

注：　1）等級、評価標語などの表中の名称は便宜的に付けたもので、当該企業において使用されている正式な名称ではない。
2）表中の金額は架空のものであり、実際のものとは異なる。

出所：西村（2016）より転載。

位にいれば賃金は比較的大幅に上昇し、ゾーンの上位にいくとその上昇度合いが小幅になり、場合によってはゼロ昇給や降給もあり得る。

加えて、この賃金表ではゾーンを跨ぐ際に、調整率と呼ばれるルールが適用される。その算出式であるが、

$$調整率 = \frac{次ゾーン同一評価における改定額}{賃金改定前適用ゾーンにおける改定額}$$

となっている。たとえば等級Ⅳのゾーン1におけるS評価は1万円、ゾーン2のS評価は8000円であるため、10000分の8000、つまり0・8が調整率となる。仮に、ゾーン1でパフォーマンス給が12万5000円の者がいたとし、彼が最高評価のS評価を取ったとすると、ゾーン1

の上限である13万円に到達するまでは、ゾーン1の昇給額が適用される。すなわち、ゾーン1のS評価1万円分のうち5000円がまず適用される。残りの昇給額である5000円については、調整率を掛けた4000円（5000×0・8）が適用されることになる。その結果、パフォーマンス給は13万4000円となる。

もう一つの運用の特徴として、調整率がマイナスとなる場合、調整率はゼロとすることになっている。たとえば等級Ⅳのゾーン3でパフォーマンス給額18万1500円の者がE評価を取った場合、$\frac{300}{-4500}$となるので、調整率はゼロとなる。そのため当該社員の賃金は、18万1300円までは下がるものの、それ以下にはならない。また、分母、もしくは、分子のいずれかの金額がゼロの場合も、調整率はゼロになる。そのため、調整率がゼロの場合は、ゾーン間の移動は発生しないので、一度ゾーン3に入れば、ゾーン3の下限のパフォーマンス給は保障されることになる。

一方、ゾーン2からゾーン3に移るためには、ゾーン3における昇給額が正の符号になっている評価をとる必要がある。つまり、昇給額が0円であるB評価以下である限りゾーンを跨ぐことはできず、ゾーン2の上限に留まることになるわけである。

よって、この賃金テーブルに基づけば、B評価（標準評価）を取り続けた場合、各人の昇給はゾーン2で頭打ちとなり、賃金がレンジの一定の場所に留まることになる。その結果、賃金カーブがその時点で寝ることとなる。この点は、額の大小に差はあったものの安定的に昇給し続けていた表13-1の「昇給表」とは大きく異なっているところである。

そしてこの「ゾーン別昇給表」は、賃金表内のある一つの額（ポリシーライン）に労働者の賃金を収斂させる力を持っている。表13-2でいうと、標準評価においてゼロが初めて登場するゾーンとひとつ下のゾーンの境界がポリシーラインに該当する。等級Ⅳの場合、ポリシーラインは18万1300円となる。先に述べたとおり、ゾーンの下位にいる場合、比較的大幅に昇給していくので、Ⅳ等級に格付けされている者で、ポリシーラインより賃金が低い者は、より早くポリシーラインの水準に近づくことになる。一方で、ラインを超えた者は、賃金が上がりにくくなる。

ついつい、賃金表内のマイナス昇給の存在に目が行きがちになるが、下位ゾーンにおける寛大な昇給、上位ゾーンにおけるマイナス昇給を含む厳しい昇給、そして、調整率という三つによってもたらされる同一レンジ内における賃金の収斂機能に、成果主義以降登場してきた「ゾーン別昇給表」の特徴がある。成果主義以前の典型的な賃金表であった「積み上げ型」と比べると、安定的に賃金を上昇させる機能が弱まっているといえよう。「ゾーン別昇給表」は、個人の賃金を安定的に上昇させてきた定期昇給を、必ずしももたらす賃金表ではないのである。その代わりに、一つの水準に賃金額を収斂させようとする価格調整機能のようなものが、賃金表の中に埋め込まれたのである。

(3) ベースアップ

以上、賃金表の変化とそれに伴う定期昇給の変化を確認した。さて、日本経済団体連合会が実施した「人事・労務に関するトップマネジメント調査」によると、労使交渉において賃金改善要求のあった企業のうち、基本給のベースアップの要求を受けた企業は36・2%(2012年)から、84・1%(2015年)に上昇している。このことからも、ベースアップによる賃上げを目指す風潮が形成されつつあることがうかがわれる。そこで、二つの賃金表を素材にベースアップが賃金表にどのように反映されているのかを確認しよう。

表13-1のような「昇給表」の下でのベースアップは、次のような手順によって行われる。まず、起点となる資格等級の標準的な昇給額が、経営側と労働組合側の間で行われる春の労使交渉において決められる。たとえば表13-1の昇給表のS-5級を標準とすると、まずB評価の昇給額が決められる。その上で各等級のS-5級に対する比率を決定する。たとえばS-4級はS-5級の9割と労使で合意すると、S-5級のB評価の額の9割が、S-4級のB評価の昇給額となる。このようなかたちで等級ごとに、標準的な評価を取った場合の昇給額が決められる。それと同時に、最低水準と最高水準の昇給額も労使交渉によって決められる。

このように、労使交渉によって具体的な金額が決められ、賃金表の書き換えが実施される。ベースアップとして普段われわれが目にする賃上げ率は、このようなかたちで行われる実際の賃金表の書き換えを介して、具体的な昇給額となり、労働者の賃金を上昇させていたのである。

では、成果主義以降に登場した「ゾーン別昇給表」ではどのような運用となる可能性があるのか。筆者が実施したヒアリングに基づくと、二つのパターンがある。一つめは、賃金表の書き換えが実施される場合である。この場合、ゾーンごとの上限と下限が書き換えられることになる。たとえば表13-3の「ゾーン別昇給表」でいうと、ゾーン2の下限を13万5000円以上とし、上限を18万3300円未満とするといった具合で書き換えが実施される。このことによって、ポリシーラインの水準も上がるので、ポリシーライン付近でB評価であった昇給を受け取ることができなかった労働者

表 13-3　ゾーン別昇給表と改善額

（単位：円）

等級	ゾーン（賃金水準）			パフォーマンス給額					改善額
				E	—略—	B	—略—	S	
Ⅳ等級	ゾーン4	210,000 以上	240,000 以下	− 7,000	～略～	− 3,500	～略～	2,500	−
	ゾーン3	181,300 以上	210,000 未満	− 4,500		0		5,000	−
	ゾーン2	130,000 以上	181,300 未満	300		5,400		8,000	700
	ゾーン1	80,000 以上	130,000 未満	2,000		7,900		10,000	700

注：　1）等級、評価標語などの表中の名称は便宜的に付けたもので、当該企業で使用されている正式な名称ではない。
　　　2）評価標語は実際のものと異なる。
　　　3）表中の金額は架空のものであり、実際のものとは異なる。
出所：西村（2016）より転載。

も、賃上げを享受することができるようになる。

二つめは、賃金表の書き換えが実施されないケースである。先に説明した教科書的な意味でのベースアップとはいえないが、新聞紙面上でいわれるベースアップは、このようなかたちでの賃上げとして実施されることもある。

この場合、賃金の改善は、賃金制度の運用ルールに基づき決まった賃金額に、労使で合意した改善額が加算されるかたちが取られる。たとえば賃金が13万円（つまり、Ⅳ等級ゾーン２）で、Ｂ評価を取った社員を想定しよう。表13－３で示されているとおり、Ⅳ等級のゾーン２でＢ評価をとった社員の昇給額は５４００円なので、まず、13万＋５４００円で13万５４００円となる。これに改善額が加えられるわけである。つまり、13万５４００円に７００円が加えられ、13万６１００円となる。また、表13－３を見るとわかるとおり、ゾーン１、およびゾーン２においてのみ改善額が設定されている。これは、労使交渉の結果を反映したことによる。[16]

以上をみると、それほどテクニカルな話ではない。しかし、このような賃金表の書き換えを伴わない方法が年々繰り返されると、改善額分が消滅する事態にやがて直面する可能性が出てくる。というのも、どれだけ改善額として賃金が加算されても、ポリシーライン（表13-3の18万1300円）に到達した時点で、賃金が一定の水準に留まる可能性があるからである。

この点について、具体的な数字を使いつつ確認しよう。「ゾーン別昇給表」の下では、ポリシーライン付近に社員の賃金が収斂する傾向があることを先に指摘した。この点が重要になる。たとえば、Ⅳ等級のゾーン2にいるパフォーマンス給額17万円の社員を想定し、彼のX年の評価を標準評価であるBと仮定する。そして、X年の春闘によって改善額800円で労使が合意したとしよう。彼のX年時の賃金改定額は5400円なので、17万5400円となる。それに改善額分の800円が加えられるので、彼のパフォーマンス給は17万6200円となる。

さて、X＋1年も同様に春の労使交渉において妥結された改善額が800円だったとしよう。そして、彼のX＋1年の評価もBだったとする。そうすると18万1600円となるため、先に紹介した昇給ルールが適用され、彼のパフォーマンス給は上限である18万1300円となる。そして仮に彼のX＋3年の評価も、同様にBだとすると、彼の昇給額はゼロとなり、パフォーマンス給は18万1300円で維持される。

さて、この例からわかることは、春闘によって妥結した賃金改善によってもたらされた賃上げは、必ずしも永年的に持ち越されるわけではないということである。たとえば、同じように賃金表の書き換えが実施されなかったとしても、年々賃金が積み上がっていくような表13-1の「昇給表」であれば、一度受け取った賃上げは、同一企業に留まる限り、彼の賃金として生き続ける。しかし、「ゾーン別昇給表」の下では、ポリシーラインにおいて、それまでの賃上げがいったんリセットされる可能性があるので、賃金表の書き換えが実施されない場合、春闘において賃上げが実施されようとされなかろうと、数年後受け取る賃金額は同じということが十分に起こり得るわけである。この場合、ベースアップによってもたらされる賃上げは、単年度の臨時手当のようなものとなる。

（4）賃金表変化の背景

以上、賃金表の変化をみてきたが、この変化には、企業経営上、致し方ない部分もあったことは指摘しておかなければならない[17]。能力主義時代の「積み上げ型」の賃金表が成り立つためには、「能力の向上↓新製品の開発や新規市場開拓↓企業成長↓賃金支払い原資の確保」という前提が必要であった。そして、1970年代や80年代は、欧米先進国追い上げ型戦略が主流だったこともあり、企業が作るべき生産物や目指すべき方向性が比較的明確であった。こうした環境要因は、右の前提を成立させることを可能とし、その結果、労働力を供給する従業員の能力や労働意欲を重視し、それに報いる人事制度を構築することを可能とした[18]。

しかし、次に作るべき生産物や目指すべき方向性が明確ではない不確実性が増した環境下では、右の前提が成り立ちにくくなり、その結果、「積み上げ型」の賃金表は、企業に過度の人件費負担をもたらすものとなる。安定的な収益確保が見込めず、賃上げのための総原資を確保することが困難になるからである。

「ゾーン別昇給表」は、そうした時代背景の下で生み出されたものでもある。生産物が確実に市場で売れるという期待が持てなくなり、その結果として、能力や意欲の向上と生み出す付加価値の関係が不安定になった時代に生み出された賃金表が、「ゾーン別昇給表」だった。とはいえ、この不確実性は、日本企業がフロントランナーに躍り出たがゆえに直面することになった課題でもある。現在直面している課題は、80年代の古き良き時代を懐古するだけでは、解決できない類のものだといえよう。

4　賃金を上げるために

賃上げを実現するための方法は何かあるのか。本書全体のテーマは、本来あるべき賃金水準に、現実が近づかない理由を探ることにあると思われる。したがって、あるべき水準に近づけるための方法について、最後に私見を述べておきたい。

本章では、個別企業の賃金表という非常にミクロの事象から、人手不足なのに賃金が上がりにくい、というマクロの現象を考えてみた。変化は、「積み上げ型」ではない「ゾーン別昇給表」の登場というかたちで起こっている[19]。そして、「ゾーン別昇給表」は、同一等級内に属する労働者の賃金を一つの金額に収斂させようとする力があることを指摘した[20]。単なる降給ありの賃金制度ではないところに、成果主義賃金の特徴がある。

加えて、この賃金の収斂機能には、中長期的にみた場合、賃金表の書き換えを伴わない春闘による賃上げ効果を薄める機能があることもうかがわれた。その意味で、ベースアップにおいて賃金表の書き換えを実現できるか否かが、賃金上昇にとって、より重要な時代になってきているといえよう。

したがって、賃金表の設計やベースアップの賃金表への反映方法について、労使が対等な立場で議論することができる場を設けることの重要性が、今後は増してくると思われる。企業の代表と労働者の代表が、対等な立場で望ましい制度を設計するために忌憚のない議論を交し、妥協点を探ることができるような場を設けていくことが、あるべき賃金水準達成への近道ではないだろうか。

人的資本の向上と賃金上昇の関係をどう設計するのか。地域相場を考えたとき、自社の賃金水準をどう設定するのか。また、生活水準の維持のために必要な金額はどの程度なのか。賃金額は多様な要素によって決まるものである。だからこそ、労使当事者間の話し合いによって妥協点を見つけていくしかないものだと思われる。

たとえば、「教育投資→人的資本の向上→賃金の上昇」というきわめて単純な図式を想定しよう。ここで抜けているのは、「人的資本の向上→賃金の上昇」は、賃金表という制度を媒介にしてもたらされていることである。そして、この賃金表は、企業組織内の構成員によって作成されるものである。能力の向上が賃金上昇につながるような賃金表を作ることができれば、教育投資による人的資本の向上は、賃金の上昇につながる。能力主義時代の「積み上げ型」の賃金表はまさにそのようなものであった。誤解を恐れずに言えば、労使当事者は、経済学の想定に沿った賃金額を実現する主体でもあり得るのである。「ゾーン別昇給表」の下では、そのつながりがいくぶん弱まる。技能よりも、総額人件費の視点が強まったからなのかもしれない。

繰り返しになるが、多様な要素を加味しつつ一定の着地点を見つけるためには、関係当事者の代表が集まり、集団的に忌憚なく議論する場を設けることが、一つの方法ではないだろうか。ごく単純なことと思われるかもしれないが、労働組合の組織率が17％の現在においては、その実現のためには困難な壁が立ちはだかっている。しかし、賃金が企業の人事・賃金制度を介して決まっている以上、制度を設計・運用する主体を抜きにして話を進めることは、現実的ではない。特に労働者の代表機関をいかにして設けるのかが重要になってくるであろう。それが労働組合なのか、それとも異なるかたちでの従業員を代表する組織なのか。賃金決定の交渉当事者を誰にするのか。この議論を通じて、初めて妥当な水準の賃金が実現されていくのではないだろうか。

第13章【注】

（1）たとえば久本（2015）。
（2）やや古いが厚生労働省「就労条件総合調査」（2009年）によると、賃金表のある企業は、全体で62・2％となっている。1000人以上の企業では88・9％である一方で、30人～99人の企業では64・1％となる。このように、規模が大きくなるほど、賃金表を持っている企業は多くなる。
（3）ホワイトカラーがどのような労働者を指すのかについて定まった定義はないが、次の小池（2003）の解説が一般的なものだと思われる。要約すると、ホワイトカラーとは、白いシャツを示す白い襟のことで、主に事務所で働く人を指す。同じような表現方法としてブルーカラーがあり、これは作業服を示す青い襟のことで、主に生産労働者を指す。
（4）たとえば小池（2003）。
（5）たとえば小池（2015）。
（6）三つの昇給方法について、より詳細に述べたテキストとして、今野・佐藤（2009）。
（7）たとえば仁田（2003）。
（8）時期区分は諸説あるが、ここでは、職能資格制度の提唱者である楠田丘の区分に基づいて議論を進めていく。楠田の時期区分についてみると、たとえば楠田（２００１）。

（9）日経連職務分析センター（１９８０）は、職能給部分とその他の部分を区別することなくひとつの賃金表を設計していた場合を混合型職能給と呼び、そうではなく、各要素に賃金表を設けていた場合を並存型職能給と呼んでいた。

（10）本章で取り上げている「昇給表」以外の賃金表の解説は、楠田（２００６）を参照されたい。

（11）人事考課制度の有無を調べた調査として、厚生労働省がかつて実施していた「雇用管理調査」がある。手に取れる一番直近の平成14年雇用管理調査をみてみると、人事考課制度のある企業は、全体で51・０％となっている。ただし、３００人〜９９９人の企業では、80・９％となり、それ以上の規模になると9割を超し、５０００人以上になると98・３％となる。このことから、一定以上の規模の企業では、広く普及していたと考えられる。

（12）前出の「雇用管理調査」で評価の回数について確認できる。平成14年調査をみてみると、企業内で評価段階数（つまり、評価の回数）が同じである企業は、58・０％となっている。同じ評価段階数の企業のうち、二次評価まで実施している企業が45・９％、三次評価まで実施している企業が35・５％となっている。一方、一次評価のみの企業は、９・２％となっている。これらのことから、①同じ企業であっても評価方法が異なっているケースがあること、②企業は複数回評価している場合が多いこと、③その回数はおおむね二回から三回となっていることがわかる。

（13）人事部門が、評価の分布調整や昇格管理に関与することを通じて、昇給額の決定や昇格者の決定に影響を及ぼしている場合もある。このことからも、昇給や昇格は、直近の上司の一方的な決定ではなく、複数の者や部門が関与しつつ決定されているということができよう。

（14）その他、「等級別定額制」も台頭してきた賃金表として紹介されている。この賃金表は、その名のとおり、J-1等級であれば○○円、J-2等級であれば△△円といった具合で、資格等級ごとに一つの賃金額しか設定しない賃金表である。

（15）表13-2に示したとおり、この金額は実際の金額ではない。また、パフォーマンス給という名称もその特徴に基づいて便宜的につけた名称であり、実際に用いられている名称ではない。

（16）他の等級も同様の取り扱いとなっている。なお、その理由であるが、若年層に重点的に賃上げを実施するという趣旨で、各等級の中で、比較的若い層が多く存在すると考えられる、ゾーン1とゾーン2にのみ改善額が設けられているかたちとなったという。

（17）以下の議論は、人事・賃金制度に関する今野（１９９８）や石田（２００６）の議論を参照。今野（１９９８）や石田

（2006）では、人事制度の労働供給サイドから労働需要サイドへのシフトとして、より詳細かつ明快に説明されている。

（18）梅崎（2008）も80年代の人事・賃金制度の特徴として、従業員の能力や労働意欲を重視した制度であると指摘している。

（19）残念ながら企業が採用している賃金表を調べたようなアンケート調査がないため、どのような類の賃金表が、どの程度広がっているのかについては、現状ではわからない。たとえば賃金制度改革をまとめた連合総研（2006）では、事例の6社のうち4社が「ゾーン別昇給表」を導入していることが紹介されている。また、化学大手企業の賃金制度改革を時系列で追った岩崎（2012）でも、「ゾーン別昇給表」と思われる賃金表の導入が紹介されている。

（20）もっとも、この同一等級内における収斂機能が、組織全体をみた場合に、組織内における賃金格差を縮小させるものなのか、それとも拡大させるものなのかについては、留意が必要である。というのも組織全体の格差を考える場合、各等級のポリシーライン間の差を考慮する必要があるからである。仮に、Ⅲ等級とⅣ等級のポリシーラインの差が大きければ、結果として組織全体でみた場合の賃金格差は広がるかもしれない。賃金格差について考える場合、等級間の金額差と同一等級内における賃金表の特徴の双方を加味しつつ考えていく必要があるように思われる。

【参考文献】

石田光男（2006）「賃金制度改革の着地点」『日本労働研究雑誌』554号。

今野浩一郎（1998）『勝ち抜く賃金改革—日本型仕事給のすすめ』日本経済新聞社。

——・佐藤博樹（2009）『人事管理入門　第2版』日本経済新聞出版社。

岩崎馨（2012）「年功序列型人事・賃金から成果主義的処遇への転換—化学大手S社の人事処遇制度改定」岩崎馨・田口和雄編著『賃金・人事制度改革の軌跡』所収、ミネルヴァ書房。

梅崎修（2008）「賃金制度」仁田道夫・久本憲夫編『日本的雇用システム』所収、ナカニシヤ出版。

楠田丘（2001）「戦後日本の賃金制度の総括」社会経済生産性本部・生産性労働情報センター『日本の賃金—戦後の軌跡と新世紀の展望』所収。

——（2006）『賃金表の作り方　改訂版』経営書院。

小池和男（2003）『仕事の経済学（第3版）』東洋経済新報社。

――――（2015）『戦後労働史からみた賃金―海外日本企業が生き抜く賃金とは』東洋経済新報社。

西村純（2016）「人事・賃金制度の変遷に関する一考察と今後の研究課題」JILPTディスカッションペーパー16-03。

日経連職務分析センター編（1980）『新職能資格制度　設計と運用』日本経営者団体連盟。

仁田道夫（2003）『変化のなかの雇用システム』東京大学出版会。

久本憲夫（2015）『日本の社会政策（改訂版）』ナカニシヤ出版。

連合総研（2006）『賃金制度労働組合の取り組みに関する調査研究報告書』連合総合生活開発研究所。

第14章 非正規増加と賃金下方硬直の影響についての理論的考察

加藤　涼

ポイント

【正規】【年齢】【行動】

1　なぜ賃金は上がりにくくなったのか——問題の所在

２０１５年春から16年にかけて、日本の完全失業率は３％台前半で推移し、「完全雇用」に近い低水準とされている(1)。また、有効求人倍率もバブル期（１９９０年代初頭）以来の高水準であり、これらは「人手不足論」の有力な論拠となる統計である。

加えて、企業収益の好調さにも注目すべきである。「アベノミクスの影響は大都市や大企業にしか及んでいない」といった批判が聞かれることがあるが、少なくとも法人企業統計をみる限り、大企業はもちろん、中堅・中小企業も史上最高水準並みの収益となっており、多くの日本企業において賃上げの条件は整っているようにみえる（図14-1）。実際、２０１４年には多くの企業でおおむね20年ぶりともいわれるベースアップが実現したうえ、低迷していた所定内給与も前年比プラスを維持するよ

図 14-1　失業率と企業収益

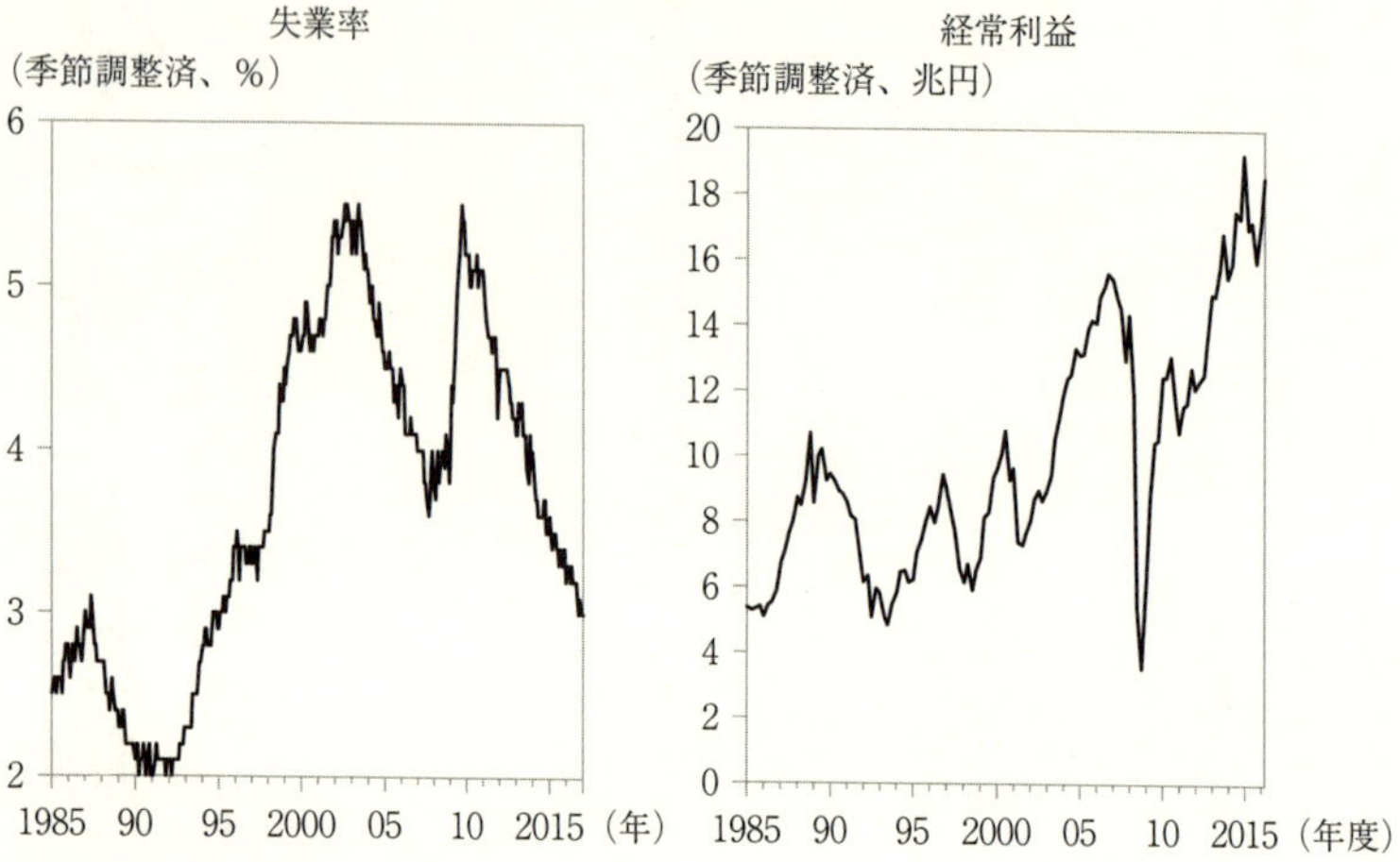

注：経常利益は、金融業・保険業を除く。
資料：総務省、財務省

うになっている。特別給与の伸びはさらに高く、賃金もひと昔前に比べれば相応に上昇しているという見方も間違いではない（巻頭基本データ図7）。

しかし、いったん点火したようにみえた賃上げには、その後、加速感や拡がりが実感できるほどのモメンタム（勢い）はみられない。たとえば、1980年代までをサンプルとする単純な回帰分析を用いて「あり得べきベア率」の予測を行うと、2014年ですら、1990年代以前の経験則をもとにした「経済環境と整合的なベア水準」をはるかに下回っているとの推計結果が容易に得られる[2]。現状の失業率や有効求人倍率および企業収益の水準を前提とすると、賃金の伸びは依然弱すぎるという事実は、「パズル」といえそうである。

このパズルに対して、いくつかの仮説がすでに聞かれている。たとえば、本書第1章（近藤論文）でも指摘されているように「実は人手不足ではない」説がある。すなわち、失業率などの統計にはバイアスがあり、実際には労働市場にはスラック（ゆるみ）がまだ残っているとの見方は根強い。これに類した見方として、賃金があまり上昇していないこと自体が人手不足ではない何よりの証拠であると考える向きもある。こうした「実は人手不足ではない説」は、多かれ少なかれ統計の精度の問題に関わるため、ここでは踏み込まないが、この面から労働市場の実態を掘り下げていく重要性があることは言うまでもない。そのうえで、以下では、日本の労働市場は（それなりに）人手不足であるとの状況認識が事実であるとしたうえで、パズルを紐解く仮説を検討してみたい。

まず、現在の日本の労働市場を考えるうえで、正規・非正規のいわゆる二重構造は、避けて通れない問題である。賃金の水準や設定のメカニズム、さらには雇用調整の仕方――就職プロセスや時間調整、離職率等――についても両者のちがいはきわめて大きい。マクロの平均賃金が上がりにくいといっても、正規・非正規のうち、どちらの賃金が上がらないのか、あるいは、ともに上がっているが低賃金の非正規雇用が増加しているため、平均的にはマクロの賃金が上がりにくいだけである、など、いくつかの可能性が考えられる（本書第4章・黒田論文参照）。この点に関連して、まず、2013年以降の景気回復局面の検証を行う前に、1990年代以降、日本ではいわゆる「賃金デフレ」が起きたといわれているが、この賃金デフレがどのような現象であったのか、正規・非正規を区別しつつ、概観を振り返っておきたい。

厚生労働省「毎月勤労統計」の現金給与支払い総額をみると、明確に賃金のトレンドが変わったのは、1997～98年である（図14-2）。一方で、さまざまなデータがあるものの、正規・非正規（た

図 14-2　現金給与総額

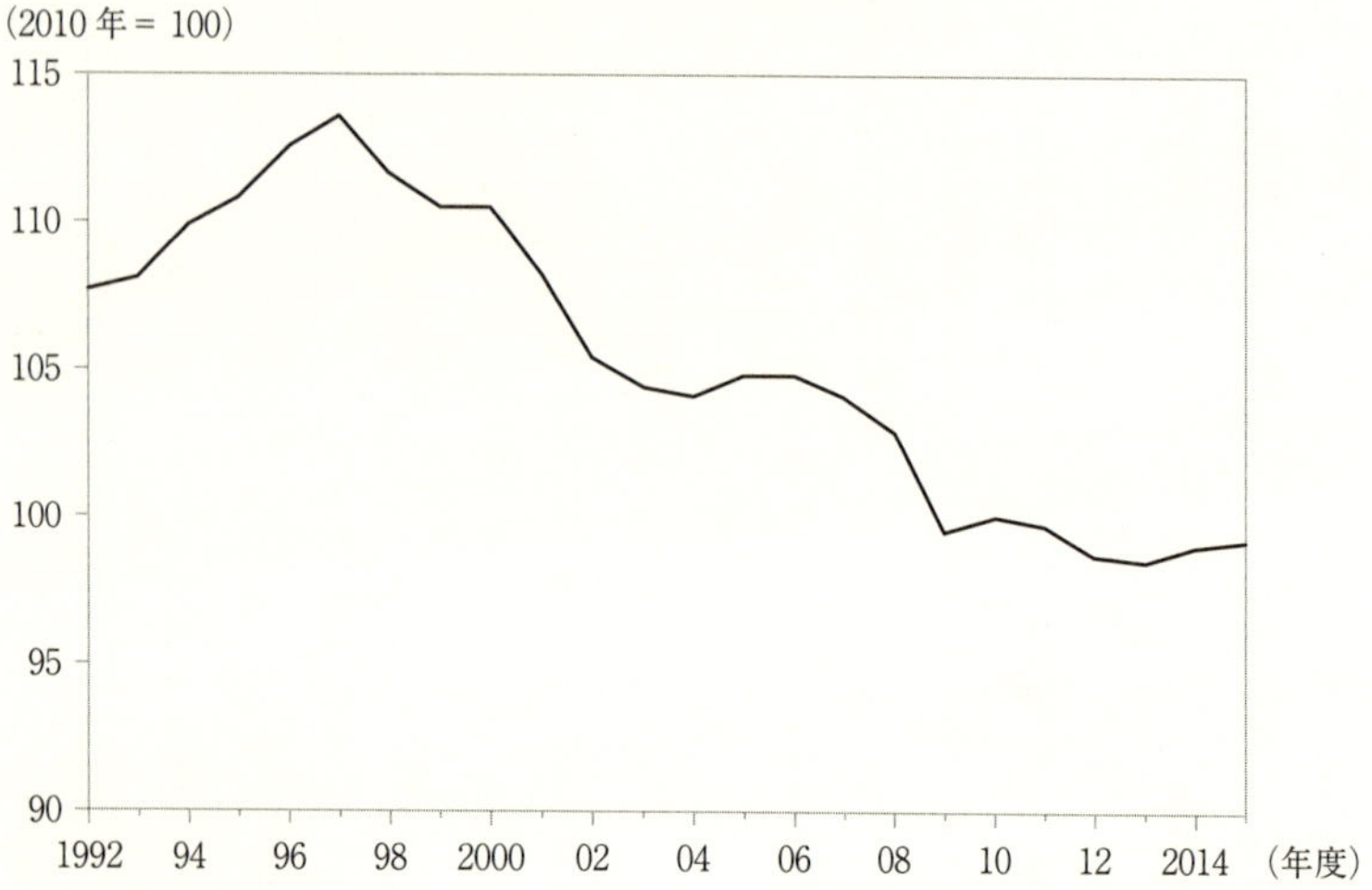

資料：厚生労働省

とえばパート）、それぞれの時給を2005年以降みてみると、ほとんど変化していない（図14-3）。すなわち、マクロ的な平均賃金の下落をもたらした最大の要因は、個々の労働者の賃下げではなく、高賃金の正規雇用者が定年退職を主因に減少するなか、低賃金の非正規雇用者が急速に増加したことによる構成比変化効果であった。

2000年代前半頃を中心に、日本で取沙汰された「賃金デフレ」は、枝葉末節を取り払えば、①新卒正規採用の長期間にわたる抑制と、これに伴い②低賃金の非正規採用を大幅に拡大したという二つの採用行動の変化を通じた数量的な雇用調整の結果である。その点、「賃金デフレ」に関して「日本の経営者や労働組合は、雇用を守るために賃金を下げた」といった説明が一般になされることがある。賃金カーブのフラット化を含め、そうした動きがあったことは

図 14-3　正規と非正規の時給

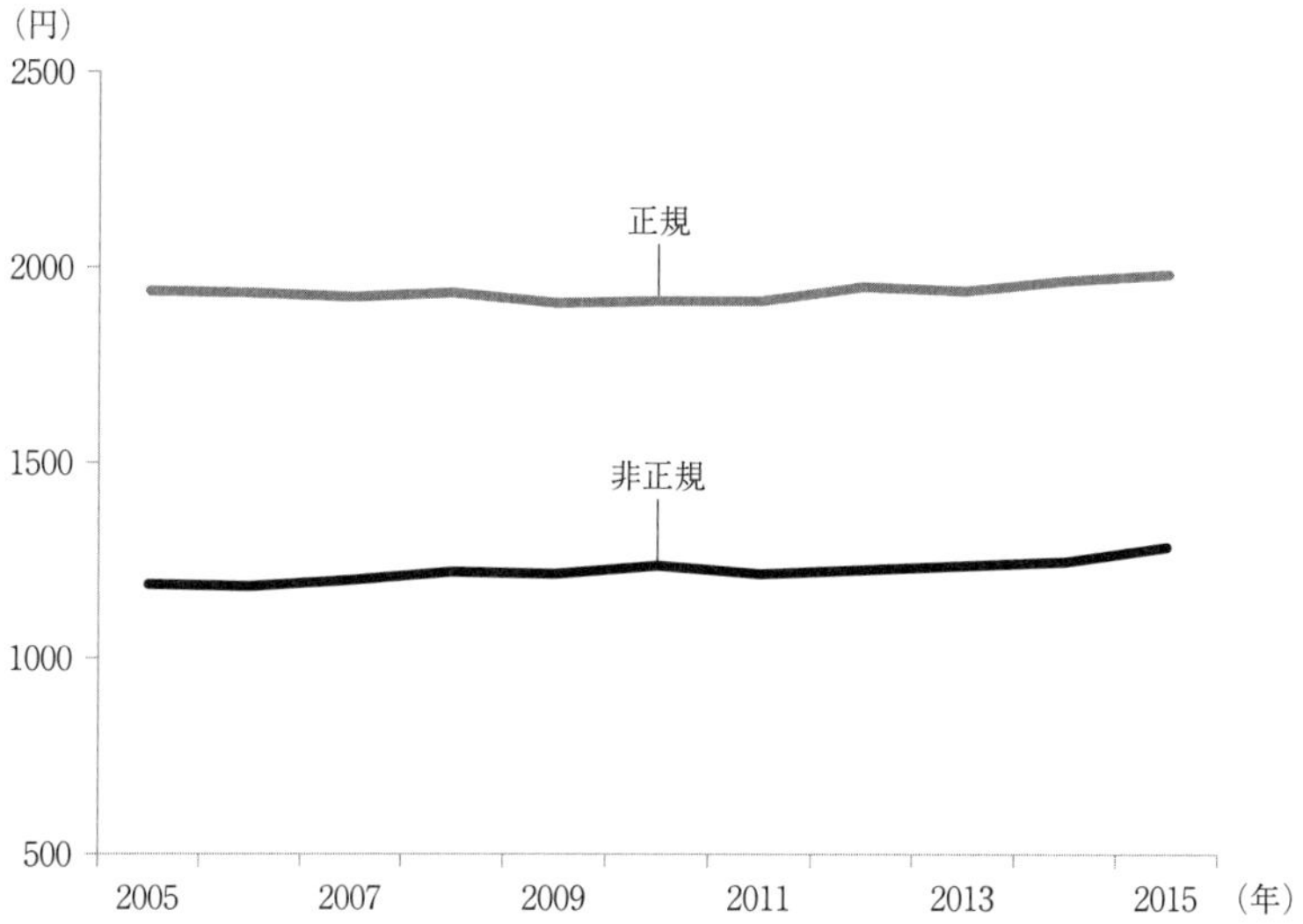

資料：厚生労働省

ウソではないが、マクロの平均賃金に与えた影響という定量的な観点からは、正規雇用の賃下げは大きな要因とはいえない[3]。「企業が雇用を守った」という意味は、当時正社員として採用されていた比較的高齢の正規社員の雇用が守られたのであり、その期間、新卒で正規採用されていたであろう若者の（潜在的な）雇用は守られなかったのである[4]。

もっとも、2014年頃からパートやアルバイトなど、非正規雇用の賃金はそれなりに上昇しつつある（図14-3より）。その意味では、程度はともかく、現在の人手不足は、需給の逼迫を通じて非正規雇用を中心とする賃上げを引き起こしつつある。ただし、こうした非正規中心の賃上げが、正規雇用を含めた労働市場全体に十分には拡がっておらず、マクロの平均賃金の上昇は限定的なものにとどまっていることが「パズル」を考える上での鍵といえるだろう。
以上のような基本的な「問題の所在」を踏まえ、まず、正規・非正規の二部門労働市場において、低賃金セクター（マージナルな非正規雇用部門）での賃上げがマクロ的な賃上げに波及しづらいメカニズムについて、簡単なモデルを用いて仮説を提示したい。

2 賃金が硬直的な下での正規・非正規の二部門モデル

今、①正規雇用部門と非正規部門の二部門から成り立っている経済を考える。非正規部門は、さらに②自発的非正規部門、③非自発的非正規部門に分かれていると考える。[5] 賃金水準について、高い順に、正規雇用の賃金（w_r）、自発的非正規雇用の賃金（w_n）、非自発的非正規雇用（w_b）の賃金と仮定する。求職者は、高賃金の正規雇用職に応募するか、自身の希望により「自発的に」非正規雇用の職を得るか二つの選択肢がある。自発的非正規雇用部門では常に職が得られる一方、正規雇用のポジションは限られているため、正規部門での求職者はランダムに選別されるものとする。ここでは、正規雇用に応募したが職を得られなかった求職者は、非自発的非正規部門で働くという選択肢のみが残るとする。

労働者はリスク中立的であるという技術的な仮定を置くと、この労働市場の均衡条件は、BOXの①式で表すことができる。①式で q は正規部門で雇用される確率を表している。この均衡条件が意味するところは以下のとおりである。左辺は求職者が正規部門に応募した場合に得られる期待賃金であ

BOX: 理論モデルの概要

(1) 正規・非正規雇用のモデル

$$q \times w_r + (1-q) \times w_b = w_n \quad ①$$

$$q = \mathrm{R}/(\mathrm{R}+\mathrm{U})$$

$$\mathrm{U} = \mathrm{R} \times (w_r - w_n)/(w_n - w_b) \quad ②$$

$$\mathrm{I} = w \times \mathrm{S} = w_r \times \mathrm{R} + w_n \times \mathrm{N} + w_b \times \mathrm{U} \quad ③$$

【命題 1 の証明】

SとRが一定であるため、$\mathrm{dN}+\mathrm{dU}=0$ である。③式の微分をとると、

$\mathrm{d}w \times \mathrm{S} = w_n \times \mathrm{dN} + \mathrm{U} \times \mathrm{d}w_b + w_b \times \mathrm{dU} = (w_b - w_n) \times \mathrm{dU} + \mathrm{U} \times \mathrm{d}w_b$

であり、前出②式を用いて、$\mathrm{dU} = \mathrm{d}w_b \times \mathrm{U}/(w_n - w_b)$ であるから、結局、

$$\mathrm{S} \times \mathrm{d}w = -\mathrm{U} \times \mathrm{d}w_b + \mathrm{U} \times \mathrm{d}w_b = 0$$

が成立する (QED)。

$$w_r \times \mathrm{R} + w_b \times \mathrm{U} = w_n \times (\mathrm{R}+\mathrm{U}) \quad ④$$

(2) 賃金の上方硬直性のモデル

$$w_t = k \times y_t = [\mu/(\mu-1)]y_t \quad ⑤$$

$$w_{t+1} \geqq w_t \quad ⑥$$

$$w_t = [R/(R+E_t\phi_{t+1})] \times [\mu/(\mu-1)]y_t \quad ⑦$$

り、この期待賃金の水準が、右辺の確実に保証されている自発的非正規部門の賃金水準と等しくなるように、正規雇用確率（q）が市場メカニズムによって調整されることを意味している。

この経済の総労働人口（S）が100で一定とする。また、正規雇用のポジション数（R）も20で固定されている。自発的正規雇用の職数（N）と非自発的非正規の職数（U）を加えると、S＝100＝R＋N＋Uとなっている（あるいは、常にN＋U＝80である）。ここで、正規雇用の職が得られる確率（q）は、q＝R÷（R＋U）と表すことができるため、これをBOX①式に代入し、未知数であるUとNをその他の所与のパラメータの関数として解くことができる。計算を省略し結果のみ記すと、BOX②式が得られる。

この解は、興味深い示唆を持っている。すなわち、正規雇用のポジション（R）が増加すると、比例的に非自発的非正規雇用の数が増加する。仮に、w_r＝3、w_n＝2、w_b＝1とすると、U＝R＝20となるので、正規雇用ポジション（R）の増加は、同じ数だけ望まない非正規雇用（U）を増やす。こうした現象が起きる理由は、各部門の賃金――すなわち市場価格――が円滑に調整しないモデルでは比較的定番なメカニズムによる。具体的には、正規雇用のポジションが増えると、正規雇用に申し込む求職者数も増えるため、結果として正規雇用が得られる確率が上がらないように（価格調整ではなく）数量調整によって労働市場は均衡する。新しい均衡では、増えた正規雇用ポジションによる確率上昇効果を打ち消すように非自発的非正規雇用も増えることになる。(6)

さて、このモデルにおいて、非自発的非正規部門のみで「賃上げ」が起きた場合、マクロの賃金に何が起きるだろうか。なお、ここで考えているのは一部門のみでの賃上げであるため、相対賃金（実質賃金）の上昇になるが、さしあたり、名目と実質を特に区別しない。この経済における総雇用者報酬（Ｉ）は、ＢＯＸ③式で表されるとおりであり、平均賃金をwで表すと、$I = w*S = 100w$となっている。この経済ではＳは全体で一定のため、平均賃金wの変化はそのまま雇用者報酬（Ｉ）の変化となる。

今、非自発的非正規部門が、たとえば「人手不足」のため、賃金（w_b）を引き上げたとしよう。このとき、平均賃金（w）や総雇用者報酬（Ｉ）は増えるだろうか。結論を先に述べると、『w_bが上昇しても経済全体の平均賃金（w）は上昇しない（命題１）』となる。興味のある読者は、ＢＯＸで命題１の証明を確認されたい。

では、命題１をなるべく現実的に解釈してみよう。非自発的非正規部門での賃上げは、正規雇用ポジションに応募して仮に職が得られなかったとしても、そこそこ高い賃金が得られることを意味している。このため、「失敗してもいいから、とにかく正規雇用ポジションに応募しよう」と考える求職者が増える。したがって、数が限られている正規雇用ポジションに求職が集中する結果、非自発的非正規雇用が増加することになる。

この増加人数がどこから来たかといえば、非自発的非正規部門で賃上げが起きなければ、自発的非正規雇用に着いた（はずの）労働者であるから（$dN + dU = 0$であることを再確認されたい）、労働市場全体では、①正規雇用の数は不変、②自発的非正規の減少、③非自発的非正規の増加の三つが起きたことになる。$w_b < w_n$である自発的非正規雇用が減るため、w_bの水準自体の上昇効果は、労働者の構成変化によって打ち消されてしまう。

なお、計算結果から自明であるが、w_bの変化は上昇でも下落でもマクロの平均賃金には影響しないことがわかる。また、ほぼ同じメカニズムによって、実は正規部門での賃上げ（w_rの上昇）も正規雇用ポジション（R）の増加も、非自発的非正規雇用の増加による平均賃金押し下げ効果によって、マクロ全体の賃金水準には影響を及ぼさない。

では、この経済でマクロ的な賃上げを引き起こすためには、何が有効な起点となるだろうか。実は鍵はw_nの上昇にある。(7) BOX①式の両辺に（R＋U）をかけると、④式が常に成り立つことがわかり、これを③式に代入すれば、$w = w_n$が得られる。すなわち、自発的非正規部門の賃上げは、必ずそのままマクロ的な賃金上昇につながる。この時、正規雇用部門の賃金（w_r）も非自発的非正規の賃金（w_b）も不変のまま、マクロの平均賃金（w）が上昇していることに注意したい。つまり、マクロ的な賃金の上昇は、望まない非正規雇用が減少し、自発的に非正規雇用を選択する労働者が増えるという数量調整のみによって実現している。

上記の分析は、きわめて単純化された部分均衡モデルによるものであるため、現実経済に当てはめて考える際には、多くの注意点が存在する。そのうえで、現実に近いと思われる点を先に列記したい。

まず、日本の労働市場では新卒市場が大きなウエートを占める。このため、連続的に転職の機会が訪れるようなモデル（たとえばサーチ・モデル）よりも、一回勝負での労働市場の均衡を調べることには相応の妥当性がある。この点に関しては、単純なサーチ・モデルでは、日本の硬直的な賃金の特性を説明することは難しいとの議論が、本書第8章（佐々木論文）においても言及されている。

次に、上記モデルでは部門（セクター）ごとの賃金を所与として数量調整のみによって分析を行っている。この点も、非正規の賃金上昇が目立つようになったごく近年を除けば、日本の労働市場においては、マクロの平均賃金の変化は各部門別の賃金変動よりも、部門間の数量シフト・構成比変化要因によって大部分が説明可能であるという事実と、比較的合致している。さらに、実際の日本の労働市場における失業率が歴史的な低水準に達しているという事実が、モデル内において失業という選択肢を考慮していないことに対する一応の説明にもなっている。

こうした日本の労働市場の現状とモデルとの共通する特徴点が本質的に重要であるとすれば、いくつかの政策的含意が導かれる。第一に、望まない非正規雇用――通常、最も賃金が低い職種と考えられる――の賃上げは必ずしもマクロ的な賃上げや経済厚生の改善につながらない可能性がある。これは最低賃金の引き上げにも関連する議論である。逆にごく限られた一部の高賃金部門の賃上げも経済全体への波及効果は小さい可能性がある。

最も重要なのは、中間層の「普通の仕事」の賃上げであるということがいえるかもしれない。経済学的には、こうした帰結が得られることは実はごく自然である。上記のモデルでは、自発的非正規雇用部門の賃金が一種の留保賃金（機会費用）になっていることから、労働者の機会費用を引き上げることが経済全体への賃上げの波及効果を大きくする。あくまでモデル上の議論であるが、非自発的非正規部門の賃金は、水準としてはこの経済における最低賃金であるが、モデルのメカニズムとしては留保賃金（機会費用）としての効果を持っていない。このモデルでは自発的に失業するというオプションがないため――すなわち全員が働く意思を持っているため――誰もが望めば就ける職・部門の賃金さえ上昇すれば、自然にマクロの賃金が上昇し、付随的な効果として賃金格差も縮小することになる。このモデルが正しいとすれば、最低賃金を補助金等によって引き上げたり、高所得者に高い税率を課したりする政策は不要との示唆が得られる。

以上の議論に対して、単純化されたモデルでは論拠不十分との指摘も当然あり得る。この点、モデルの限界を記しておく。まず、大前提として、このモデルでは各部門の賃金調整が労働需給を反映しておらず、人手不足と賃上げを論じるにはそもそも限界がある。日本の労働市場においては、価格調整よりも数量調整が働きやすい面があることを踏まえても、労働需要と供給の両面をモデル化したうえで、ある程度は需給バランスによって賃金が変動することを許容する枠組みが望ましい。

そのうえで、すでに述べたとおり、パートやアルバイトなど非正規雇用の賃金は相応に上昇しつつある。このことは、「人手不足」が相応に需給の逼迫を通じて賃金上昇圧力となっていることの現れといえるだろう。正規・非正規という二重構造に加え、もうひとつの問題の所在は、正規雇用の賃金がパートやアルバイトの時給に比べ、上がりにくいようにみえることである。

3 賃金の下方硬直性と上方硬直性

春闘とベースアップ（以下ベアと表記）という労働市場慣行は、１９９０年代以降、形骸化しつつあったが、２０１４年には、およそ20年ぶりにベアが復活し、その後もベアは続いている。しかし、その引き上げ率においても、拡がりにおいても勢いがみられないことはすでに述べたとおりである。

名目賃金に下方硬直性があるということは、数多くの実証研究が支持しており、日本においても例外ではない(8)。しかし、ここでの問題の所在は、主に大企業・正規雇用者の賃金について、下方硬直性ではなく、あたかも上方硬直性があるようにみえることである。名目賃金の上方硬直性があるとすれば、どのような仮説が考えられるかを、本節では議論する。

理論モデルに入る前に、いくつか追加的なデータを示したい。１９９５年以降、日本の雇用者数は全体としてはほぼ横ばいで、６４００万人程度を維持している。しかしその中身をみると、製造業、非製造業という括りでは、製造業はピーク時の１４００万人程度から現状１０００万人程度まで、雇用者数は減少している。この間の製造業の人員削減の主要なチャネルは解雇や倒産ではなく、新卒採用の大幅削減と定年退職や女性の離職などによる「自然減」による緩やかな縮小であった。「製造業はグローバルな競争にさらされるため、賃金が下がりやすい」といった見方がある一方、加藤・永沼（２０１２）、Kuroda and Yamamoto (2014) などで明確に示されているように、１９９０年代以降、製造業における１人あたり賃金は緩やかな上昇を続けており、賃金が大幅に低下したのはむしろ非製造業であった。非製造業における賃金低下は広い意味での非正規雇用が急速に拡大したことが主たる要因であることはすでに述べた。

では、製造業で賃金が緩やかながら上昇傾向を辿ってきたのはなぜだろうか。この問いにひと言で答えれば「年功序列賃金の下で高齢化が進んだため」である。製造業では、相対的には正規雇用比率が高く、同時に賃金の年功カーブの度合いも大きい。このため、いわゆる「失われた20年」ないし「就職氷河期」に新卒採用を絞った結果、製造業では人員の削減が急速な高齢化とともに進行した。

図 14-4　製造業雇用者の企業内人口構成

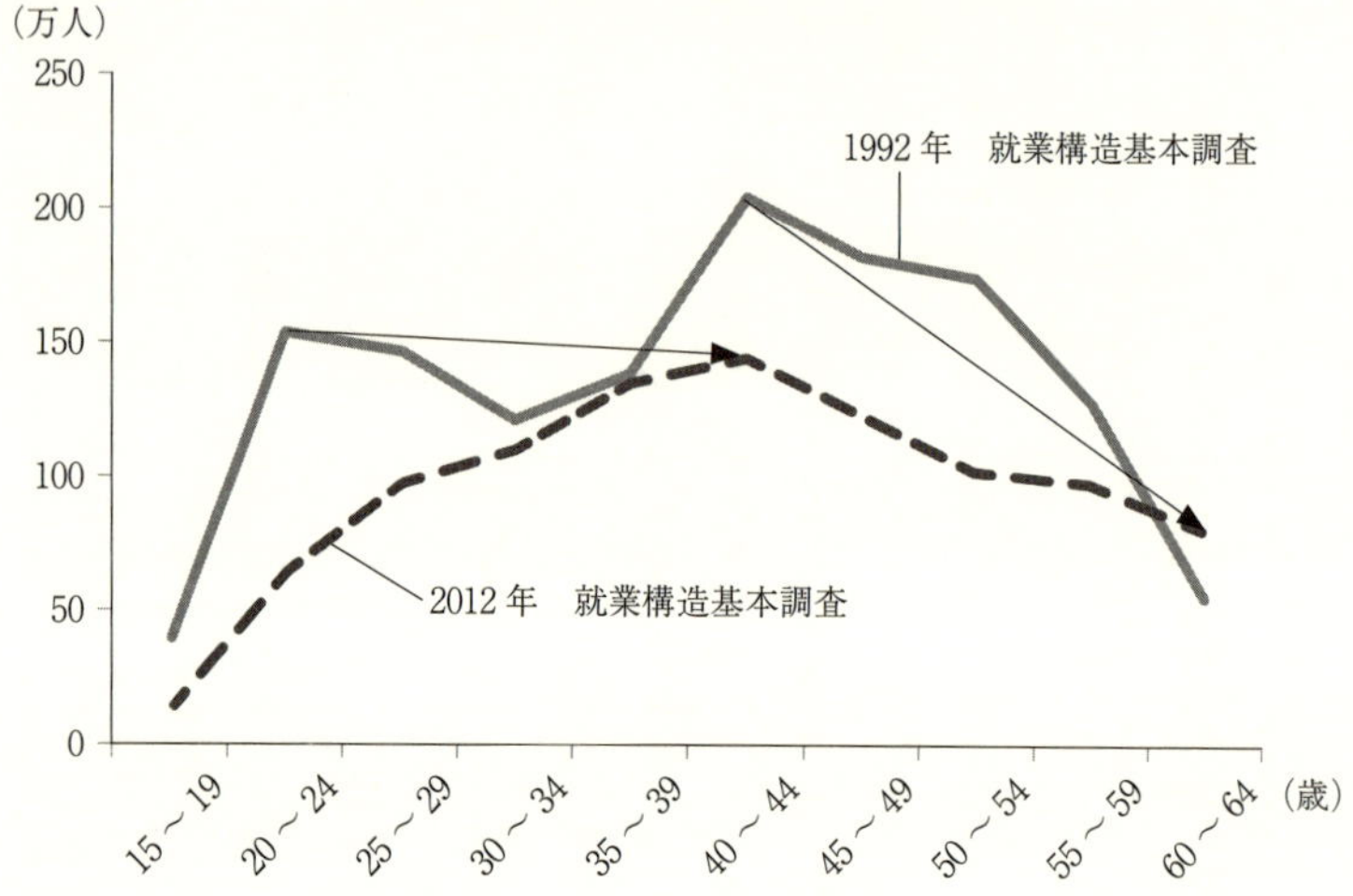

資料：総務省

　ここで重要なことは、日本社会が全体として高齢化してきたことと、企業内の高齢化や「人口問題」はほとんど関係がないということである。企業内の人口構成をみると、いわゆる「団塊の世代」にピークがみられることは日本全体と同じだが、「バブル（入社）世代」にもピークがみられることは、企業内人口ピラミッドが人口動態の相似投影ではなく、経営判断の帰結であることを如実に示している（図表14-4）[9]。

　製造業の賃金変動を高齢化要因とそれ以外に分解してみると、一貫して高齢化要因が上押し寄与している（図表14-5）。つまり、日本の製造業は、主に「団塊世代」と「バブル世代」の賃金上昇をなるべく抑制したいと思いつつも名目賃金の下方硬直性のためにそれができず、経営判断として新卒の採用を削りながら、結果として高齢化する従業員の1人あたり平均賃金の緩やかな上昇を許容してきたのである。

図14–5　製造業の雇用者所得の変動要因

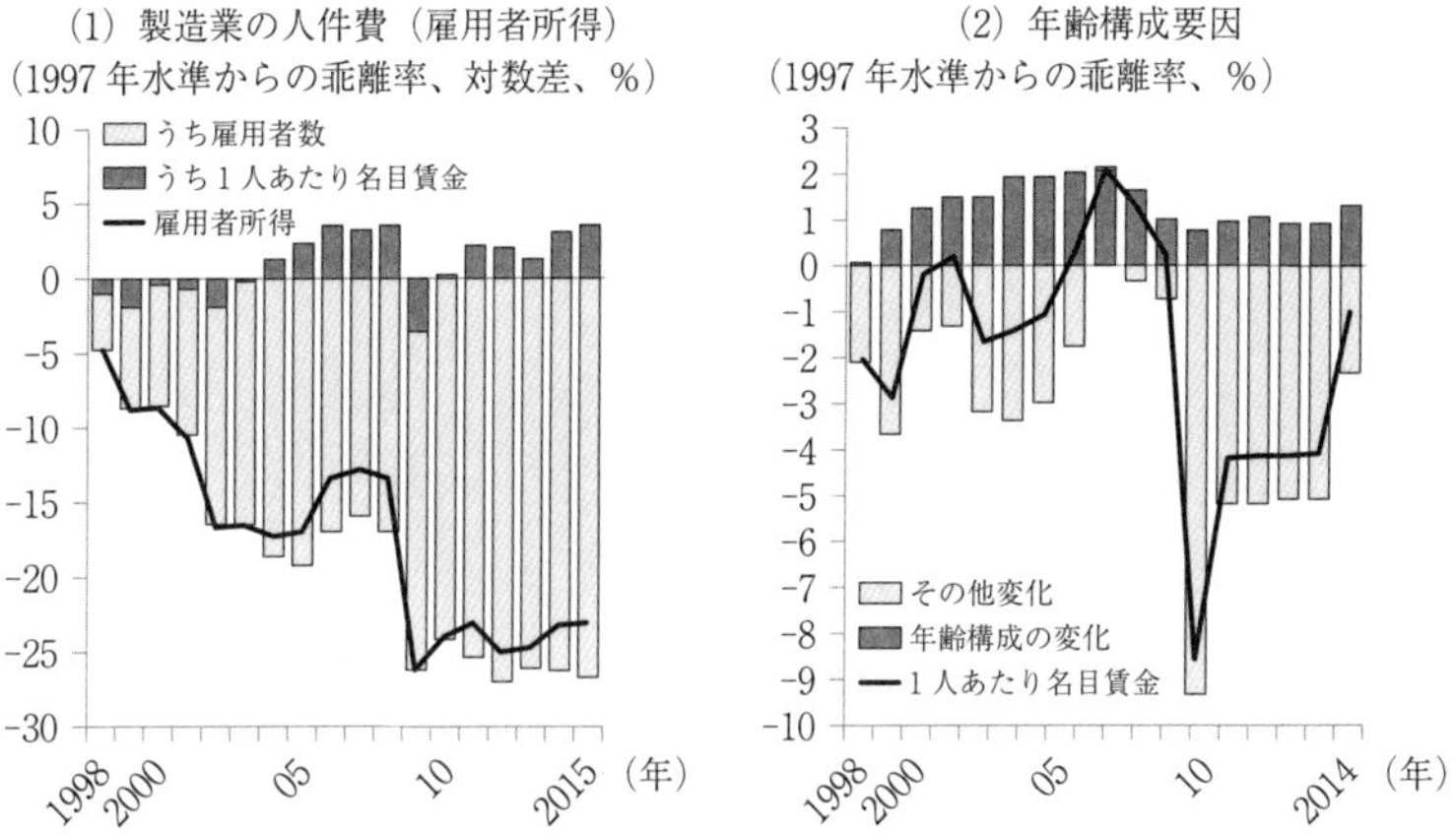

注：1)（1）の雇用者所得は、「現金給与総額（事業所規模5人以上）×雇用者数」。
　　2)（2）の1人あたり名目賃金は、一般労働者の年間給与総額（事業所規模5人以上）。
資料：厚生労働省、総務省

製造業における賃金の上昇トレンドは、かなりの部分が企業内の高齢化によって説明がつくものであり、生産性の向上に裏づけがないとすれば、製造業、特に年功序列の色彩が強い正規雇用において賃金が上がりにくい理由は、逆説的であるが「賃金を下げられなかったから」、すなわち賃金の下方硬直性のため、という仮説が考えられる。この点、同様の議論が、本書第1章（近藤論文）、第5章（山本・黒田論文）でも、「賃金の下方硬直が上方硬直を招く」可能性が、推論および実証分析によって指摘されている。

本章では、この仮説の妥当性について、あらためて理論モデルを通じて確認しておきたい。日本の雇用慣行における特徴である年功序列賃金や人口構成の変化は別として、「賃金の下方硬直性が賃金の上方硬直性を生む」という帰結は、フォーマルにモデル化されており、かなり普遍的に起き得る現象であるため、モデルのエッセンスのみを紹介する。以下は、Benigno and Ricci (2011) のモデルを大幅に簡単化したものである。

まず、春闘とベアは、もともとは労働組合組織と企業経営サイドが賃上げ率について交渉を行うということからも明らかなように、労働者が一定の価格（この場合は賃金）決定力を行使できる市場特性の現れにほかならない。このことを素直に解釈すれば、労働者が労働の不効用（一定の生産関数・効用関数などの仮定の下で所得と等しくなる）になにがしかの「マークアップ」を乗せ、賃金を決定できるということになる。このロジックが正しければ、通常の独占市場のモデルと同様に、BOX⑤式で示したように、賃金（w）は、所得（y）にマークアップ（$k>1$）を掛け合わせた水準で決定される。

なお、ここでも物価は一定とし、実質と名目の区別をしていない。マークアップ率（k）を決めるμは、労働者・労働組合の交渉力の強さを表すパラメータである。賃上げの交渉力は、各労働者がどの程度、他の労働者に代替可能かによって決まるというのが初歩的な経済理論の考え方であり、μは概念的には労働者の「差別化度合い」に起因する交渉力の強さ（厳密には弱さ）を表している。⑤式の賃金決定式は、企業側（需要サイド）と労働者・組合（供給サイド）双方の最適化条件を均衡させて導出されるものであり、その特徴点として、当期の賃金が当期の変数（ここでは所得）のみの関数として決定していることが指摘できる。これは、企業と労働組合が将来にわたって長期的な利潤および効用の最大化を行っていても同様であり、当期の賃金の決定要因として将来の変数は関係がない。さらにいえば、将来に関する不確実性が存在していても、それ自体が現在の賃金決定に影響するメカニズムは通常は生まれないということも意味している。

では、逆に将来に関する不確実性が現在の賃金の決定メカニズムに影響を与える状況を「つくり出す」ためには、企業と労働者の長期的な動学的最適化問題に一つ制約条件を追加すればよい。それが、「(名目) 賃金は下落しない」、すなわち、賃金には下方硬直性があると仮定することである。

今、w_{t+1} は w_t を下回らないというＢＯＸ⑥の不等式を制約条件として加えて最適化条件を導き、⑤式に対応する賃金の決定メカニズムを計算すると、ＢＯＸ⑦式が得られる。賃金に下方硬直性がない場合の条件式⑤と比べると、$R/(R + E_t\phi_{t+1})$ が新しい項として加わっていることがわかる。$R>1$ は金利であり、ここでは一定と仮定している。より重要な変数は $E_t\phi_{t+1}$ であり、ϕ_{t+1} は制約条件である⑥式が翌期にバインドすることに係るラグランジュ乗数である。

ややテクニカルな議論になるが、クーン・タッカー条件から、ラグランジュ乗数はゼロか正であるので、期待値である $E_t\phi_{t+1}$ は常に正であり、賃金の下方硬直性が存在しない場合と比べて新しく加わった項、$R/(R + E_t\phi_{t+1})$ は全体として必ず1より小さいことがわかる。したがって、1単位の所得（y_t）の変化に対する賃金（w_t）の反応幅は、名目賃金の下方硬直性がない場合（⑤式）に比べて、下方硬直性がある場合（⑦式）のほうが必ず小さいことが証明された。

このことは賃金に下方硬直性がある場合、上方硬直性が生じることを意味している。ラグランジュ乗数の期待値が正であるということは、将来、賃金が下がるかもしれない状況に陥る可能性があるため、本来ならもっと賃金を上げてもよいところ、現在は上昇幅を抑え、水準を低めに保っておくことで、いわば「のりしろ」を確保しようとするインセンティブが労使双方に発生するのである。

なお、ラグランジュ乗数の大きさは、制約がバインドする幅や確率が高まると大きくなる。賃金が下落する可能性は常識的には賃金上昇率が低い状況が続いていればいるほど高くなる。１９８０年代以前と比べ、90年代以降の日本では賃金上昇率の低い状況が続いていたため、$E_t\phi_{t+1}$は、かなり大きな値となっていると考えられる。したがって、冒頭で述べたように、80年代以前の変数を用いて「ベア関数」を推計すると、さまざまな現在の変数（企業所得や失業率）が改善している今日、かなり高めのベアが実現しても不思議ではない。

そのような予測が得られるにもかかわらず、２０１４年以降の実績値をみると、それほどベアおよび賃金が高まっていないことの理由が、ここで思い当たる。すなわち、１９８０年代以前と比べて低い賃金上昇率が長く続いてきた現在においては、$E_t\phi_{t+1}$が大きな値となっているため、現在のさまざまな変数（所得など）の改善に対しても、現在の賃金の反応度合いが小さくなっていることが、理論的にも素直に説明できる。

やや繰り返しになるが、このモデルの示唆は、以下のように改めてまとめることができる。本書第2章（小倉論文）などで触れられているように、「将来が不確実だから賃上げは難しい」という議論が主に経営側から聞かれることがあるが、この主張は理屈としてはやや不完全に思われる。不確実性は常に存在している訳であり、それだけで賃上げができないのであれば、過去にも将来にも常にできないことになってしまう。一歩進めて考えれば、不確実性があることは前提として、「将来、予期していないことが起きた場合に、柔軟な（賃金）調整を阻む制約がある」ことが問題の本質であることを強く示唆していると考えられる。

4　人的資本への過少投資と賃金の上方硬直性

本章では、2016年現在、日本の労働市場において賃金が上がりにくい状況になっている原因・背景について考察し、いくつかの仮説を提示した。まず、議論の整理として、日本では低賃金の非正規雇用の増加を主因とする「賃金デフレ」は起きていた／起きているが、個々人の労働者の賃金には下方硬直性が根強く存在し、「賃下げ」はさほどみられなかったことを強調した（なお、最近では、非正規の賃金は相応に上昇している）。このことは二つの仮説の重要な前提条件となる。

第一に、非正規雇用の拡大については、正社員採用を削減した結果、社内教育等による人的資本への過少投資（underinvestment）が起きていることが問題の本質である。適切に人的資本への投資（採用・社員教育を通じた支出）を行わない、もしくは行えない企業では、企業内人口ピラミッドの高齢化が続き、早晩、市場メカニズムによって淘汰されていくであろう。

また、非正規雇用の問題を賃金・賃上げの観点からみると、最低賃金や非自発的非正規雇用の賃上げよりも、ボリューム的にも大きいとみられる自発的な非正規雇用労働者の賃上げが、マクロ的なインパクトを持つ可能性が高い。

第二に、ベアを含む正規雇用の賃金が上がりにくい理由については、先に述べた賃金の下方硬直性が、きわめて逆説的ながら上方硬直性を生んでいる可能性が高いことを理論モデルに即して説明した。すなわち、一見矛盾するようであるが、名目賃金の下方硬直性を取り払うような人事制度改革や報酬システムの見直し――言い換えれば、生産性対比で賃金が高すぎる労働者の賃金は柔軟に下げられるような人事制度の（再）構築――が現在の賃上げを容易にするのである。

第14章【注】

（1） たとえば黒田（２０１６）を参照。
（2） たとえば岡（２０１５）を参照。
（3） Kuroda and Yamamoto (2014) は、この点に関連して、明快なエビデンスを示している。マクロ的には、１９９８年頃を境に物価と賃金は同じように低下トレンドに入ったようにみえるが、①財・製造業、②サービス・非製造業に分けてみると、①財価格は下落を続けるなか、製造業の賃金は緩やかに上昇を続けていたこと、②サービス価格がほぼ横ばいのなか、非製造業の賃金は大幅に低下を続けていたことを示したうえで、「日本企業が賃下げを行ったためにデフレが起きた」との仮説に疑問を呈している。
（4） この点は、玄田（２００１）においても指摘されている。
（5） 非正規雇用を一括りにして論じることには、労働経済の専門家から、疑問が呈されている。たとえば佐藤・小泉（２００７）を参照。実際、「不本意型の非正規」雇用者は、厚生労働省などによれば、非正規全体の2割程度といわれている。
（6） 以上の議論は、Harris and Todaro (1970) のモデルを応用している。発展途上国の二部門経済を念頭に組み立てられた簡単なモデルであり、多くのエコノミストが忘れてしまっているが、マンキューの教科書『上級マクロ経済学』の練習問題として収録されている。
（7） むろん、すべての部門で賃金が上がれば定義上、マクロの賃金は上昇する。この場合は経済全体の労働生産性（実質賃金）を上げることにほかならないので、議論としてはややトートロジーに近い。
（8） 前節で強調したように、日本の２０００年頃にいわれた「賃金デフレ」も、個々人の「賃下げ」というよりは、高賃金の職が減り、低賃金の職が増えるかたちで平均賃金が低下したことが主因である。このことは個々の名目賃金に下方硬直性があったとしてもマクロの平均賃金が低下し得ることを意味している。

（9）　1992年と2012年を比べると、全年齢層で減少するなか、特に若手社員（20代）が目立って減少した一方、「団塊世代」とみられる60代の社員のみが増加している。日本の人口全体ではボリュームが大きい「団塊ジュニア世代」は企業内人口構成では存在感がない。一方、本文で述べたとおり、日本全体での人口は多くない「バブル世代」社員の企業内人口は大きくなっている。

【参考文献】

岡圭佑（2015）「アベノミクス始動後の賃金動向～2016年春闘を展望する」基礎研レポート2015-12-28。

加藤涼・永沼早央梨（2012）「グローバル化と日本経済の対応力」日本銀行ワーキングペーパー13J13。

黒田東彦（2016）「日本経済の先行きと2％の『物価安定の目標』の実現に向けた課題」内外情勢調査会（5月28日）。

玄田有史（2001）『仕事のなかの曖昧な不安』中央公論新社。

佐藤博樹・小泉静子（2007）『不安定雇用という虚像』勁草書房。

Benigno, P. and L. A. Ricci (2011) "The inflation-output trade-off with downward wage rigidities," *American Economic Review* 101, 1436–1466.

Harris, J. R. and M. P. Todaro (1970) "Migration, unemployment and development: A two-sector analysis," *American Economic Review* 60, 126–142.

Kuroda, S. and I. Yamamoto (2014) "Is downward wage flexibility the primary factor of Japan's deflation?" *Asian Economic Policy Review* 9, 143–158.

第15章 社会学から考える非正規雇用の低賃金とその変容

有田　伸

ポイント【正規】

1　社会学と国際比較の視点から

本章では社会学ならびに国際比較の視点から、1990年代後半以降の日本において「なぜ賃金が上がらないのか」を考えてみたい。雇用に関する制度や、それを支える人々の意識・想定の影響も重視する社会学の視点に立った場合、この問いに対する筆者の答えは「賃金の低い非正規雇用が増加してきたから」、そしてより根本的には「日本の非正規雇用はそもそも、賃金が低い雇用機会として社会的に位置づけられているから」となる。

日本では、非正規雇用の賃金は正規雇用よりも低いのが当たり前となっている。しかし海外には、非正規雇用が、雇用契約期間が定められていたり、短時間就労のための雇用機会であったとしても、その賃金水準は必ずしも低くない社会もある。しかし日本の非正規雇用は、雇用契約期間や就労時間の面で正規雇用と区別されるだけでなく、報酬や訓練機会等の面でも正規雇用とは明確に区別される、従業員間の一種の「雇用上のステータス（身分）」のちがいとなっている。

本章では、このような特徴にも注意しながら、日本の非正規雇用とはどのような存在であるのか、そして日本ではこのような非正規雇用の存在が賃金水準にどのような影響を与えているのかについて考えていきたい。[1]

2 日本の非正規雇用とは何か

（1） 正規／非正規雇用間の賃金格差

今日では、雇用の流動化が世界的に進行しており、多くの国々で雇用契約期間の定められた有期雇用や、派遣社員や請負社員のような間接雇用が増加している。日本における非正規雇用の増加も、このような世界的な傾向と同じ流れとしてとらえられることが多い。しかし一方で、日本の非正規雇用は、諸外国のそれとは少々異なる性格を持ってもいる。

その一つが、賃金の低さである。日本の非正規雇用の賃金は諸外国に比べてかなり低く、たとえばフルタイム労働者に対するパートタイム労働者の時間あたり賃金の水準は、イギリスやドイツなどのヨーロッパ諸国で70～80％台であるのに対し、日本では56・6％（２０１４年）と格差が一層大きい（労働政策研究・研修機構［２０１６］）。

東アジアの国々と比べた場合もこれは同様である。職種、従業上の地位、企業規模、雇用形態（正規雇用か非正規雇用か）など就業機会に関する諸条件が、それぞれ個人所得に対してどのような影響を与えているのかを、日本、韓国、台湾の間で比較した分析結果（有田［２０１６］）によれば、雇用形態が個人所得に対して及ぼす独自の影響は、韓国や台湾よりも日本において、はるかに大きい。職種や企業規模、さらに年齢、学歴、労働時間が同じであったとしても、日本では正規雇用であるか非正規雇用であるかのちがいによって大きな所得の差が生じてしまうのである。

雇用形態のちがいによる賃金格差は、同一の個人内でも生じている。同じ対象者を継続的に追跡したパネル調査のデータを用いた分析結果によれば、日本の男性の場合、能力や技能がほぼ変わらないにもかかわらず、同一の個人が正規雇用から非正規雇用へと移動すると、他の条件を統制した場合でも時間あたり賃金が約８％下落してしまう（有田［２０１６］）。このことから、日本における正規雇用と非正規雇用の間の賃金格差のうちの一定部分は、個人の技能や資質のちがいだけでなく、正規雇用と非正規雇用という従業員カテゴリーのちがいそれ自体によって生じていると考えるべきだろう。

(2)　賃金格差の強い「標準性」

そして日本では、このような正規雇用と非正規雇用の間の賃金格差の程度が、職種や性別のちがいにもかかわらず、大きく共通している。図15-1は「東大社研パネル若年・壮年調査（ＪＬＰＳ）」２０１１年データを用い、直接雇用の非正規雇用を実際の労働条件によって短時間雇用、有期雇用、名目的非正規雇用（従業員の身分としては非正社員だが、短時間雇用でも有期雇用でもない）というサブカテゴリーへと細分し、これらのサブカテゴリー、および派遣雇用の時間あたり賃金の水準を、

図 15-1　非正規雇用のサブカテゴリー別賃金格差（対正規雇用）

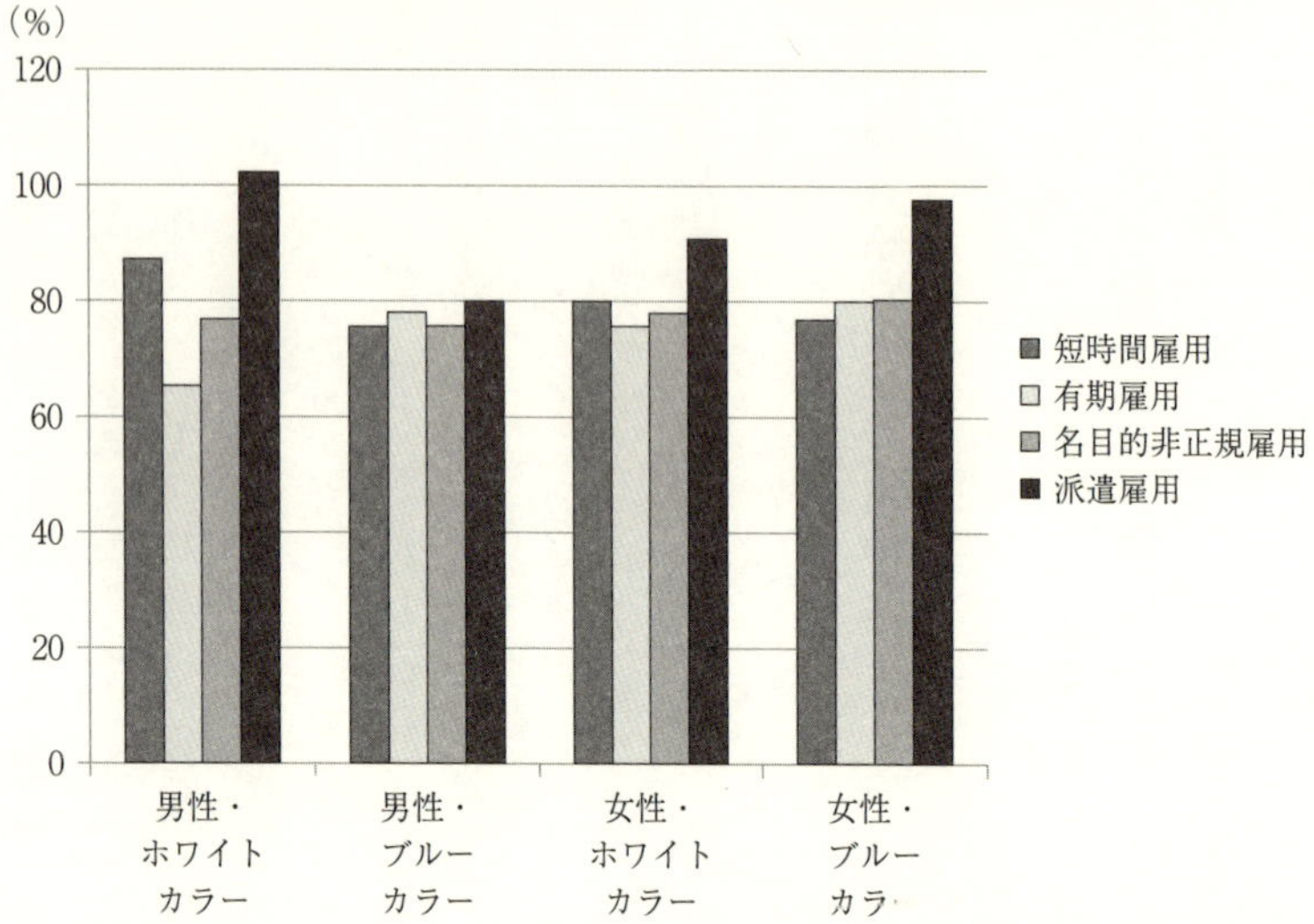

正規雇用を基準として男女別・職種別に示した結果である[2]。

これによれば、男性のホワイトカラーにこそ若干のばらつきが見られるものの、正規雇用に対する直接雇用の非正規雇用の賃金比率は、いずれも約80％弱と大きく似通っており、あたかもきわめて安定的な「相場」が形成されているかのようである。

同様の分析を行った韓国の事例では、有期雇用であること、あるいはパートタイム雇用であることが賃金に及ぼす影響は、性別や職種のちがいによって大きく異なっており、たとえば有期雇用であることは女性のブルーカラーにおいては有意な賃金低下をもたらさず、男性ホワイトカラーの場合も下落程度は10％程度（10％水準で有意）にすぎない。また、パートタイム雇用であることは男性のホワイトカラーにおいて、また女性の場合ホワイトカラー、ブルーカラーともに有意な賃金低下をもたらさない[3]。このような韓国の結果に比べれば、日本における（直接雇用の）非正規雇用と正規雇用の間の賃金格差は、「標準性」がきわめて強いと言える。

（3）非正規雇用の捕捉方法の特徴

さらに日本の非正規雇用は、その捕捉の方法にも大きな特徴がある。非正規雇用を正規雇用と区分する際、日本以外の国では、客観的な労働条件を基準とするのが一般的である。たとえば韓国では、①雇用契約期間を定めて雇用されている、あるいは雇用契約期間が明確に定められていない場合でも1年以上の継続勤務を期待できない、②パートタイム雇用である、③派遣・請負のような間接／非典型雇用である、のいずれかにあてはまる場合が非正規雇用であるとされ、それぞれの条件をたずねる質問が、政府の雇用統計調査には含まれている。

これに対して、日本では「勤め先における呼称」を基準として非正規雇用がとらえられることが多い。たとえば総務省統計局の「労働力調査」では、「今の仕事について、雇われている人は勤め先での呼称を記入してください」という質問がなされ、その答えが「正規の職員・従業員」「パート」「アルバイト」「労働者派遣事業所の派遣社員」「契約社員」「嘱託」「その他」のなかから1つ選択される。これらのうち「正規の職員・従業員」以外の選択肢が「非正規雇用」として扱われることになる。このような呼称にもとづく非正規雇用の捕捉は、世界的にみても非常にユニークなものである。

ではなぜ日本では、このような捕捉方法がとられているのだろうか。その要因は、日本の非正規雇用の特徴にあると考えられる。日本では、「フルタイムで働いているかパートタイムで働いているか」

といった客観的な労働条件のちがいよりも、それぞれの会社における人事制度上の位置づけのちがい、すなわち「雇用上のステータス」としての従業員カテゴリーのちがいのほうが実際の待遇に対して決定的な影響を与えており、そのため政府雇用統計でも、従業員カテゴリーのちがいのほうを、それが最もよく反映される勤め先での呼称を通じてとらえようとしたものと考えられるのである。[4]

以上をまとめれば、日本における（直接雇用の）非正規雇用とは、有期雇用や短時間雇用であることをその根拠としながら、人事管理上正規の従業員よりも周辺的に位置づけられた従業員カテゴリーということになるだろう。そして日本では、このような序列的な従業員カテゴリーの体系が、その具体的な名称やそれが随伴する報酬格差の程度まで含めて、社会のなかで強く「標準化」されている点が大きな特徴と言える。[5]

3 なぜ日本の非正規雇用の賃金は低いのか

（1） 格差の正当化ロジックへの着目

ではなぜ、非正規的なカテゴリーの従業員の賃金は正規の従業員よりも低いのだろうか。これまでの考察結果などをふまえれば、両者間の賃金格差のうちのある程度は、就業者個人の側ではなく、あくまで従業員カテゴリーの区分、すなわち就業機会そのものに結びつけられていると考えるべきであろう。

そうであるとして、ではなぜパートやアルバイトなどの非正規的な従業員カテゴリーには、正規的な従業員カテゴリーよりも低い賃金が結びつけられているのだろうか。このような問題を検討するために、社会学ではしばしば、賃金格差がどのように当たり前のものとして理由づけられているか、別の表現を使えばどのように「正当化」されているか、に着目する。

平等性の観念が発達した現代社会においては、その存在が何らかのロジックによって正当化されてこそ、さまざまな格差の存在と再生産が可能になると考えられるためである（Costa-Lopez *et al.* [2013]）。きわめて強固なものとして再生産され続けている日本の正規雇用（正社員）と非正規雇用（非正社員）の間の賃金格差についても、それがどのように正当化されているのか、そのロジックを検討してみることは有益だろう。

(2)　企業による生活保障システムと格差の正当化

そのような正当化のロジックとしてまず考えられるのは、企業による生活保障の対象であるか否かのちがいにもとづくものである。公的な社会保障制度が十分に発達していなかった日本では、それに代わって、企業が従業員の家族の生活を保障するという役割を強く担ってきた。そして企業による生活保障は「男性稼ぎ主モデル」にもとづいてなされたため、家計を支える壮年男性に対しては家族を養うだけの高い賃金が支払われる一方、家計を補助的に支えるために就業する従業員の賃金は低い水準にとどまった（大沢［1993］）。

このように、主に既婚女性が就いている「パート」や、主に学生が担う「アルバイト」等の非正社員には、彼ら／彼女らが世帯主によって養われているという想定のもと、家計を支える正社員よりも低い賃金しか支払われないことが正当化されてきたのである。

ただし今日では、このような正当化ロジックは、経済学の理論に支えられた、より洗練され、より強力なロジックへと変化しつつある。それが正社員と非正社員の間の義務や責任のちがいにもとづいた格差の正当化ロジックである。主に世帯の稼ぎ主が就くものと想定される正社員は、残業や休日出勤、さらには転勤の命令などに従うことが期待され、また仕事上の責任も大きいのに対し、非正社員はそれらの義務や責任から免除され、時間の面でも柔軟に働けるという差異が一般に存在する。そして義務や責任など負担が重い仕事にはより高い賃金が支払われる、という「補償賃金仮説」または「均等化差異」を理論的根拠としながら、正社員に比べて義務や責任の軽い非正社員の賃金の低さが理由づけられるのである。

(3) もう一つの正当化ロジックと都合のよい使い分け

しかし正社員と非正社員の間の格差は、もう一つ、別のタイプのロジックによっても正当化されていることに注目する必要がある。それが、就業者の技能や資質のちがいにもとづく正当化ロジックである。すなわち、正社員は非正社員よりも難しい選抜を通過して入社し、入社後もより多くの訓練・研修の機会を与えられているため、非正社員よりも技能や資質が高いと考えられることが多い。そして技能や資質がより高く生産性が高い従業員ほどより多くの報酬を得るのが当然である、という広く共有された考えを根拠として、選抜度の低さや訓練・研修機会の少なさゆえに「技能や資質が低い」と想定される非正社員の賃金の低さが理由づけられるのである。

もちろん非正社員のなかにも技能や資質が高い従業員、あるいは仕事上の義務や責任の重い従業員は当然存在していようが、制度としての正社員と非正社員の区別、ならびにその間の賃金の格差は、それぞれの従業員カテゴリーに対する「想定」をもとに、このようなタイプの異なる二つのロジックによって正当化されている。

ここで重要なのは、仮に正規／非正規雇用間の格差に対して批判が生じたとしても、これらタイプの異なる正当化ロジックが都合よく使い分けられることによって、問題の解決が難しくなっている点である。たとえば「賃金が低く不安定な非正規雇用の増加は、雇用環境の悪化につながる」との批判が生じたとする。しかし、このような批判に対しては「重い義務や責任を課せられることなくフレキシブルに働ける非正規雇用の増加は、働き方の多様化という点で望ましく、正規雇用との間の賃金格差もこのような義務や責任の軽重を埋め合わせるために存在している」などといった反論が可能となる。

しかしもし正規雇用と非正規雇用のちがいが単なる働き方のちがいだとすれば、「自分は、本当は正規雇用に就きたいのだが、非正規雇用から正規雇用への移動は非常に難しい」という移動障壁の高さに対する批判も生じ得る。しかしこれに対しては、もう一方のロジックにもとづいて「非正規雇用は訓練機会の質・量や入社時の選抜度の面で正規雇用とは明らかに異なっているので、そのまま正規雇用に転換することはできない」との主張がなされ得る。

このように、日本における正規雇用と非正規雇用の区別は、就労の柔軟さや義務・責任のちがいだけではなく、技能や資質のちがいについての想定をも伴っていることによって、それぞれ異なる正当化ロジックの作動が可能となり、その分、問題の解決が難しくなっているのである。

4 非正規雇用の静かな変容

もちろん以上のような正社員と非正社員の区別は、以前より日本に存在していたものである。しかし賃金問題への影響を考える上では、近年その性格が少しずつ変容しているという事実に着目しておくべきであろう。

諸外国と比べて、日本の非正規雇用は、性別と年齢による偏りがきわめて大きい（岩上［2016］など）。実際、日本の非正規雇用は女性、ならびに若年・老年男性に集中しており、壮年男性の非正規雇用比率は非常に低い（表15-1）。1960年代に男性臨時工の多くが本工へと転換されて以降は、非正規雇用が「家計の補助的な働き手」のための就業機会として位置づけられてきたためである（濱口［2016］）。

しかし、1990年代後半以降、年齢・性別との結びつきが少しずつゆるんでいく。非正規雇用が大きく増加するなかで、従来の担い手であった女性や若年・老年男性のみならず、壮年男性の非正規雇用も増加しているのである。表15-1によれば、1997年には3％台にすぎなかった30代後半から40代男性の非正規雇用比率は、2012年には10％前後にまで達している。また30代前半では14・7％、20代後半では20・4％と、その比率はさらに高い。「家計の補助的な働き手」のための就業機会と位置づけられてきた非正規的な従業員カテゴリーに、壮年男性を就かせることが、それぞれの企

表 15-1　年齢別非正規雇用率の推移

（単位：%）

年齢	男性				女性			
	1997 年	2002 年	2007 年	2012 年	1997 年	2002 年	2007 年	2012 年
15 ～ 19 歳	48.5	66.2	64.9	65.5	60.6	78.7	78.6	81.2
20 ～ 24 歳	22.8	36.8	40.5	41.5	28.0	44.7	46.0	47.7
25 ～ 29 歳	6.8	13.1	18.6	20.4	26.4	36.8	40.0	39.4
30 ～ 34 歳	4.2	8.0	11.3	14.7	38.5	45.1	47.3	47.6
35 ～ 39 歳	3.2	6.1	9.2	10.9	48.6	53.8	54.4	53.8
40 ～ 44 歳	3.4	5.7	7.6	9.3	52.4	58.6	59.3	58.6
45 ～ 49 歳	3.8	6.6	8.0	9.1	52.1	58.3	59.9	61.0
50 ～ 54 歳	4.2	7.7	9.2	9.6	50.4	58.0	58.6	60.3
55 ～ 59 歳	7.6	11.9	14.2	14.3	49.7	56.9	59.9	62.9
60 ～ 64 歳	40.3	52.5	55.3	57.1	63.1	71.3	71.7	76.5
65 ～ 69 歳	56.7	66.9	72.5	74.5	67.2	72.6	71.6	78.0
70 ～ 74 歳	56.5	66.4	69.6	76.5	60.6	62.6	62.5	72.4
75 歳以上	49.3	58.8	60.7	63.9	43.1	44.2	47.3	58.8
全体	11.1	16.4	19.9	22.1	44.0	53.0	55.2	57.5

出所：「就業構造基本統計調査」データにもとづき筆者作成。

業において次第に認められるようになってきていると言えるだろう。

このような非正規雇用の担い手に関する重要な、しかし静かに生じつつある変化は、正規／非正規雇用間の格差の正当化ロジックが、「男性稼ぎ主モデル」を前提とした、企業による生活保障の対象か否かのちがいにもとづくものから、義務・責任のちがいや、さらには技能・資質のちがいにもとづく（年齢・性別との結びつきがより弱い）ものへと変化しつつあることと表裏の関係にある[6]。また、このように非正規雇用が年齢・性別を問わず用いられるようになったことによって、正規雇用の非正規雇用への代替可能性はさらに高まったものと考えられる。

もちろん以上のような非正規雇用の

性格の変容は、企業が従来のようには男性壮年従業員とその家族の生活保障にコミットしなくなってきていることを意味してもいる。これは本書第２章（小倉論文）などでも言及されているように、日本の企業がグローバルな競争に直面し、次第にその余力を失っていったことなどが主な要因だろう。だが、このほかの世界的な背景条件として、「競争相手としての共産主義の崩壊」という国際的な地殻変動（サロー［１９９６］）によって、資本主義体制の優位性を示すための努力（その重要な一つに「豊かな労働者」の実現がある）の必要性が大きく減少している点も見逃すべきではないだろう。

5　なぜ賃金が上がらないのか――非正規雇用に着目して考える

以上で確認してきたように、日本における非正規雇用とは、単に有期雇用や短時間雇用であるというだけではなく、その担い手や仕事の性質に関するさまざまな想定をもとに、低い賃金が制度的に結びつけられた雇用機会と言える。１９９０年代半ば以降の日本における非正規雇用の増加は、雇用のフレキシビリティの上昇のみならず、低賃金が結びつけられた雇用機会の増加でもあったのである。このような非正規雇用の増加それ自体が、就業者の全体的な賃金水準の上昇を妨げてきた要因であると、まず言えるだろう。

しかしその影響はそれだけにとどまらない。非正規雇用の増加とその性格の変容は、正規雇用の賃金にも影響を及ぼしている可能性が考えられるためである。

これまで日本では、景気がよく、企業の収益が良好な時期に、得られた利潤を分け合うかたちで高い水準の賃上げがなされてきた。しかし２００２年末からの景気回復期には企業の収益が改善し、求人倍率も上昇したにもかかわらず、それまでのような賃上げは実現されていない（巻頭基本データの図5参照）。

この理由として、株式保有構造の変化に伴う企業の利益配分の変化や、グローバルな競争の激化に直面した企業の人件費抑制傾向などが指摘されることが多いが、さらに川本・篠崎（２００９）は、労働供給側に関する要因として、１９９０年代後半以降、景気が回復局面に入っても労働組合の賃上げ要求額がほとんど増加しておらず、賃上げを求める労働争議件数も激減している、という事実を指摘する。ではなぜ、労働組合は好景気にもかかわらず、賃上げを強く求めないのだろうか。

川本らは、「主として正社員から構成される組合員の間で、低賃金の非正規社員の存在が意識されるようになったことが影響している可能性[7]」をその理由として挙げる。すなわち日本では、正社員と同様の仕事をする非正社員が増加したにもかかわらず、その賃金は正社員よりもかなり低いため、「既得権益層」である正社員の留保賃金が低下し、組合の賃上げ要求も抑制気味になっていると説明している。

このような状況は、本章で指摘した非正規雇用の性格の変容を背景として生じたものと言えるだろう。それまで主に女性、および若年・老年男性のための就業機会であった非正規雇用が、１９９０年代後半以降壮年男性にも広がるようになり、彼らとの格差感や代替可能性の意識が、正規雇用の賃上げ要求の沈静化、さらには実際の賃金水準の抑制へとつながったものと考えられる[8]。ときに正社員の雇用の安定性と報酬水準を守るために導入されてきた非正規雇用が、その規模が増加し、従来正規雇用に就くべきと想定されていた壮年男性にまで広がっていくにつれて、逆に正規雇用の賃金上昇を妨げる存在となってきているのである。

このような状況を打開するためにはどうすればよいのだろうか。まずは、その根本に横たわっている正規雇用と非正規雇用の間の深刻な報酬格差問題の解決が必須と考えられる。そのためには、両者の間の賃金格差を正当化するロジックの都合のよい使い分けをはばんでいくこと、すなわち、それぞれの従業員カテゴリーに対して付されている期待や想定を可能な限りつまびらかにし、そのうちどこまでが就業者が自由に選択可能なものであり、どこまでが一定の訓練や能力の涵養が必要であるものなのかをできるだけ明確にすることで、非正規雇用と低賃金の無条件の結びつきを防いでいくことが必要であろう。

さらに日本の非正規雇用は、その独自の人事管理慣行を背景として、諸外国とは少し異なる特徴を持つことを十分に理解しながら問題の解決に取り組んでいくこと、またこれらの試みのための汎社会的な議論の場を築いていくことも、同様に重要であると考えられる。

第15章【注】

（1）本章の考察は、有田伸『就業機会と報酬格差の社会学——非正規雇用・社会階層の日韓比較』（2016年、東京大学出版会）をもとにしている。より詳細な分析については同書をご参照いただきたい。

（2）年齢、年齢二乗、学歴、企業規模、職種を統制した時間あたり賃金（対数値）の回帰モデルの係数推定値にもとづく（有田［2016］）。
（3）このようなサブカテゴリー間でのちがいは、それぞれの非正規雇用が用いられるようになった経緯や背景条件のちがいを反映しているものと考えられる（有田［2016］158-162ページ）。
（4）永瀬（1994）は、実際の労働時間のちがいよりも、人事管理上の従業員カテゴリーのちがい（正社員かパートタイム従業員か）のほうが報酬決定により強い影響を及ぼすことを示している。また、遠藤（2016）はこれらの事実も考慮しつつ、日本における「非正規雇用」は諸外国の非正規雇用（非典型雇用）とはそもそも性格自体が異なる存在であるとする。
（5）そうであるからこそ、勤め先における呼称をたかだか数個の選択肢を通じて捕捉することが可能となり、また呼称を捕捉することが意味のある作業となる。
（6）もちろん、性別役割分業意識が次第に弱化してきたことも、このような変化を生じさせた重要な要因の一つと考えられる。
（7）川本・篠崎（2009）20ページ。
（8）もちろん人手不足などの要因により、非正規雇用の賃金は上昇傾向にあるものの、正規雇用の減少による全体的な賃金下落傾向を補うほどのものとは言えない。また非正規雇用の労働力需給が正規雇用の賃金に与えている影響については、本書第7章（川口・原論文）を参照のこと。

【参考文献】

有田伸（2016）『就業機会と報酬格差の社会学—非正規雇用・社会階層の日韓比較』東京大学出版会。

岩上真珠（2016）「国際比較でみる日本の非典型雇用—雇用流動化のなかの非柔軟な構造」『日本労働研究雑誌』672号、29-39ページ。

遠藤公嗣（2016）「社会経済からみた『同一〈価値〉労働同一賃金』と法律家の言説」『季刊・労働者の権利』315号、32-41ページ。

大沢真理（1993）『企業中心社会を超えて—現代日本を〈ジェンダー〉で読む』時事通信社。

川本卓司・篠崎公昭（２００９）「賃金はなぜ上がらなかったのか？―２００２～07年の景気拡大期における大企業人件費の抑制要因に関する一考察」日本銀行ワーキングペーパーシリーズ。

サロー、レスター・Ｃ（山岡洋一・仁平和夫訳）（１９９６）『資本主義の未来』ＴＢＳブリタニカ。

永瀬伸子（１９９４）「既婚女子の雇用就業形態の選択に関する実証分析―パートと正社員」『日本労働研究雑誌』４１８号、31-42ページ。

濱口桂一郎（２０１６）「性別・年齢等の属性と日本の非典型労働政策」『日本労働研究雑誌』６７２号、4-13ページ。

労働政策研究・研修機構（２０１６）『データブック国際労働比較２０１６』労働政策研究・研修機構。

Costa-Lopes, R., Dovidio, J. F., Pereira, C. R. and Jost, J. T. (2013) "Social Psychological Perspectives on the Legitimation of Social Inequality: Past, Present and Future," European Journal of Social Psychology, 43 (4): 229–37.

第16章 賃金は本当に上がっていないのか——疑似パネルによる検証

上野有子
神林　龍

ポイント
【需給】【年齢】

1 上がらない賃金？

近年の日本の労働市場は、「人手不足」といわれる一方で賃金水準が上昇しないという現象に見舞われている。リーマン・ショック後の2010年以降、有効求人倍率が継続的に上昇していながら、同じ厚生労働省の発表する「毎月勤労統計調査」（以下、毎勤と表記）の実質賃金指数は上昇せず、むしろ減少する傾向すらみせている。

労働需要が持続的に増大しているという認識そのものは、春闘相場の上昇傾向や最低賃金の上昇など労働市場のほかの側面とも整合的なので、おそらく間違ってはいない。少なくとも賃金データを毎勤に求める限り、本来労働市場の需給逼迫に連動するべき賃金の上昇が、なぜか鈍いという点について疑う余地はなさそうである。

もともと、賃金が労働市場の需給逼迫に追随しないという統計的現象は、大きくは二つのインプリケーション、つまり、マクロの需要面に対するインプリケーションと、マイクロな労働市場のメカニズムに対するインプリケーションを持っている。前者の筋では、賃金の停滞は、経済活動が活発なわりに家計所得が伸び悩むことを意味する。その後、消費の減退を通じて経済全体の停滞を招くと続くので、直感的にもわかりやすい議論だろう。

ただ注意しなければいけないのは、このシナリオでは、往々にして賃金が伸び悩むことを前提にしてしまうことである。それが日本経済全体にどのように影響するかに話の力点があるので、そもそも賃金が伸び悩む理由自体にはあまり関心を持たない。

もう一つのインプリケーションは、賃金の伸び悩みのメカニズムを説明したいという研究動機に基づき、労働市場の効率性の評価を背景に持つ。たとえば、雇用の不安定性に対応して、使用者がより高いリスクプレミアムを要求するようになったのかもしれない。その場合には、需給逼迫に際して賃金が上昇しなかったとしても、まさにアザリアデスなど古典的な保険理論が指し示すとおりで、労働市場の効率性という観点からは、とりたてて問題視するべき話題ではなくなる。[1] この例はたしかにひとつの説明にはなっている。しかし、この筋の話の射程はたかだか労働市場の中にとどまり、経済全体への影響は埒外に置かれてしまうという弱点があることも予想できる。

本書は、どちらかというと後者の視点からの考察が数多く配されていて、労働市場のメカニズムの中で賃金の伸び悩みを理解しようという姿勢が強い。したがって本章は、この中心的な課題についてはは他章に任せ、経済学的な議論の土台となっているデータの見方について論点を提供しよう。つまり、本当に賃金は上がっていないのだろうかという、そもそもの疑問を提起したいのである。

話の要点は簡単である。マクロで観察される平均賃金水準の変化とは、継続勤続者の賃金水準の平均的変化と、引退者と新規参入者の平均的賃金水準の差から合成される指標である。したがって、平均賃金が伸び悩んでいるようにみえるのは、後者の効果が前者の効果を上回るという、単純に統計的なトリックである可能性がある。

もちろん、被用者全体に対して引退者と新規参入者の占める比率は決して大きくない。日本でも、少なくとも5000万人を超える被用者全体に対して、たとえば新規学卒者は100万人程度にしかすぎない。したがって、通常は、全体の賃金水準の動向が大多数を占める継続勤続者の賃金水準の動向と大きく乖離するとは考えられていない。

ところが、幸か不幸か、日本では年功賃金という賃金体系が普及している。このとき、高齢・長期勤続者である引退者の平均的な賃金水準と、若年の新規参入者の平均的な賃金水準の間に、諸外国と比較すると、より大きな乖離が生じていることは容易に想像がつくだろう。ただでさえ、少子化の影響から新規参入者が減少気味だったところに、2007年前後から、団塊の世代が60代にさしかかり引退過程に入ると、この乖離が一層増幅されてしまったとは考えられないだろうか。

そうだとすれば、たとえ勤続者の賃金水準が継続的に上昇傾向にあったとしても、統計的な理由から全体の平均賃金が上昇しない傾向をみせてしまうかもしれない。実際、本書第9章の大島・佐藤論文のように、利用したデータは異なるものの、類似のメカニズムを指摘する議論もある。少なくとも、可能性を確かめておくべき論点だろう。

無論、本章は、巻間指摘される賃金が上昇しにくいことのすべてが、こうした統計的な見かけ上の変化だけで説明できると主張するわけではない。ただ各種の議論を吟味するためには、少なくとも、全体の平均賃金の変化と、各被用者が経験している賃金変動の平均とはちがい得ることを念頭に置く必要を訴えたいのである。

2 賃金センサス疑似パネルからみた名目賃金変化率

さて、毎勤による賃金指数の動向は巻頭基本データの図1に示されたとおりである。まずは、この賃金指数の作成方法から紹介しよう。

この賃金指数は、被用者に支払った各月の賃金支払額を、月末時点の被用者の数や月間総労働時間で割り、前期あるいは前年同期などと比較して算出されている。時計を一時点に止めて計測されるストックデータを平均して現時点の平均賃金を算出し、その次に現時点と前の時点の差分をとったと言い換えることができる。それは、一人ひとりの被用者について、賃金の差分を計算してフローデータを作成し、その全体平均をとったわけではない。論理的には、ストックデータの変分は、フローデータの集計数と恒等的に一致するはずだが、得てして乖離が生じてしまうのが現実なのである(2)。

次の課題は、もちろん、この差の確認である。すなわち、一人ひとりの被用者の賃金変化率を計測し、毎勤から得られるストックデータの差分とのちがいをみる。ストックデータは毎勤より採ってくればよいが、フローデータは手元で作成しないといけない。その具体的な材料は、厚生労働省「賃金構造基本統計調査」(以下、賃金センサスと表記) の個票である。以下、その作成方法を簡単に整理しておこう。

日本では個人を追跡調査したパネルデータの整備は2000年代に緒についたばかりで、蓄積が浅く規模が小さい。本章では、本来同一被用者を追跡できないはずの賃金センサスの個票を用いて、疑似的に被用者のパネルデータを作成し、(実質) 賃金の変化率を算出する方法を提案したい。(3)

賃金センサスは日本を代表する労働市場に関する政府統計で、毎年5万を超える事業所の情報が集められている。経済センサスを抽出名簿としていることから、同一事業所を特定することができるものの、年をまたいで同一被用者を特定することはできない。そこで、2カ年にわたって連続して抽出された同一事業所に着目し、1年目と2年目で多くの属性が整合的である被用者の情報を接続することで、疑似的に被用者パネルデータを作成する。

たとえば、ある事業所で、調査1年目に大卒30歳男性勤続5年目の被用者が1人しかおらず、同じ事業所で、調査2年目に大卒31歳男性勤続6年目の被用者がやはり1人しかいない場合には、両者を同一個人とみなして接続する。誤って接続してしまう危険を極力排除するために、どちらかの年に候補者が複数名観察される場合には接続対象から外している。

結果として接続できた被用者は、潜在的な接続対象者 (2年目に勤続1年以上のフルタイム被用者) に対して、おおむね15%程度で、1年あたり9万人から20万人の範囲に収まる。(4) 横断面の標本数が数千程度にとどまるパネルデータと比較すると、賃金センサスならではの標本の多さが利点となっていることがわかる。

賃金センサスを用いるもう一つの利点は、賃金情報の精確性である。賃金センサスの賃金情報は、基本的に、労働基準法で定められている賃金台帳の写しなので、その範囲で精確な情報をもたらしてくれる。被用者個人の記憶に基づくパネルデータの場合、とくに年間労働時間についての記載誤差は無視できず、年収から時間賃金を算出するについては苦労が絶えない。賃金センサスに基づく限り、分析者は比較的簡単に精度の高い時間賃金の情報を得ることができるのである。

疑似パネルデータであることの難点にも言及しておこう。たとえば、同一被用者と判断する基準に学歴情報を用いることから、接続対象はフルタイム被用者に限定され、パートタイマーについては考察できない。また、異なる被用者を接続する危険を避けるために保守的な接続基準を採用していることから、同じ属性の組み合わせの被用者を複数雇用しがちな大規模事業所での接続可能数が比較的小さくなるおそれがある。ただし、大規模事業所における（実質）賃金の上昇率は比較的高いと考えられる。したがって、このサンプル・セレクションが生むバイアスは、もしあったとしても賃金上昇率を負の方向に歪めるので、全体の主旨からはそれほど大きな問題とはならないだろう。

次の図16-1のヒストグラムは、こうして作成した疑似パネル・データをプールして、（実質）所定内時間賃金上昇率について示したものである。

1993～94年から2011～12年までの足かけ20年間のデータをすべてプールしているので、サンプルサイズは200万人を優に超える。分布の単純平均は4・1％程度と、筆者らの当初の想定よりも若干高い。しかし、中位値は2・0％程度にとどまり平均値とは開きがある。正方向の裾が非対称に重く、一定程度賃金が上昇した被用者が相当ばらついている様子を示している。その一方、最頻

図16-1　疑似パネルデータの（実質）所定内時間賃金上昇率の分布

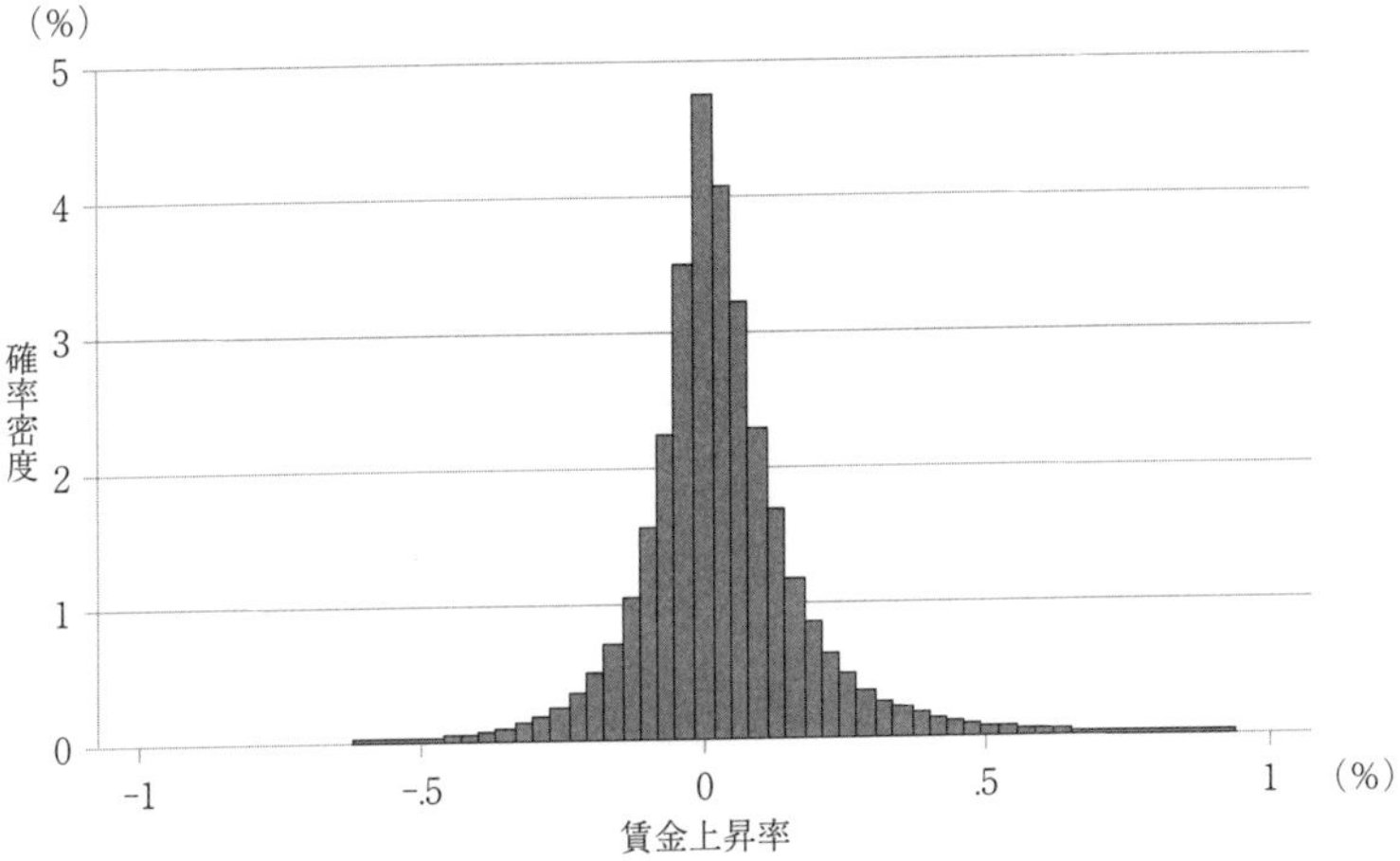

（N = 2,388,500, Mean .0413, p50 .0196, SD .3107）
所定内賃金率＝（所定内賃金）／（所定内労働時間）

値はゼロ近傍にある。かなりの被用者が負の変化、つまり賃金の下落を経験していたことがわかる。

黒田・山本（２００３ａ）などの先行研究で指摘されてきたように、やはり日本では賃金の下方硬直性は、それほど顕著ではないのである。同時に、少なからずの被用者が賃金上昇を経験していたこともまた事実だろう。実際、賃金が下落したのが94万人に対して、賃金が上昇したのは１４４万人に達し、むしろ多い。

賃金が下落するような場面では、どちらかといえば雇用継続自体が難しいはずで、同一事業所の同一被用者を追跡しないといけない本章での方法では、賃金が下落した被用者はサンプルとして残ることが相対的には難しいはずである。したがって、賃金が上昇した被用者よりも賃金が減少した被用者が結果として少なくなるかもしれない。しかし、全般的に不況期といわ

図 16–2　（実質）所定内時間賃金変化率（1993 ～ 94 年から 2011 ～ 12 年まで）

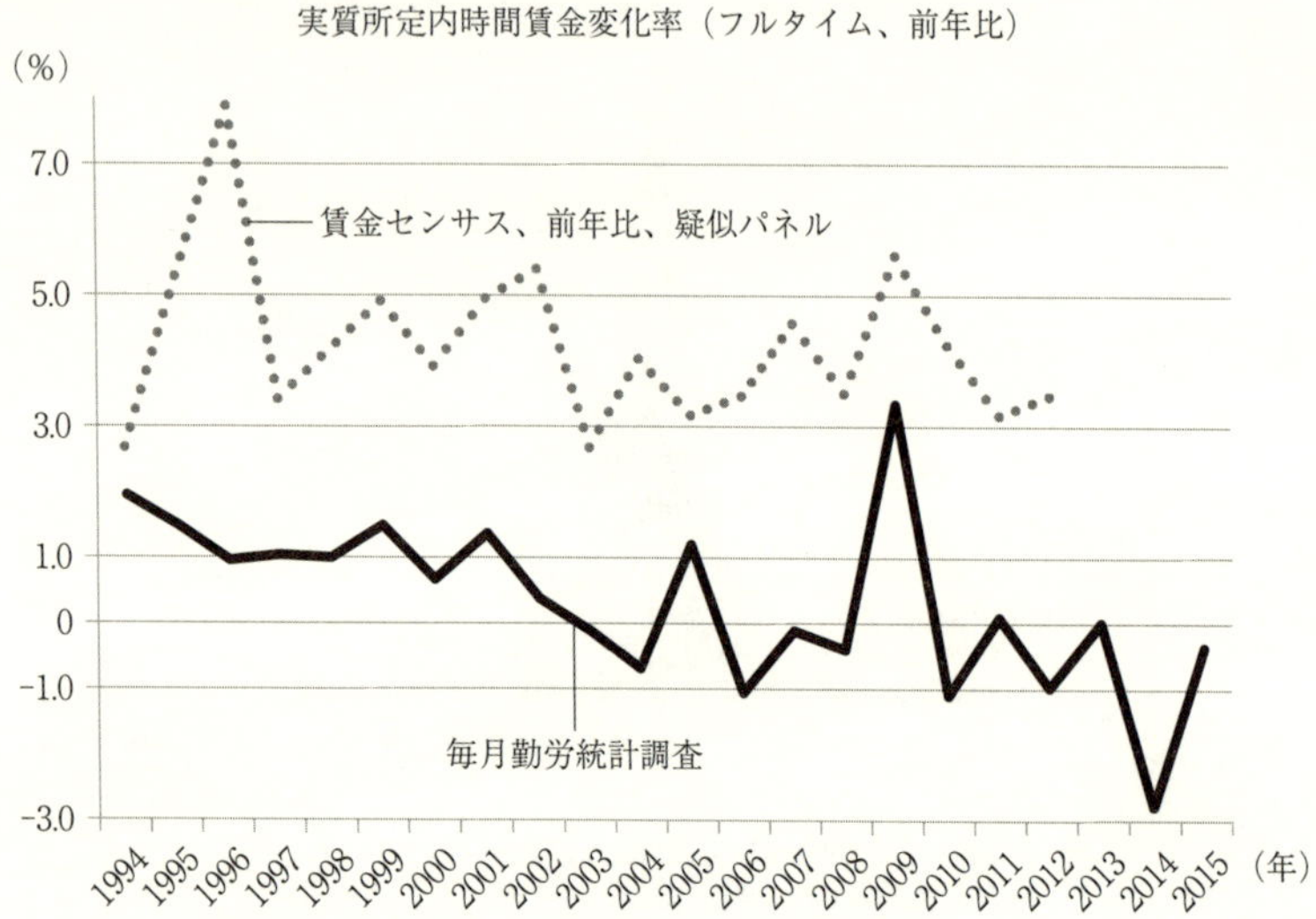

れ平均賃金の減少がデフレの元凶といわれるわりに、上記のように個別に個人をみると、時間賃金が増加した被用者も少なくないと解釈するべきだろう。

さて、これでフローデータが作成できたので、次にいよいよストックデータとの乖離をみてみよう。ストックデータの平均変化率としては、毎勤の実質賃金指数を労働時間指数で除して、時間あたり実質賃金指数を求め、年ごとの名目賃金変化率の平均を消費者物価指数で実質化して図示したのが図16–2である。

毎勤による全体の平均的な時間賃金の変化は、労働時間指数で除した分、測定誤差が大きくなり、巻頭基本データ図1の実質賃金指数と比較すると、年による変動が大きい。しかし2000年代中頃からゼロ近傍にとどまり、時間賃金でみても、実質賃金が伸び悩む傾向にあることは変わらない。

これに対して、賃金センサスの疑似パネルデータから算出された平均的な賃金変化率は、ほぼ横ばいで正値を保持している。両者の単純な相関係数は0・34になり、全体の時系列的傾向は、両者では大きな齟齬はないといえるのではなかろうか。ただ、同一と思われる被用者から直接算出した賃金変化率の平均は、ストックデータの平均賃金の変化率よりも常に大きい。賃金センサスの疑似パネルデータを信じれば、賃金は下落していないかもしれないのである。

もちろん、読者によっては、図16-1および図16-2から垣間見える高い賃金変化率は、データ構築方法によるにすぎないという感想を持つかもしれない。この点を確かめるために、事業所規模30人未満に限定して再集計してみたが、集計値の水準や時系列的傾向はまったく変わらない。事業所規模30人未満の場合、賃金センサスは常用労働者全員の情報を格納しており、本章の接続手順に従えば誤って異なる被用者を接続する可能性はない。したがって、継続就業者の賃金上昇率は1990年代以降、おおむね3～4％程度を維持していたという観察結果は、単にサンプル構築上の問題ではなく、どうやら確からしい。

もっとも、年功賃金と呼ばれる賃金体系のもとでは、ベースアップがなくとも、勤続を重ねるに従って定期昇給により賃金が上昇する傾向が強い（ベースアップおよび定期昇給については本書第2章（小倉論文）、第13章（西村論文）を参照されたい）。もしも年功賃金体系がある程度残存しているのであれば、継続就業者だけを取り上げて賃金上昇が多く観察されたとしても、定期昇給分と考えておかしくはない。

以上のように、疑似パネルデータから賃金変化率を直接計測した図16-1や図16-2によると、ストックデータから算出される平均賃金が下落し、「賃金が上がらない」という恨み節が世間にあふれていたとしても、賃金が上昇していた被用者が多数を占めていたのが現実だと解釈できる。

3 賃金総額の変化の分解

ではなぜ、フローデータの平均と、ストックデータの平均の階差には乖離が現れるのだろうか。本章では、新規採用者と退職者では、時間賃金の平均が異なり、一般に前者のほうが後者よりも小さいことに注目したい。このとき、新規採用者と退職者が同数だったとしても、ストックデータの平均賃金には下落する力が働く。この効果が継続就業者の賃金上昇率を上回ると、たとえ継続就業者の賃金が上昇していたとしても、ストックデータの平均賃金の階差が負に転じてしまうこともあり得る。とくに日本では、すでにふれたように、２０００年代後半から団塊の世代が引退過程に入り、継続勤続者の賃金上昇率を統計上キャンセルする効果が増幅されたことが十分に予想されるのである。

それでは以下、この考え方が実際に当てはまるかを検証していきたい。そのためにまず、新規採用者の賃金率の動向についてまとめよう。一般に新規採用者というと新規学卒就職者（新卒）が想起されるが、日本の新規採用者に占める新卒は、高卒大卒を合わせてもおおむね15～20％程度を占めるにすぎない。本章で注目したい統計的メカニズムから考えても、ここで新規採用者を新卒に限る必要はない。そこで、賃金センサスから勤続0年の新規採用者の時間賃金の時系列変化を図示したのが次の図16‐3である。

図 16-3　新規採用者の（実質）賃金率（1993 ～ 2012 年）

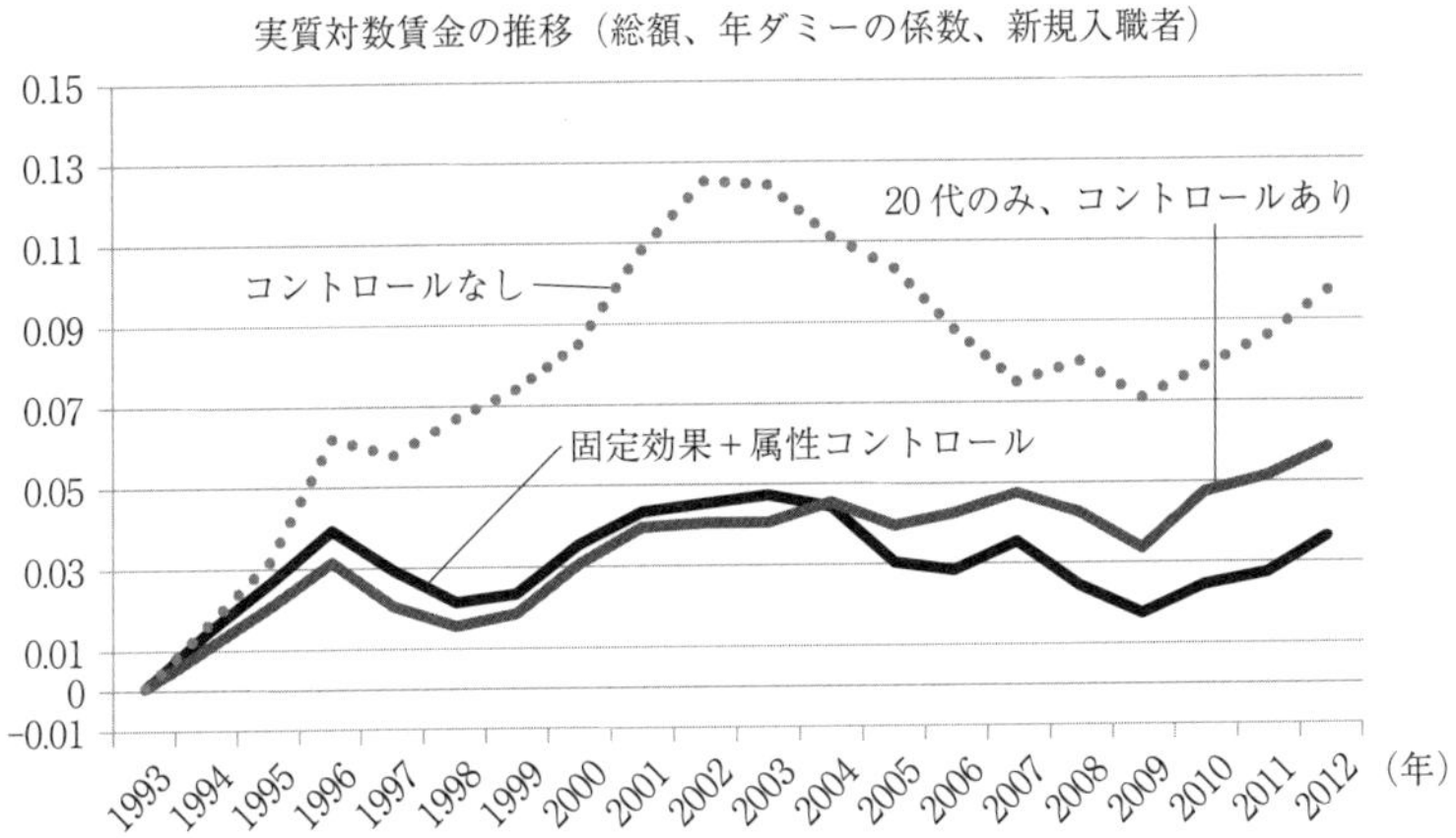

注：賃金センサスより 60 歳未満のフルタイム被用者を対象に筆者推計。コントロール変数は年齢、年齢二乗、女性ダミー、学歴ダミーである。

まず、単純な年平均値をみると、２００２年をピークにして下落する傾向がみられる。おそらく、新規採用者には定年後の再雇用者などが含まれ、高齢の新規採用者が増えたためと考えられる。実際、年齢や学歴など人的資本属性の変化や、事業所の変化をコントロール変数として考慮すると、新規採用者の時間賃金も低落傾向にあることがわかる。この傾向は一見すると労働市場が逼迫しているという先の見解と矛盾するかもしれない。しかし、労働市場への新規参入者の大部分を占める20歳代の若年層にサンプルを限定すると、時間賃金の水準は１９９０年代後半より維持されているのがわかる。

これに対して退職者の離職時点での時間賃金はどのように推移したのだろうか。残念ながら、管見の限り日本の統計にはこの種のデータは格納されていない。したがって本章では、個別の退職者の時間賃金を追及することをあきらめ、賃金総額から推測する方法をとりたい。その方法は以下のとおりである。

まず、賃金センサスを用いてt年のフルタイム被用者についての賃金支払い総額（＝W^I_t）を集計する[(5)]。次に、t年からt＋1年にかけての継続勤続者の平均名目総時間賃金変化率（＝$dw^I_{t,t+1}$）を用いて、t年に雇用されていたフルタイム被用者が全員t＋1年に継続勤続した場合の架空の賃金支払い総額を計算する。

ただし、ここでは経済全体の賃金支払い総額を考える必要があることから、所定内時間賃金についての変化率を算出した図16‒1や図16‒2と異なり、ボーナスや残業を含んだ総時間賃金の変化率を用いる。さらに、t＋1年の勤続1年以上のフルタイム被用者についての賃金支払い総額（＝W^I_{t+1}）を集計し、実際のt＋1年の継続勤続者の賃金支払い総額との差を計算する（＝$W^I_t \times dw^I_{t,t+1} - W^I_{t+1}$）。この総額を、退職者に対して支払われるはずだった賃金総額と考える。

時間賃金を求めるには、退職者が勤務するはずだった労働時間を算出する必要がある。疑似パネルには継続勤続者の労働時間の変化分も格納されているはずだから、賃金と同様の手順で、平均総労働時間変化率を計算できる（＝$dl^I_{t,t+1}$）。さらに、賃金総額と同様の手順で、退職者による労働時間の喪失分を算出できる（＝$L^I_t \times dl^I_{t,t+1} - L^I_{t+1}$）。同様の手順でこの二つの集計された数値の比率をとって、退職者が仮に継続勤続した場合の平均名目総時間賃金と考えられるだろう。

こうして算出された退職者の時間賃金と、図16‒3で算出した入職者の時間賃金を示したのが次の表16‒1である。

総じて、退職者の時間賃金は、入職者の時間賃金よりも高い。したがって、退職者数が入職者数を

表16-1　退職者と入職者の時間賃金の比較（1993～2012年）

賃金総額（93-12の平均）（億円）	総労働時間（93-12の平均）（百万時間）	平均時給（円）	疑似パネルより、勤続して働く人の総時間賃金変化率(平均)（%）	勤続0年の人の賃金総額（93-12の平均）（億円）	勤続1年以上の人の賃金総額（93-12の平均）（億円）	退職者に支払われていた賃金総額（推計）（A）（億円）
3168.0	175.4	1,807	4.23	154.5	3013.5	288.4

疑似パネルより、労働時間変化率（平均）（%）	勤続0年の人の総労働時間（93-12の平均）（百万時間）	勤続1年以上の人の総労働時間（93-12の平均）（百万時間）	退職者の総労働時間（推計）（B）（百万時間）	退職者時給（A）／（B）（円）	入職者時給（円）	入職者の時給を固定すると、退職者分を賄うには入職者労働が追加何時間必要？（百万時間）	入職者の労働時間を固定すると、退職者分を賄うには平均どのぐらいの時給支払いが必要？（円）
0.94	12.7	162.7	14.3	2,010	1,217	23.7	3,489
						（現状と比較して86.7%増）	（現在の時給の2.87倍）

注：賃金センサスより筆者推計。推計方法は本文参照のこと

相当数上回った場合には、継続勤続者の賃金が上昇していたとしても、平均賃金は低くなってしまう可能性があることがわかる。この流れを簡単なイメージ図で示したのが図16-4である。

この図では、鍋に張られた湯の平均温度を平均賃金と見立てた。平均時給が1217円と低い入職者は、水道から直接流入する水のようなものである。この水が熱せられて温度が上がっていくわけだが、この温度上昇こそが、疑似パネルデータから得られた継続勤続者の総時間賃金の上昇分、4・2％を示す。そして、鍋からあふれ出る湯は退職者で、その平均賃金が2010円と高いことは、あふれ出ているのが冷たい水ではなく温められた湯であることに表現されている。

ここで、賃金上昇とは鍋を温める火力であって、火が消えていなければ賃金（すなわち水温）は常に上昇していることに注意してほしい。他方、水道から流入する水の温度（平均時給）と量

図 16-4　入職、退職に伴う平均賃金の低下（イメージ図）

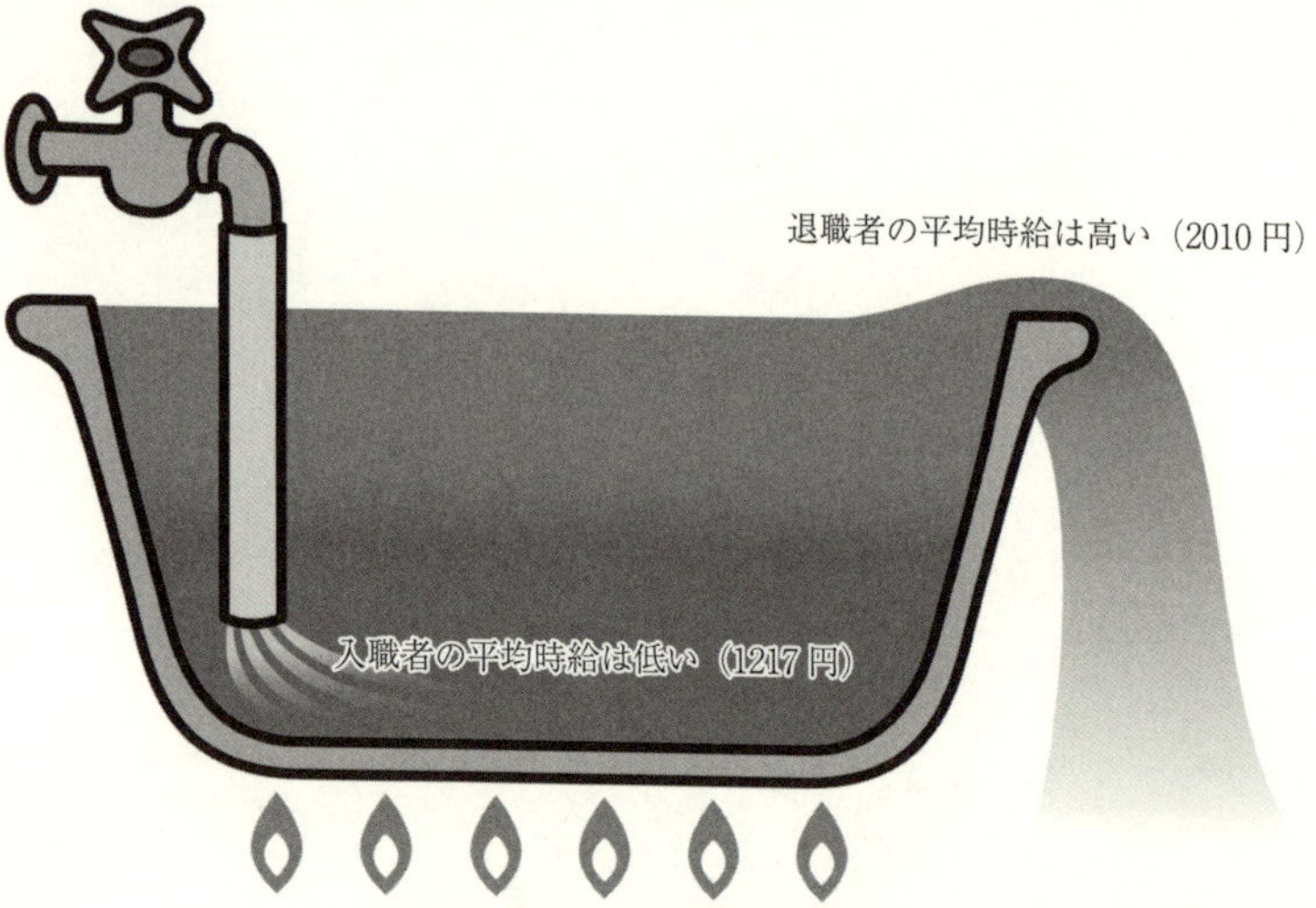
退職者の平均時給は高い（2010 円）
入職者の平均時給は低い（1217 円）
4.2％の総時間賃金の上昇
©Ohashi Natsuko

（労働時間）、あふれ出る湯の温度と量によっては、少々の火力では追いつかず、鍋の全体の水温は低下してしまうかもしれないこともわかるだろう。

表16-1で試みに算出したところでは、入職者の平均時給が2・9倍程度になり、水ではなくすでに相当温められた湯を蛇口から注ぐことができれば、現在の火力でも鍋の温度を保つことができるが、そうでなければ鍋の温度自体は冷えていってしまう。しかし、それは火力が弱いだけではなく、水道水の温度とあふれる湯の温度の差が大きいことによるのである。あくまでも賃金上昇とは火力の大小であって、鍋全体の温度の高低とは常に一致するわけではない。

なお表16-1では、時間賃金に割り戻さずとも、退職者への賃金支払い総額と入職者への賃金支払い総額にはすでに相当の差が開いており、フルタイム被用者への賃金支払い総額が減少傾向にあることとも整合的である。また、賃金センサスは退職金を含められていない。退職金も、本来退職者に支払われた時間賃金に算定すべきであるという立場からは、上記の計算は退職者の時間賃金をむしろ過少に評価していることにもなってしまう。表16-1をみる限り、退職者の時間賃金と入職者の時間賃金の乖離を通じて、平均的な時間賃金が抑制される傾向にあることは、少なくとも無視すべき論点ではないことがわかる。

4　結論——上がらない賃金と人手不足傾向の解釈

以上のように、本章では近年の日本の賃金率が上昇しにくい傾向と人手不足現象とを整合的に理解するひとつの鍵として、退職者の時間賃金と入職者の時間賃金に差があることを指摘した。もしこの論点が、マクロ統計でみられるフルタイム被用者の時間賃金の鈍い上昇傾向を主に説明するのであれば、日本の労働市場に何か問題があるわけではなく、人手不足現象は継続勤続者の賃金上昇として現に反映されていると解釈できる。

もちろん、本章の方法は推測に推測を重ねている。まず、疑似パネルという方法を使って継続勤続者の賃金率の変化分を算出している。もしこれが過大な推計となっている場合には、全体の賃金総額の伸びを大きく想定してしまうので、退職者への支払い賃金総額を過大に算出する結果となる。また、本章で計測した継続勤続者の賃金変化が、労働市場の需給逼迫とは無関係に起こる人的資本の蓄積の結果だとすれば、やはり退職者への支払い賃金総額を大きく見積もってしまう結果となる。加えて、賃金センサスは本来個別被用者の賃金額をとらえることを目的としており、総額の算出は想定されていない。したがって、総額に対する測定誤差はそれなりにあると考えるべきかもしれない。このように、本章での推計が正確な統計となっているかは、まだ議論の余地がある。

しかし、退職者の時間賃金と入職者の時間賃金にかなりの開きがあることは、労働市場の現状を評価する上で重要な知見をもたらすと考えるべきだろう。たとえば、年功賃金体系の背後には高賃金被用者と低賃金被用者との間にある程度の生産性の差があると解釈するのが一般的だから、図16－4のメカニズムは平均賃金のみならず全体の平均生産性が低下していると解釈できる可能性がある。もちろん、賃金と同様に、退職によって喪失する技能は主には継続勤続者によって回復され、入職者がすぐに替われるものではない。しかし、これだけの時間賃金の差が生じるということは、継続勤続者の技能蓄積速度か入職者の技能が十分ではないことを示唆しており、退職者の再活用が叫ばれている現状と一致もする。本書第6章（梅崎論文）でも議論されているように、現職被用者や入職時の技能形成を再考するべき時期がきているのかもしれない。

第16章【注】

（1） Azariades（1975）が古典的な研究である。

（2） ストックデータとフローデータに乖離が生じる代表例としては人口統計がある。ある時点の人口は、前時点での人口に出生数を加え死亡数を差し引いたものと等しいはずだが、おおむねどの国でも、ストックの人口統計である国勢調査と出生死亡統計の間に乖離が生じることが知られている。

（3）もちろん、研究の王道はパネルデータを用いる方法で、家計研パネルを使った黒田・山本（2003a、2003b）や慶応パネルを使った山本（2007）がある。

（4）接続の方法の詳細なプロセスについては神林（2011）を参照のこと。接続率は年によって異なり、とくに賃金センサスが抽出名簿を更新する際に著しく低下する。このことは、捕捉率の変化は、賃金センサス自体が同一事業所を連続して抽出するかどうかに大きく依存しており、事業所内の接続プロセスによるものではないことを示唆している。

（5）ボーナスについて厳密を期すのであれば、t＋1年のデータからt年のボーナス支払い総額を算出してt年にマージする必要があるが、本章の試論的性格を考えると、この点は再論を待ちたい。

【参考文献】

神林龍（2011）「日本における名目賃金の硬直性（1993-2006）―疑似パネルデータを用いた接近」『経済研究』第62巻4号、301～317ページ。

黒田祥子・山本勲（2003a）「わが国の名目賃金は下方硬直的か？（Part I）―名目賃金変化率の分布の検証―」『金融研究』第22巻第2号、日本銀行金融研究所、35～70ページ。

――・――（2003b）「わが国の名目賃金は下方硬直的か？（Part II）―フリクション・モデルによる検証―」『金融研究』第22巻第2号、日本銀行金融研究所、71～114ページ。

山本勲（2007）「デフレ脱却期における賃金の伸縮性―国際比較の観点から―」『三田商学研究』第50巻5号、1～14ページ。

Azariades, C.（1975）"Implicit Contracts and Underemployment Equilibria," Journal of Political Economy（December）: 1183-1202.

結び　総括――人手不足期に賃金が上がらなかった理由

玄田有史

1　七つのポイントによる整理

本書では16の章にわたり、理論、実証、聞き取り、事例など、実に多岐にわたる観点から、「人手不足なのになぜ賃金が上がらないのか」という共通の問いの解明を試みました。

では、本書全体を通じて、何が明らかにされてきたのでしょうか。「序　問いの背景」で述べた七つのポイントから、編者なりに整理してみます。

2　【需給】労働市場の需給変動からの考察

まず、横軸に雇用者数、縦軸に実質賃金を取った労働市場の図を思い描いてみます。本書では、労働需要と労働供給の「賃金弾力性」の高さに、問題解明の手がかりをみつけた論文がありました。

第1章（近藤論文）によれば、労働需要曲線が水平に近い（雇用の賃金弾力性が高い）と、労働供給曲線が左にシフトし、人手不足になっても、均衡賃金はあまり上昇しません。このような状況は、経営がギリギリで人件費が少しでも上がると採算が取れずに撤退が相次ぐような業界で、特にみられる可能性があります（1章・図1‐3C）。

対照的に、第7章（川口・原論文）では、高齢者や女性などが非正規雇用で働くとき、少し賃金が上がるだけで大量に労働者が市場に参入しようとするため、労働供給曲線は水平に近くなる（弾力性が高い）と指摘します（7章・図7‐5）。このときには、非正規雇用の求人が増えて、労働需要曲線が右にシフトしても、企業は安い賃金でも多くが採用できます。そのため、人手不足になっても、賃金はやはりあまり上がらないことになります。

これらは、市場メカニズムが働いていたとしても、弾力性の高さから、人手不足は主に雇用者数で柔軟に調整される結果、賃金は上がりにくくなるという説明です。

加えて第1章では、市場メカニズムが機能する前提の上で、マーシャル的な調整過程にも注目しています。市場での競争激化を背景に、企業には労働コスト削減の必要性が高まったとします。そのとき同じ人数の雇用者を以前よりも低い賃金で雇おうとするため、労働需要曲線は左下にシフトします。けれども、雇用を維持するための賃金（労働の需要価格）が供給価格よりも低くなったことで離職が相次ぐ結果、企業には人手不足感が強まります。そこで雇用を確保しようと多少賃金は上がるのですが、需要が下方シフトしているため、均衡賃金はコスト削減前より結局低下してしまいます（1章・図1‐3D）。

さらに本書では、労働需給が変動しても、賃金は需給が均衡するように即座には変動しない構造に着目した説明もみられました。

第8章（佐々木論文）では、実際の労働市場は、通常のサーチ＝マッチング・モデルが想定するような、生産性ショックに応じて即座に賃金が再交渉される状況とは、大きく異なると主張します。第10章（塩路論文）も、国際競争によって製造業が衰退し、労働者が人手不足のサービス業に流入しましたが、それでも賃金が変動していないことが、賃金が硬直化している何よりの証拠と指摘しました。第12章（中井論文）では、労働市場の二重構造という観点から、内部労働市場が発達している日本では、外部の需給変動があっても、企業内で決定する賃金は即座には反応しないと述べています。

このように、需給に応じて賃金がすぐには反応しないことを主張する論文が多かった半面、第16章（上野・神林論文）では、継続就業している雇用者に限定し個別に追跡していくと、賃金が上昇している場合も少なくないことを明らかにしています（16章・図16-1）。後からみるように、1990年代以降、日本の賃金制度は大きく変わりつつあります。それでも定期昇給などを通じた賃金の増加は、若年・壮年の雇用者の多くが今も経験しています。継続雇用者の賃金上昇の背景には、部分的にせよ（12章・図12-6）、人手不足による労働力の確保が反映されているのかもしれません。

3　【行動】行動経済学等の観点からの考察

本書では、市場での価格調整という標準的な経済学の議論に加えて、行動経済学の知見を反映した検証もみられました。そこで複数の論文に共通したのは、賃金の「下方硬直性が上方硬直性を生み出す」という指摘でした。

第1章（近藤論文）では「一度賃金表を改定してしまうと、リーマン・ショック後のような深刻な状況にあってもなかなか賃金を下げる方向に再改定できない」「元には戻せないので慎重になるのだ」と述べています。

このような経験的な事実について、第5章（山本・黒田論文）および第8章（佐々木論文）では、行動経済学を用いて解釈を施しています。第8章では、行動経済学における「参照点依存型選好」という概念を紹介し、一般に人々は「過去の経験や自分が置かれてきた周囲の環境」を参照して行動する傾向があることを実証分析しました。過去の賃金を留保水準とする労働者は、過去よりも賃金が下がることを嫌う一方で、賃金の上昇には必ずしも拘泥しないといいます。その場合、企業は人手不足期ですら、賃金を上げなくても多くの雇用を確保できることになります。

第5章では、同じく行動経済学の観点から、価値が1単位増える場合の喜びの増加分よりも1単位減る場合の落胆の増加分のほうが大きいという非対称性を意味する「損失回避特性」に注目します。そして「賃金にこうした行動経済学の考え方を当てはめると、いったん支給された額面（名目）が人々にとって参照点となるため、損失回避特性によって、そこから名目賃金が下げられることに対して抵抗感を抱きやすい」という仮説を設定しました。

この仮説を毎月支給される所定内給与に当てはめ、第5章では企業パネル調査によって実証分析します。その結果、過去に賃金カットを回避した企業ほど、頻繁に賃下げを実施してきた企業に比べて、その後の賃上げの度合いが小さいことを発見しました。併せて過去に一度賃金カットを実現していた企業では、その後に利益率が上昇すると、カット回避企業よりも大幅に給与を引き上げていました。これらの結果は、行動経済学が指摘する「賃上げの不可逆性」の存在と整合的であると主張しています。

第14章（加藤論文）は、以上の行動経済学的な解釈や実証分析の結果は、動学的な経済理論モデルによって説明可能と述べます。賃金が企業と労働者の交渉によって決まるとし、さらに「賃金は下落しない」という制約条件を加え、動学的最適化問題を解きます。その結果、将来、賃金に下方圧力が生じるような事態を想定し、制約がなければ賃金を上げていたところを、敢えて賃金の上昇幅を低めに抑えることで「のりしろを確保しようとするインセンティブが労使双方に発生する」という含意を導き出します。

4 【制度】賃金制度などの諸制度の影響

これらの経済理論を踏まえた考察とならび、賃金制度を含む諸制度の影響に注目する論文もありました。

第2章（小倉論文）は、1997年に生じた金融危機以降の賃上げに対する経営者の意向と、それを踏まえた諸制度の変遷を整理しています。そこでは不況の深刻化のなかで、それまで当然視されていた「ベースアップ」という制度自体が、2000年代を通じて消失していった過程を描き出します。併せて、ガバナンスの変化に基づく成果主義的な賃金制度を反映し、役割・職務給の急速な普及が、全体の賃金の動向に影響したことも述べます。その上で経済環境の不透明性が増し、企業は賃金をコスト要因とみなす傾向が強まっていることから、人手不足が続いたとしても今後の賃金上昇は厳しいという見方を示しています。

企業の経営環境の厳しさの影響を指摘する声は、バス運転業界を事例に賃金動向を検証した第3章（阿部論文）からも聞かれました。従来、バス運転手の賃金は、地方公務員企業職の俸給表や大手私鉄の運転士の賃金プロファイルを元に設計されることも多かったそうです。それがバス業界の規制緩和され、バス事業の分社化が進むと、配置換えと新規採用への変更と同時に、賃金構造の改革が進められたといいます。その結果、賃金プロファイルの傾きも小さくなり、平均賃金も低下する状況が生じたことを指摘しています。

第6章（梅崎論文）では、1980年代以降の人事制度の変化は、実のところ日米に共通しており、その方向性は「市場原理に基づく雇用関係」を意味するNew Deal at Workだったと説明しています（6章・図6-1）。まず資本市場・労働市場では、両国ともに株主価値最大化と市場価値重視に向けて舵が切られました。同時に製品・サービス市場では、日本の強みでもあった内部労働市場型の高業績労働組織への志向も強まります。しかし、そこでは結果的に「短期業績重視を強め、さらに市場価値と連動して人材の流動性を高めながら、それと同時に人材定着を促す施策（リテンション施策）も行うというアクセルとブレーキを同時に踏むような自己矛盾が生まれた」と指摘しています。その自己矛盾こそが、2000年代になって聞かれるようになった、成果主義的な制度変更の失敗の背景にあったといいます。人手不足の背景に業績の拡大があったとしても、成果主義が機能しなければ、賃金はすぐには上がらないでしょう。

第13章（西村論文）では、賃金表の変更を手がかりに、賃金制度の能力主義から成果主義への変化の本質とは、「積み上げ型」から「ゾーン別昇給表」への移行であると喝破しました。ゾーン別昇給表では、ゾーンの下位にいれば賃金は比較的大幅に上昇するのに対し、ゾーンの上位にいくと上昇度合いが小幅になり、場合によってはゼロ昇給や降給もあり得るといいます。

加えてゾーンを移る際の調整率という工夫の結果、賃金はポリシーラインと呼ばれる一定水準に収斂する価格調整機能が働きます。ベースアップがあったとしても、かつてのようには賃金表全体が書き換えられないことも多く、ゾーン下位の改善額にのみ反映される場合もあるようです。このような制度変更は、第2章も指摘したように、企業成長に不確実性が増したことの産物といえます。ひとくちに成果主義が賃金を抑えたといっても、そこには賃金表に関する巧妙な仕掛けがあったのです。

賃金に関する制度だけでなく、社会保障に関する諸制度も、賃金が上がらない背景となっていることを指摘したのが、第9章（大島・佐藤論文）です。雇用者を雇う企業は、賃金支払いのほか、労使折半となっている健康保険料や厚生年金保険料等も負担しています。社会保険料率は、少子高齢化と相まって、引き上げが続いています。その結果として、雇主による社会負担の増大が、雇用者が受け取る賃金の上昇の余地を奪っていったことを、第9章は述べます。今後も少子高齢化とそれに伴う企業の社会負担が一層高まるとすれば、人手不足であるか否かにかかわらず、賃金は引き上げづらい状況が続くと予想しています。

5 【規制】賃金に対する規制などの影響

賃金が上がらない理由として、規制の影響を指摘する論文もいくつかみられました。
巻頭の基本データ図6にもあるように、2010年代前半に雇用者数が最も増大したのは、医療・福祉系の産業です。それは雇用面でみたときの最大の成長産業が、医療・福祉産業であったことを意味しています。高齢社会は今後も続くため、医療・福祉系が最大の雇用成長産業という傾向は、これからもしばらく続くでしょう。

これまでの成長部門では、求人件数の増加に求職者が追いつかずに人手不足になり、その結果として賃金が上昇するという一連の動きがみられました。成長産業の賃上げがやがて別の産業へと波及し、賃金が全般的に上がっていったのです。

ところが、現在の成長産業である医療・福祉系では、どんなに人手不足になっても、すぐには賃金が上がりにくい仕組みがあります。第1章（近藤論文）は「医療・福祉産業で明らかに労働需要が増加しているのになかなか賃金が上昇しない一番の理由は、診療報酬制度や介護報酬制度により医療サービスや介護サービスの価格が抑制されていることだ」と指摘しています。なかでも福祉業界における規制の影響は強固で、2000年代以降、雇用者数はほぼ倍増したにもかかわらず、賃金は低下しました。

むしろ介護現場からの深刻な人手不足の声を受けて、2009年以降、介護報酬のプラス改定がなされ、いくぶん賃金が改善されたことは、それだけ規制による賃金への制約が大きいことを間接的に物語っています。

第10章（塩路論文）は、医療・福祉系での規制の影響は、対人サービス業全体の賃金硬直性につながっている可能性があることを、別の角度から検証しました。2009年8月に起こったリーマン・ショックと、その後の世界金融不況は、日本の産業、なかでも輸出産業に大きなダメージを与えました。輸出産業での雇用消失により職を失った雇用者は、雇用創出の続く対人サービス業に新たな職を求めて移動していきます。このとき、対人サービス業の労働市場全体で価格調整メカニズムが機能していたならば、労働供給の増加を受けて、一時的にせよ、賃金は下がっていったはずです。ところが、実際には対人サービス業の賃金は下がりませんでした。そこから第10章では、対人サービス業の賃金全体に規制による影響が及んでいることを示唆しています。

これらの指摘を踏まえるならば、規制緩和を大胆に実施することが、賃金上昇につながっていくことが予想されます。ところが、第3章（阿部論文）では、話はそう単純でないことを、バス運転手の賃金事情に着目することで説明します。

バス運転業界では、2000年代に大幅な規制緩和が実施されました。同時に高速路線バスやツアーバスの増加、さらには外国人観光客の増加による貸切観光バス需要の急増などによって、バス運転手は深刻な人手不足にあるといいます。バス運転手の人手不足は、高齢ドライバーの引退でさらに拍車がかかり、慢性的な長時間労働も懸念されています。

にもかかわらず、バス運転手の賃金は一向に上がりませんでした。規制緩和による新規事業の参入は、収益に余剰のあった路線バスと貸切バスに集中しました。そのため、それまで余剰収益でなんとか捻出していた赤字路線を含むバス運転手の人件費への原資は不足していきます。その結果として、バス運転手の賃金は上げられなくなりました。

第3章の詳細な検証は、規制緩和が賃金を引き上げるための魔法の杖とは、常にはならないことを示しています。

6 【正規】正規・非正規問題への注目

正規雇用に比べて賃金の低い非正規雇用の割合が増えれば、雇用者全体の平均賃金には、明らかに低下圧力が生まれます。2000年代を中心とする非正規雇用割合の増大が賃金を抑制していたことは、複数の論文によって改めて指摘されました。

第7章（川口・原論文）では、2001年のパートタイム労働者の割合が、その後も維持されるような状況が仮に続いていたならば、常用労働者全体の平均実質賃金は、ほとんど下落しなかったことを試算しています（7章・図7-3）。第12章（中井論文）でも、1993年以降の現金給与総額の変化を要因分解したところ、給与減少の主要因はパート比率の増大であったと結論づけています（12章・図12-5）。第9章（大島・佐藤論文）も、世帯を調査した総務省「全国消費実態調査」から、世帯主が正規の職員・従業員以外の世帯が増えたことで、勤労者世帯全体の世帯主勤め先収入を押し下げたことを確認しました。

非正規の構成割合が増えた影響にとどまらず、非正規そのものの賃金の下落に着目した論文もありました。第4章（黒田論文）では、厚生労働省「賃金構造基本統計調査」を用いて、2010年と2015年時点での、同一年齢・同一学歴・同一雇用形態ごとでの賃金を比較しました。すると、2010年から15年にかけて、50歳代後半から60歳代前半の大学卒について、正社員・正職員以外の賃金が特に大きく下落していました（4章・図4-4）。

それまで正社員で働いていた大学卒の雇用者が、定年にさしかかると、多くは非正社員として働き続けることを希望します。高齢者の大卒非正規労働市場に限れば、そこには一気に超過供給が生まれます。その結果として、高年齢・高学歴の非正規雇用の賃金自体が大きく下落したのです。そこには、人口サイズの大きい「団塊の世代」が含まれていたため、非正規全体の平均賃金下落にもつながりました。第11章（太田論文）は、65歳以上の高齢層で特に非正規雇用が増えていることを指摘していますが、非正規高齢者の労働供給が増え続ける限り、非正規賃金の減少圧力は今後も継続することが予想されます（11章・図11-1）。

第14章（加藤論文）では、正規・非正規雇用の二部門モデルを用いて、各部門の賃金動向が、経済全体の平均賃金にもたらす影響を理論分析しています。そのモデルからは、自発的に非正規雇用部門で働く人々の賃金低下（上昇）は、全体の平均賃金の下落（高騰）をもたらす直接的な原因にもなることが示されています。

さらに非正規雇用の賃金が低いのは、経済学的な需給要因のみによるのではなく、日本社会に固有な非正規の位置づけに原因があると述べるのが、第15章（有田論文）です。そこでは「勤め先における呼称」によって正規・非正規という区分がなされている日本の特異性がまず指摘されます。その上で日本における非正規雇用は、人事管理上、正規雇用に比べた「周辺的」な存在として「標準化」され、その意味で低賃金や不安定雇用を宿命づけられてきたと、社会学の観点から説明しています。

これまで女性パートが就くことの多かった非正規雇用の賃金が低いことは、男性正社員に「男性稼ぎ主モデル」が適用されることで、社会的にも暗黙のうちに正当化されてきました。雇用形態間の格差には、経済学の「補償賃金仮説」や「観測されない労働者の技能や資質のちがい」という考え方も、能力が高い人々が責任の重い仕事をしている以上、正社員の賃金が高いのは合理的として、正当化の根拠に利用されてきた面もありました。

1990年代後半以降、非正規雇用の範囲は、女性全般や若年・高齢男性から、壮年男性まで徐々に拡張されていきます。壮年男性も非正規雇用の周辺的存在に陥る可能性が生まれたことは、「既得権」だった正規雇用の安定や賃金にも脅威の影を及ぼし始めたのです。

7 【能開】能力開発・人材育成への注目

人的資源管理論の立場からすれば、人手不足なのに賃金が上がらないのは、一つには企業が高く評価する技能を持つ労働者が少ないから、ということになります。

高い技能を有する労働者の不足を実際に生み出している背景として、第6章（梅崎論文）が指摘するのは、企業内OJTの衰退です。1990年代以降、株主価値や市場価値の重視という要請を受け、内部労働市場における長期的な能力開発が困難になりつつあるといいます。その結果、高業績を生み出してきた労働組織は衰退し、その中核にあった分厚い中間層も崩壊しつつあることが、全般的な技能不足と賃金停滞の両方を生み出していると主張します。

能力開発の機会が減りつつあるのは、企業内のOJTにとどまらないかもしれません。第7章（川口・原論文）は、研修やセミナー、実習等、企業が職場外で行う訓練であるOff-JTの従業員1人あたり支出額は、金融危機のあった2008年度以降、それ以前に比べて半減していると指摘します。労働者が自身で行う訓練である自己啓発も、やはり2008年度以降、正社員、非正社員ともに急減しているとも述べています。

かつて日本の働く職場では、充実した能力開発や人材育成こそが、国際競争力の源泉であり、年功賃金を含む賃金上昇の根幹であると考えられてきました。ところが、今や、あらゆる面において、人材育成の機会が急速に失われているのです。

さらに能力開発が困難になっているのは、2000年代後半以降にとどまらないかもしれません。第4章（黒田論文）では、就職氷河期世代は、以前の世代に比べて、20代の頃に上司や先輩からの指導や勤め先での教育・訓練プログラムの受講経験が乏しかったと感じているという、大学卒雇用者へのアンケート調査の結果を紹介しています。就職氷河期の20代の時期といえば、1990年代半ばから2000年代半ば頃が相当します。氷河期世代は20代の頃、サービス残業を含む長時間労働の蔓延が懸念されてきましたが、その苦しい経験が能力開発の機会につながっていなかったとすれば、これ以上の悲劇はありません。

能力開発や人材育成には、一定の時間を必要とします。目の前に人手不足が広がっていたとしても、求められる技能を有する人材が数多く輩出されるには、時間がかかります。企業が時間を省略しようと、外部から技能を有する人材を調達しようとしても、どこも人材育成に積極的でないために、人材そのものがいない。そんな労働市場の「フリーライド（ただ乗り）問題」が存在する限り、技能不足と賃金停滞の負のスパイラルは解消されないでしょう。

8 【年齢】高齢問題や世代問題への注目

本章の各章の執筆者の多くが当てはまる30代から40代は、まさに働き盛りの中心にある人たちです。そんな人たちが生き生きと働き、然るべき正当な評価としての賃金を受け取ることができれば、職場も、そして社会も、活気づいていくはずです。

ところが、そんな働き盛りの年齢にある人々の多くが、まさに賃金停滞の中心にあります。第4章（黒田論文）では、就職氷河期の前期世代でもある「第二次ベビーブーム世代」に属する大学卒は、前の世代に比べてきわめて賃金が低くなっていることを、厚生労働省「賃金構造基本統計調査」から発見しています。さらに、続く就職氷河期の後期世代は、前期世代以上に賃金が伸び悩んでいることも指摘しました（4章・図4-1）。氷河期世代が属する30代後半から40代前半は、全雇用者の3割近くを占めるため、その影響は全体賃金の低迷に及ぶことになります。

そんな氷河期世代に固有の困難を生み出している背景として、第11章（太田論文）は、不況期に学校を卒業した世代ほど、労働市場での困難が持続する「世代効果」の影響を主張しています。学校卒業時に厳しい就職事情を経験した氷河期世代は、当初から満足のいく就業機会が得られなかったことから、20代や30代初めに転職を経験していることも少なくありません。その結果、勤続年数が短くなったり、役職昇進が遅れたり、転職後により規模の小さい企業へ移動する傾向が強まります（4章・図4-7および11章・図11-5）。これらの要因が30代後半から40代前半にさしかかった時点でも、氷河期世代の賃金が以前より低くなる状況を生み出したのです（11章・図11-6）。

一方、企業内の人口構成が高齢層に偏る方向で変化してきたことは、平均賃金を見かけ上高める効果をもたらしてきました。第14章（加藤論文）は、大企業や製造業などでは、過去に採用した「団塊世代」と「バブル世代」の賃金を抑制したいと思いつつも、賃金下方硬直性のためにそれができず、経営判断として新卒の採用を削ってきたと主張します（この点は、労働市場の「置換効果」ともいわれます）。その結果、高齢化が進んだ既存雇用者の1人あたり平均賃金は、緩やかな上昇を続けてきました。

その後、定年に差しかかり、退職したり、改めて再契約をすることになった高齢の雇用者は、大幅な賃金の低下を経験することになります。それが賃金全般に与えた影響を、疑似パネルから実証的に検証したのが、第16章（上野・神林論文）でした。

分析によると、１９９０年代初めから２０１０年代初めにかけて、継続して雇用されている労働者の賃金変化は年率平均で約４％と着実に増加していました。一方、賃金の純増減には、継続雇用者の賃金変化と併せて、新規採用者の賃金増加分と、退職者の賃金減少分が含まれます。このうち新規参入で平均時給換算では1200円程度の増加があったのですが、それ以上に退職によって約2000円分の平均時給が失われたと試算します（16章・図16-4）。これに高齢者などの大量の退職が重なって、結果的に賃金全体が伸び悩んだようにみえる状況を生んだと、第16章は主張します。

勤労者世帯に占める世帯主年齢が60歳以上の割合は、増加の一途を辿っています。第9章（大島・佐藤論文）によれば、60歳以上世帯主の勤め先収入は、60歳未満にもまして、減少傾向が続いています（9章・図9-2）。今後は、健康な高齢者の増加と併せて、高齢世帯の貯蓄減少などが顕著になれば、高齢の勤労世帯はますます増えていくでしょう。

少子高齢社会による労働力不足に対処し、経済成長を確保するためには、元気な高齢者が働きやすい環境を整備することは不可欠です。ただ、その一方、高齢の就業者が増えていくことは、全体的な賃金の低下に拍車をかけるというトレードオフがあることも、念頭に置く必要があります。

9　賃金が上がっていくには

以上、人手不足にもかかわらず、賃金が上がらない、もしくは上がりにくい理由について、多角的な観点から検証してきました。

労働力人口の減少が今後も予想されるなか、リーマン・ショックのような深刻な不況が起こらない限り、人手不足の基調は、今後も当面続くと予想されます。だとすれば、人手不足の一方で賃金が停滞する状況は、これからも変わらないのでしょうか。

全16章のなかには、今後賃金が上がっていくことを予想する内容も、いくつか含まれています。巻頭の基本データ図7からは、2013年から15年にかけて、正社員・正職員および正社員・正職員以外の両方ともに、わずかではありますが、ゆるやかに名目賃金は上がりつつあるようにもみえます。今後もこの状況が続くか、注目されるところです。

多くの章で取り上げられた非正規雇用の拡大にも、変化がみえ始めています。非正社員の構成が増えることは、雇用者全体の平均賃金を引き下げる効果を持ちました。ところが、現金給与の変化に関するパート比率拡大の影響は、2010年代になると徐々に弱まり始めています（12章・図12-5）。増え続けてきた非正規雇用も、横ばいもしくは踊り場の安定期を迎え始めているのかもしれません。

さらにパート労働者の時間あたり現金給与総額についてみれば、需給逼迫を受けて、給与は確実に増え続けています。新規求人と賃金との相関も、2013年以降、パートのみならず、一般でも強まっているとの指摘もありました（12章・表12-2ならびに図12-7）。

本書には、企業のガバナンスの変化が、正社員を対象とした賃金制度に影響を与えてきたという主張もみられます。市場動向に直結した賃金決定がますます求められるようになり（2章、6章）、過去からの積み上げ型ではない賃金表が広がれば（13章）、正社員の賃金水準も労働市場の需給動向をより色濃く反映するようになるかもしれません。

これらの趨勢的な変化の予想に加えて、賃金が非連続的・加速度的に上昇を始める21世紀日本版「ルイスの転換点」を経験する可能性もあります（7章）。それは、2000年代以降に増大してきた高齢者と女性の労働供給が収束した時点で一気に訪れます。潜在的な労働供給が枯渇すれば、労働供給は非弾力的へと変化します（7章・図7－5）。すると、非正社員を一定数確保するには、企業には現在以上の賃金引き上げが求められます。相対的に割安となった正社員の求人も増えるため、やがてその影響は正社員の賃金上昇へと波及していくことも予想されます。果たして転換点は、いつ訪れるのでしょうか。

一方で、今後も賃金はなかなか上昇しないという予想につながる見解も本書にはみられます。その見解の一つが、行動経済学を踏まえた「給与が下方硬直的であれば、将来の業績悪化の不透明がある限り、人手不足でも給与の増加には踏み切れない」という主張でした（1章、5章、8章、14章）。賃金下方硬直性の背景にあるのが、過去の状況に制約されたり、損失回避を重視するという労働者の選好や行動パターンだとすれば、その傾向はすぐには変化しないとも考えられます。だとすれば、正社員の所定内給与などには、今後とも明確な増加は見込めないかもしれません。

ただし、毎月の給与とは切り離した上で、需給や業績の状況に応じて弾力的に調整することを目的とした、メリハリの効いた別の処遇を導入することも一案です。そのときにカギを握るのが、「ボーナス」などの特別賞与です。

本書の考察のなかでも、ボーナスによる調整可能性を否定する意見は、みられませんでした。かつて日本のボーナス制度は、人件費の柔軟性を高め、雇用拡大に寄与し、失業を抑える効果を持つ仕組みとして、注目を集めました（ワイツマン『シェア・エコノミー』、岩波書店、１９８５年）。今後は、ボーナス制度の活用が、給与低迷の打開策になるかもしれません。

しかし、ボーナス制度をはじめ、賃金制度の改革を行っていく上で、制度設計には労働者の適切な関与が不可欠です。ゾーン別昇給表のような新しい賃金表には、ベースアップは必ずしもすべての雇用者の給与増大を保障するものでないという、精巧な仕組みが企業によって施されています。そのなかで労働者が納得するような制度を整えるには、労働者の声を直接反映するプロセスが求められます（13章）。賃上げは労働市場の「神の見えざる手」に導かれることで、黙っていても実現されるとは限りません。賃金を上げるには、なんといっても組織内の労働者の「発言（ボイス）」こそが、重要なのです。

さらに人手不足になったからといって、すぐさま賃金が上昇しない理由として、能力開発や人材育成が衰退しているといった指摘も、深刻に受け止める必要があります。特に働き盛りの30代や40代の雇用者が、氷河期であった若年時の人材育成の機会の乏しさから、賃金面で恵まれなくなっているとすれば、状況を改善するのは容易ではありません（4章）。

ただ、これからは多くが60代、ときには70代まで働き続ける時代が訪れる可能性も大きいことを考えると、未来に向けて、30代や40代が新たな専門的な能力開発に挑むことも大切になるでしょう。女性や正社員などを中心に、職場外訓練（Off-JT）を受講した人はそうでない人より高い賃金を受け取っているという実証分析の結果も、本書では紹介されています（7章）。

加えて仕事をしながら職場で技能を蓄積するＯＪＴは、今後とも能力開発の機会として引き続き重要です。しかしながら、企業内部で長期にわたる人材育成の機会に恵まれるのは、一部の労働者に限られる傾向が強まることも予想されます。この点を踏まえ、本書には全体的に賃金を上げるためには、社会の中に企業「外」ＯＪＴの機会を広く生み出す必要があるとの主張も含まれています（6

章）。そこでは企業外ＯＪＴの中継地点として、地域企業グループや業界企業グループの連携や、行政機関や教育機関が媒介した社会人のためのインターンシップの拡大なども提案されています。

ＯＪＴをはじめとする人材育成の機会を再構築するとしても、企業への負担を高めるだけでは、机上の空論にすぎません。社会保険料の増大など、企業はすでに多くの負担を抱えており、それが賃金支払いの抑制にもつながっていました（9章）。企業が連携して職場を超えてＯＪＴの機会を広げていくことは、一社だけでは負担困難な能力開発費用の節減につながる可能性もあります。

就職氷河期世代が現在もなお経験している困難をふたたび繰り返さないためには、情報の非対称性の解消を通じたマッチング機能の充実（11章）とならんで、長期の視点に立った採用や訓練の新たな仕組みが求められています。さらにその仕組みは、これまで周辺的な存在とされてきた正社員以外の人々を包摂した内容となり得るかが、成否のカギを握るでしょう（15章）。

高齢化に伴う財政負担増の問題を考慮しつつ、介護職などの賃金が引き上げ可能となるような規制緩和が広がることも、対人サービス業全体の賃金を改善していく可能性はあります（1章、10章）。ただそのとき大事なのは、産業に固有な構造の特徴を踏まえながら、どのようにして規制を緩和していくかというプロセスに十分配慮していくことです（3章）。

私たちが日頃耳にする「賃金が上がらない」という言説のなかには「単純に統計的なトリックである可能性」も含まれるという主張も無視できません（16章）。どのようにすれば、多くの人の幸福と希望につながる賃金の引き上げが実現できるのか。これからも実態を踏まえつつ、冷静で広い視野からの議論を続けることが何より大事でしょう。

あとがき

「どうして賃金が、ぜんぜん上がってこないの？」

金融政策を専門とする経済学者の友人から、こんな質問をされたのは、たしか２０００年代前半か、半ばくらいの頃でした。どのように返事したのかは定かではありませんが、おそらく「不況が続いてきたから」といったようなことを答えたように思います。

けれども、いわゆる「失われた10年」と呼ばれてきた時代が過ぎ、少なくとも経済統計上は、景気が回復基調に入った段階でも、依然として賃金が改善していく兆しはみられませんでした。さらには２０００年代終わり頃から、完全失業率は趨勢的な低下を続け、有効求人倍率が大きく上昇するようになっても、賃金が大きく増え始めたという声は、ほとんど聞こえてきません。本書の各章が執筆されていた２０１６年時点での有効求人倍率は、経済が破綻する以前の１９９１年以来の高水準に達していたにもかかわらず、バブル期のような給与の増加を享受する雰囲気は、全般的にきわめて乏しいのが実情でした。

そこで、原因を単に現下の不況に求めるのではなく、できるだけ幅広い見方や考え方から、賃金が伸び悩んできた背景を明らかにすることを目的に、本書は生まれました。「序　問いの背景」でも申し上げたとおり、この問題の解明は、労働問題の研究者に最も期待されている課題でもあります。むずかしいテーマのお願いに、ご快諾いただいた執筆者のみなさんに、心より感謝申し上げます。研究者や専門家に限らず、人手が足りないはずなのに、なぜそれが賃金の増加に結びつかないのかという〝謎〟に、働きながら疑問を感じてきた方々は、多いのではないでしょうか。この本に込められた発見やメッセージが、そんな読者のみなさんに、「なるほど」「そうだったのか」と思ったり、感じていただけたならば幸いです。

本書が完成するまでの過程では、執筆者のみならず、多くの方々にお力をお寄せいただきました。なかでも、東京大学大学院経済学研究科に所属し、私の演習に参加してくれていた大学院生のみなさんは、16章すべてに詳細に目を通し、重要かつ鋭いコメントをたくさん提供してくれました。青山肇紀、池田貴昭、内田暁、小前和智、鳥谷部貴大、深井太洋、室賀貴穂の各氏に、心より感謝を申し上げます。本書がいくぶんでも読みやすくなっているとすれば、それは各執筆者の工夫や努力とならんで、協力いただいた大学院生のおかげでもあります。深井太洋氏には、基本データの作成にも尽力いただきました。

最後に、今回の企画に際して、その意義を深くご理解いただき、実に丁寧な編集作業をしていただいた、慶應義塾大学出版会の増山修さんに、お礼を申し上げます。

2017年2月　本郷にて

編　者

執筆者一覧

（所属・肩書は本書刊行時のもの）

【編者】

玄田有史（げんだ・ゆうじ）東京大学社会科学研究所教授
（略歴等は奥付に記載）

【執筆者・五十音順】

阿部正浩（あべ・まさひろ）中央大学経済学部教授　（第 3 章）
1966 年生まれ。慶應義塾大学大学院商学研究科博士課程単位取得退学。博士（商学）。
獨協大学教授等を経て現職。
主著　『日本経済の環境変化と労働市場』東洋経済新報社、2005 年。

有田　伸（ありた・しん）東京大学社会科学研究所教授　（第 15 章）
1969 年生まれ。東京大学大学院総合文化研究科単位取得退学。博士（学術）。
東京大学大学院総合文化研究科講師、助教授等を経て現職。
主著　『就業機会と報酬格差の社会学』東京大学出版会、2016 年。

上野有子（うえの・ゆうこ）内閣府経済財政分析担当参事官付　（第 16 章）
1972 年生まれ。エセックス大学経済学部大学院博士課程修了。一橋大学経済研究所准教授などを経て現職。
主論文　“Declining Long-term Employment in Japan,” *Journal of the Japanese and International Economies* vol. 28（with Daiji Kawaguchi）2013.

梅崎　修（うめざき・おさむ）法政大学キャリアデザイン学部教授（第 6 章）
1970 年生まれ。大阪大学大学院経済学研究科博士後期課程修了。経済学博士。
主業績　『人事の統計分析』共編著、ミネルヴァ書房、2013 年。

大島敬士（おおしま・けいじ）総務省統計局消費統計課統計専門職　（第 9 章）
1982 年生まれ。東京工業大学大学院修士課程修了。総務省統計局国勢統計課労働力人口統計室、内閣府経済社会総合研究所国民生産課等を経て現職。

太田聰一（おおた・そういち）慶應義塾大学経済学部教授　（第11章）
1964年生まれ。京都大学経済学部卒業、ロンドン大学にてPh. D. 取得。名古屋大学大学院経済学研究科教授等を経て現職。
主著　『若年者就業の経済学』日本経済新聞出版社、2010年。

小倉一哉（おぐら・かずや）早稲田大学商学部教授　（第2章）
1965年生まれ。早稲田大学大学院商学研究科博士後期課程単位取得退学。博士（商学）。労働政策研究・研修機構研究員を経て現職。
主著　『「正社員」の研究』日本経済新聞出版社、2013年。

加藤　涼（かとう・りょう）日本銀行金融研究所・経済研究グループ長
（第14章）
1973年生まれ。東京大学経済学部卒業、日本銀行入行。オハイオ州立大学にてPh. D. 取得。国際通貨基金エコノミスト等を経て現職。
主著　『現代マクロ経済学講義』東洋経済新報社、2006年。

川口大司（かわぐち・だいじ）東京大学大学院経済学研究科教授　（第7章）
1971年生まれ。早稲田大学政治経済学部卒業、ミシガン州立大学大学院にて経済学Ph. D. 取得。大阪大学、筑波大学、一橋大学を経て現職。
主著　『法と経済で読みとく雇用の世界』共著、有斐閣、2012年。

神林　龍（かんばやし・りょう）一橋大学経済研究所教授　（第16章）
1972年生まれ。東京大学大学院経済学研究科博士課程修了。東京都立大学助教授等を経て現職。
主業績　"Long-Term Employment and Job Security over the Past 25 Years：A Comparative Study of Japan and The United States," *Industrial Labor Relations Review* Vol.70, No.3, pp.359-394, Mar. 2017（with Takao Kato）.

黒田啓太（くろだ・けいた）厚生労働省職業安定局総務課課長補佐（第4章）
1977年生まれ。慶應義塾大学経済学部卒業、厚生労働省入省。雇用政策課課長補佐等を経て2015年に連合総合生活開発研究所に出向、主任研究員を経て17年7月より現職。

黒田祥子（くろだ・さちこ）早稲田大学教育・総合科学学術院教授（第5章）
1971年生まれ。慶應義塾大学経済学部卒業、日本銀行入行。一橋大学助教授、東京大学准教授を経て現職。博士（慶應義塾大学、商学）。
主著 『労働時間の経済分析』共著、日本経済新聞出版社、2014年。

近藤絢子（こんどう・あやこ）東京大学社会科学研究所准教授 （第1章）
1979年生まれ。コロンビア大学大学院博士課程（経済学）修了。大阪大学講師、法政大学准教授、横浜国立大学准教授を経て現職。
主業績 "The Effectiveness of Government Intervention to Promote Elderly Employment：Evidence from Elderly Employment Stabilization Law," with Hitoshi Shigeoka, *Industrial and Labor Relations Review*, forthcoming.

佐々木勝（ささき・まさる）大阪大学大学院経済学研究科教授 （第8章）
1969年生まれ。ジョージタウン大学大学院博士課程修了。
主著 『サーチ理論：分権的取引の経済学』共著、東京大学出版会、2007年。

佐藤朋彦（さとう・ともひこ）総務省統計局統計調査部消費統計課消費指標調整官（2021年 逝去） （第9章）
1959年生まれ。新潟大学理学部卒業、総理府（現・内閣府）任官。経済企画庁、総務庁、福岡県調査統計課、東京大学社会科学研究所助教授等を経て現職。
主著 『数字を追うな　統計を読め』日本経済新聞出版社、2013年。

塩路悦朗（しおじ・えつろう）一橋大学大学院経済学研究科教授 （第10章）
1965年生まれ。イェール大学大学院博士課程修了（Ph. D.）。横浜国立大学経済学部助教授等を経て現職。
主論文 「ゼロ金利下における日本の信用創造」照山博司ほか編『現代経済学の潮流2016』所収、東洋経済新報社、2016年。

中井雅之（なかい・まさゆき）厚生労働省政策統括官（統計・情報政策担当）付参事官 （第12章）
1966年生まれ。慶應義塾大学経済学部卒業、労働省（現・厚生労働省）入省。職業安定局雇用政策課長、内閣官房まち・ひと・しごと創生本部事務局参事官（兼務）等を経て現職。
主業績 労働経済白書（2012年）、経済白書の分担執筆（1993～95年）など。

西村　純（にしむら・いたる）労働政策研究・研修機構副主任研究員（第13章）
1982年生まれ。同志社大学大学院社会学研究科産業関係学専攻博士後期課程修了。博士（産業関係学）。
主著　『スウェーデンの賃金決定システム』ミネルヴァ書房、2014年。

原ひろみ（はら・ひろみ）日本女子大学家政学部家政経済学科准教授（第7章）
1970年生まれ。東京大学大学院経済学研究科博士課程単位取得退学。博士（経済学）。労働政策研究・研修機構研究員等を経て現職。
主著　『職業能力開発の経済分析』勁草書房、2014年。

深井太洋（ふかい・たいよう）東京大学大学院経済学研究科博士課程
（巻頭基本データ）
1990年生まれ。横浜国立大学経済学部卒業、一橋大学大学院経済学研究科修了。
主業績　"Childcare availability and fertility : Evidence from municipalities in Japan," *Journal of the Japanese and International Economies* vol. 43, pp. 1-18, 2017.

山本　勲（やまもと・いさむ）慶應義塾大学商学部教授　（第5章）
1970年生まれ。ブラウン大学大学院博士課程修了、Ph. D. 取得。日本銀行調査統計局、同金融研究所勤務等を経て現職。
主著　『労働時間の経済分析』共著、日本経済新聞出版社、2014年。

編者略歴
玄田有史（げんだ・ゆうじ）
1964年生まれ。88年、東京大学経済学部卒業。ハーバード大、オックスフォード大各客員研究員、学習院大学教授等を経て、
現在　東京大学社会科学研究所教授。博士（経済学）。
主著
『仕事のなかの曖昧な不安』（中央公論新社、2001年、日経・経済図書文化賞、サントリー学芸賞）
『ジョブ・クリエイション』（日本経済新聞社、2004年、エコノミスト賞、労働関係図書優秀賞）
『孤立無業』（日本経済新聞出版社、2013年）
『危機と雇用』（岩波書店、2015年、冲永賞）ほか多数。

人手不足なのになぜ賃金が上がらないのか

2017年 4 月20日　初版第1刷発行
2022年11月10日　初版第7刷発行

編　者――――玄田有史
発行者――――依田俊之
発行所――――慶應義塾大学出版会株式会社
〒108-8346　東京都港区三田2-19-30
TEL〔編集部〕03-3451-0931
〔営業部〕03-3451-3584〈ご注文〉
〔　〃　〕03-3451-6926
FAX〔営業部〕03-3451-3122
振替　00190-8-155497
http://www.keio-up.co.jp/

装　丁――――坂田政則
印刷・製本――萩原印刷株式会社
カバー印刷――株式会社太平印刷社

Printed in Japan　ISBN 978-4-7664-2407-2